Confía en Dios como santa Teresita

Connie Rossini

Traducido por Jorge Sáez Criado

Four Waters Press
OMAHA, NEBRASKA

Four Waters Press
11015 Fowler Avenue
Omaha, NE 68164

ISBN: 978-0-9972023-5-9

Para mamá y papá,
en agradecimiento por vuestro amor y ejemplo,
que me pusieron firmemente en el camino angosto.

Indice

Abreviaturas vii

Prefacio xi

Introducción 1

La importancia de confiar en Dios 5

Una segunda oportunidad para confiar 23

Lidiando con las tragedias de la infancia 45

Padres humanos y Dios Padre 67

Haciéndose adulto mientras se sigue siendo un niño 87

Esperar y trabajar 109

Ira, enfado y otras emociones negativas........................ 131

Un camino para el débil y el pecador 153

Haciendo frente a nuestros mayores miedos 175

A través de desiertos y tinieblas 195

Aceptándonos a nosotros mismos y nuestras circunstan-
cias de cada día.. 215

Esperando contra toda esperanza................................. 235

La confianza y los Novísimos...................................... 253

Una breve línea temporal de la vida de santa Teresa........ 279

Quién es quién en la vida de santa Teresa.............................283

Agradecimientos 287

Acerca de la autora..288

Acerca del traductor 289

Abreviaturas

AETL   *Así era Teresa de Lisieux.* Guy Gaucher. Traducido por Manuel Ordoñez Villarroel. Monte Carmelo, Burgos, 1996.

CIC   *Catecismo de la Iglesia Católica.* Asociación de Editores del Catecismo. Madrid, 1992.

EW   *St. Thérèse of Lisieux: Essential Writings* [*Santa Teresa de Lisieux: escritos esenciales*]. Mary Frohlich. Maryknoll, NY: Orbis Books, Institute for Carmelite Studies, 2003.

HF   *The Hidden Face: A Study of St. Thérèse of Lisieux* [*La cara oculta: un estudio sobre santa Teresa de Lisieux*]. Ida Friederike Gorres. Traducido por   Richard y Clara Wintson. San Francisco: Ignatius Press, 2003.

LT   *The Letters of St. Thérèse of Lisieux and Those Who Knew Her: General Corre-spondence* [*Las cartas de santa Teresa de Lisieux y los que la conocieron: correspondencia general*]. Traducido por John Clarke, OCD. 2 vols. Washington, DC: ICS Publications, Institute for Carmelite Studies, 2002.

NPPA   Notas preparadas para el proceso apostólico. Traducido por la Association des Amis de Thérèse de Lisieux et de son Carmel.

NPPO   Notas preparadas para el proceso ordinario. Traducido por la Association des Amis de Thérèse de Lisieux et de son Carmel.

OC   *Obras completas.* Teresa de Lisieux. Traducido por Emeterio Gª-Setién de Jesús María, OCD. Monte Carmelo, Burgos, 1980.

HA   Historia de un alma.

UC   Últimas conversaciones.

CA   Cuaderno amarillo.

UD/MSC   Últimos dichos a María del Sagrado Corazón.

Cartas.

OC2   *Obras completas.* Teresa de Lisieux. Traducido por Vicente Martínez-Blat, OCD. Biblioteca de Autores Cristianos, Madrid, 2017.

PT   *La pasión de Teresa de Lisieux.* Guy Gaucher. Monte Carmelo, Burgos, 1999.

SP   *Spiritual Passages: the Psychology of Spiritual Development [Pasajes espirituales: la psicología del desarrollo espiritual].* Benedict J. Groeschel. New York: The Crossroad Publishing Co., 1983.

STL   *Saint Thérèse of Lisieux: Her Family, Her God, Her Message [Santa Teresa de Lisieux: su familia, su Dios, su mensaje].* P. Bernard Bro. Traducido por Anne Englund Nash. San Francisco: Ignatius Press, 2003.

TF   *The Father of the Little Flower [El padre de la pequeña flor].* Sor Genoveva de la Santa Faz. Charlotte: St. Benedict Press, LLC, 2009, extractado por el editor en http://www.tanbooks.com/doct-/father_little_flower.htm.

TL   *Therese and Lisieux* [*Teresa y Lisieux*]. Pierre Descouvement. Fotografías por Helmuth Nils Loose. Traducido por Salvatore Sciurba y Louise Pambrun. Grand Rapids: Wm. B. Eerdman's, 1996.

UC   *Últimas conversaciones con sus hermanas Madre Inés de Jesús, Sor Genoveva, Sor María del Sagrado Corazón y testimonios diversos.* 2 vols. Monte Carmelo, Burgos, 1973.

Prefacio

Es necesario que me haga ver su vida real, no su vida supuesta.

Sta. Teresa de Lisieux hablando sobre la Virgen María[1]

A la hora de adaptar la historia de santa Teresa, algunas veces he parafraseado sus palabras o las de otros como si hubieran sido escritas por testigos de su vida. En otros momentos he creado diálogos basados en los textos disponibles. En unos pocos lugares he añadido posibles conversaciones que podrían haber ocurrido antes de que Teresa dijera las palabras que después puso por escrito. Siempre que he usado una cita de alguna otra fuente en mi diálogo, he indicado la fuente. Cuando he parafraseado un diálogo, he mencionado la fuente en la que me he basado. Todos los diálogos sin citas son creación mía.

Las citas de las cartas completas de la obra en dos volúmenes *Letters of St. Thérèse* [*Cartas de santa Teresa*] están identificadas por el número de carta, excepto por los extractos del final del segundo volumen, a los que hago referencia por el número de página. Estos extractos no estaban numerados en el original.

Para facilitar la lectura he excluido las tildes de los nombres franceses, exceptuando aquellas que sirvan de ayuda para su

---

[1] PT, p. 18.

pronunciación a mis lectores angloparlantes o cuando cito un título que las incluye.

Toda la puntuación, mayúsculas y énfasis es de los textos originales, salvo que se indique lo contrario.

Introducción

No temas, porque yo estoy contigo; no te angusties, porque yo soy tu Dios. Te
fortalezco, te auxilio, te sostengo con mi diestra victoriosa.

Is 41, 10

H ace poco empecé a plantear esta pregunta a los nuevos suscrip-
tores de mi blog: «¿Cuál es el mayor obstáculo en tu vida que
te mantiene apartado de Dios?». Aquí están algunas de las respuestas que he recibido:

«Ira y gestión del tiempo».

«Dificultad para centrarme en mi vida espiritual».

«Incoherencia».

«Miedo y falta de confianza».

«Me siento culpable y triste por haber abandonado el Carmelo Seglar».

«No confío del todo en Dios».

«Me siento aburrido, cansado, distraído y agobiado por mi día a
día».

Un nuevo lector escribió: «Di un gran salto espiritual hace unos
cinco o siete años, pero ahora me siento estancado. Quiero dar un
nuevo salto».

Y entonces otro lector respondió: «Nada».

Este libro es para gente que quiere ser santa, pero se encuentra estancada en su vida espiritual. Mi esperanza es ayudarte a pasar del estancamiento al lugar donde *nada* te aparte de Dios. Ni tus miedos ni tu culpa, ni tu debilidad ni tu ira.

Confía en Dios como santa Teresita es diferente de los libros espirituales que hayas podido leer anteriormente. Es práctico y concreto. Está dirigido a personas que ya hacen lo básico para seguir a Dios, pero quieren algo más. Gente que quiere ser santa. Y está escrito con el lector medio en mente, no eruditos o teólogos.

Hasta hace poco, yo también me veía abrumada por la cantidad de cosas que tenía que pensar acerca de mi vocación y mi vida espiritual. Estaba furiosa, asustada, desilusionada y desconsolada. Esperaba que mi camino fuera más sencillo. Esperaba alcanzar mayores cotas de espiritualidad más rápido. No sabía cómo salir de mi estancamiento.

Entonces empecé a concentrarme intensamente en confiar en Dios. ¿Qué enseñaba santa Teresa sobre la confianza? Más aún, ¿cómo la vivía? ¿Cómo podía tomar su ejemplo, el ejemplo de una monja carmelita del siglo XIX, y aplicarlo a mi vida como esposa y madre del siglo XXI?

Había empezado un blog solo un par de meses antes de esto. Escribía acerca de mis reflexiones sobre la confianza, mis esfuerzos (y, a veces, mis fallos) para seguir el caminito de la infancia espiritual. Y mi vida comenzó a cambiar.

Ahora te invito a ahondar en mis batallas. Quiero compartir contigo mi lucha continua para confiar en Dios, empezando desde mis primeros momentos. Te mostraré cómo, reflexionando acerca de cada etapa de la vida de santa Teresa, he encontrado un eco en la mía.

Nuestras culturas, nuestras familias, nuestras vocaciones eran diferentes. Pero nuestra naturaleza humana y nuestro propósito en la vida eran los mismos. Para mi sorpresa, me resultaron de ayuda cosas como la petición de Teresa al Papa para entrar antes en la clausura. Me di cuenta de que su papel como asistente de la maestra de novicias en el Carmelo era similar a mi papel como madre y profesora de mis hijos. Ambas hemos tenido que enfrentarnos a las tragedias de la infancia, a la espera de que el plan de Dios se cumpliera, al miedo por nuestros seres queridos y a preguntas sobre la muerte y la eternidad.

Como escritora y profesora conozco el poder de las historias. Nos inspiran. Mueven nuestros corazones. Cada capítulo comienza con una historia real de la vida de santa Teresa, contada en forma de narración tan cercana a los hechos como ha sido posible. Los capítulos avanzan más o menos secuencialmente desde su nacimiento a su muerte. Cada capítulo incluye también una historia relacionada de mi propia vida. He cambiado los nombres de algunas personas, pero las historias son reales.

Junto a estas historias hay entremezcladas enseñanzas del Catecismo de la Iglesia Católica, la Sagrada Escritura, otros escritos espirituales y la psicología. Estas enseñanzas te ayudarán a profundizar y alcanzar el significado del ejemplo de santa Teresa.

Por último, unas cuestiones para reflexionar y sugerencias prácticas para animarte a aplicar las lecciones a tu vida. Estas pueden ser el trabajo de campo de tu camino hacia la confianza en Dios.

Al final del libro encontrarás una breve línea de tiempo de la vida de santa Teresa, así como un *Quién es quién en la vida de santa Teresa*. Estos elementos te ayudarán a mantener ordenados los personajes y eventos de su vida para que no te impidan comprender su mensaje.

Mientras lees este libro, recuerda que estás confiando en Dios *como* santa Teresa, no solo atendiendo a sus enseñanzas. En el cielo ella te anima. Reza por ti. Como prometió, arroja rosas sobre ti. Quiere que tengas éxito. Igual que Dios.

> Si Dios está con nosotros, ¿quién estará contra nosotros? El que no se reservó a su propio Hijo, sino que lo entregó por todos nosotros, ¿cómo no nos dará todo con él? Pero en todo esto vencemos de sobra gracias a aquel que nos ha amado. Pues estoy convencido de que ni muerte, ni vida, ni ángeles, ni principados, ni presente, ni futuro, ni potencias, ni altura, ni profundidad, ni ninguna otra criatura podrá separarnos del amor de Dios manifestado en Cristo Jesús, nuestro Señor (Rom 8, 31-32.37-39).

Puedes vencer tu miedo, ira y ansiedad con la ayuda de la gracia de Dios. Puedes aprender a confiar en Dios de manera perfecta. Y algún día, cuando alguien te pregunte qué es lo que te hace no seguir a Dios con todo el corazón, podrás responder: «Nada».

La importancia de confiar en Dios

Confía en el Señor con toda el alma, no te fíes de tu propia inteligencia;
cuenta con él cuando actúes, y él te facilitará las cosas.

Prov 3, 5-6

E n el monasterio carmelita de Lisieux, en Francia, una joven
monja yace moribunda. Ya había tosido sangre dos veces ese
día. El hábito marrón colgaba sin fuerza de su encogida figura.
Incluso sus manos parecían las de un esqueleto. Su rostro estaba en-
rojecido por la fiebre. Agudos dolores atravesaban su pulmón derecho. A veces le costaba respirar. Estaba demasiado débil hasta para
llevarse la mano a la boca.

El doctor Alexandre-Damase de Corniere se negó a permitir a las
monjas que la bajaran a la enfermería por miedo a que el movimiento
la matara. Le ordenó mantenerse en completo reposo y le recetó chu-
par cubitos de hielo para detener la tos con sangre. También ordenó
que le aplicaran cataplasmas de mostaza.

Sor Teresa del Niño Jesús y de la Santa Faz llevaba gravemente
enferma desde las primeras horas de la mañana del Viernes Santo,
casi quince meses antes. Al volver a su celda después de Completas,
la oración nocturna de la Iglesia, tosió sangre por primera vez. Estaba
segura de que pronto moriría. Sin embargo, ocultó su enfermedad
tanto como pudo. Se arrastró hasta el coro, trabajó en la lavandería

y cosió ropa. Nadie sabía el esfuerzo que todo esto le costaba. Solo la primavera anterior fue relevada de sus obligaciones, exceptuando finalizar el manuscrito que estaba escribiendo sobre su vida.

En junio pasó una noche tan mala que el doctor predijo que no sobreviviría. Pero Teresa se recuperó. Su condición se estabilizó hasta la crisis del 6 de julio de 1897.

El 8 de julio, el doctor De Corniere la examinó de nuevo. Al ver su continua debilidad, agitó su cabeza. «En estas condiciones, solo el dos por ciento se recuperan», dijo a la madre María de Gonzaga, la priora. Él dijo que Teresa tenía congestión en un pulmón lesionado, aunque el último diagnóstico era tuberculosis.

Teresa oyó sus palabras y sonrió. ¡Quizá por fin podría recibir la extremaunción! La había estado pidiendo durante semanas. En aquellos tiempos, la unción de los enfermos (como la llamamos ahora) solo se daba cuando se pensaba que la muerte era inminente.

Teresa se dirigió a la madre Inés de Jesús, su hermana mayor, anteriormente Paulina Martin. La madre Inés estaba frecuentemente con ella esos días. Incluso había recibido permiso para perderse el rezo de Maitines[2] con el resto de la comunidad para pasar más tiempo con Teresa.

«Deseo ardientemente recibir la extremaunción», le dijo Teresa. «Mala suerte, si luego se burlan de mí»[3]. Ella sospechaba que si se recuperaba de nuevo alguna de las hermanas pensaría que nunca había estado realmente en peligro. Incluso ahora, después de haber estado sufriendo durante meses, muchas en el convento no se creían que estuviera gravemente enferma. Nunca se quejó y mantuvo el

---

[2]Literalmente, «oración de la mañana». La oración de Maitines se realiza antes de la madrugada. (N. del T.)
3 OC, UC, CA 8.7.12, p. 885.

buen humor, contando chistes para que sus compañeras no se entristecieran.

La madre Inés ayudó a Teresa a examinar su conciencia. Después, Teresa confesó sus pecados al abate Youf, el confesor del convento.

Tras recibir la absolución, Teresa miró su celda por última vez. ¡Cuántas gracias le había dado Dios allí! Pero estaba, no obstante, feliz de dejarla, dado que pronto se encontraría con él cara a cara.

Las hermanas la bajaron a la enfermería en su colchón a pesar de que el médico aún no había dado permiso para moverla. Con ella estaban la madre Inés, sor María del Sagrado Corazón (su hermana mayor María) y sor María de la Eucaristía (su prima María Guerin). Celina, la cuarta hermana Martin en entrar en el Carmelo, era ahora sor Genoveva. Era asistente de la enfermera, que le permitió cuidar a Teresa. Genoveva dormía en una celda anexa a la enfermería, de guardia para ayudar a los pacientes día y noche. De las hermanas Martin, entonces, la única que no pudo estar con Teresa en sus últimos días fue Leonia, que por tres veces había intentado sin éxito unirse a otras órdenes y vivía con sus tíos.

Las monjas trasladaron la estatua de la Virgen de la Sonrisa a la enfermería frente a ellas. Nuestra Señora utilizó esa estatua para curar a Teresa de una grave enfermedad cuando tenía diez años. Teresa solía guardar la estatua en una antesala de su celda, donde se reunía con las novicias a su cargo. Mientras las monjas colocaban cuidadosamente el colchón con Teresa en el somier, ella miraba hacia la estatua con una expresión que los miembros de su familia no pudieron interpretar.

«¿Qué ves?», preguntó María del Sagrado Corazón. Teresa había confiado su cura milagrosa de niña tan solo a María. Esta esperaba una nueva intervención milagrosa. Después de todo, el convento estaba a la mitad del rezo de una novena a Nuestra Señora de las Victorias por su curación.

Teresa respondió: «Me parece más hermosa que nunca. Pero solo estoy hablando de la estatua, no como aquel día, en el que realmente estaba la Virgen».[4] Dios no dio a Teresa milagros, visiones ni consolaciones en esa ocasión. La dejó con las mismas comodidades físicas y ordinarias del resto de su familia carmelita.

Una pintura del Santo Rostro de Jesús, el nombre tanto de la enfermería como de Teresa, colgaba de la pared al otro lado de la puerta. Las imágenes de sus intercesores favoritos estaban clavadas a los doseles marrones de su cama. Eran Theophane Villard (un mártir reciente al que admiraba), Juana de Arco, los cuatro niños Martin que habían muerto en la infancia y, por supuesto, la Santa Virgen María. Teresa se sentiría como en casa el poco tiempo que esperaba estar allí.

La madre Inés permaneció a su lado, recogiendo cada palabra dicha por Teresa como si fuera una reliquia sagrada y escribiéndola en cualquier pedazo de papel que pudiera encontrar. Un año antes, cuando la madre Inés era priora, había ordenado a Teresa que escribiera sobre los recuerdos de su infancia. En obediencia, Teresa escribió la primera parte de su autobiografía. Nosotros la conocemos hoy como el manuscrito de *Historia de un alma*. La madre Inés no la leyó de inmediato. Cuando por fin lo hizo, se dio cuenta de que su hermana era una santa. En lugar de solo historias familiares, el manuscrito estaba lleno de sabiduría espiritual. Ahora la madre Inés pasaba el tiempo preguntando a Teresa por su espiritualidad, sus experiencias y su oscuridad espiritual. Quería aprender todo lo que pudiera

---

4 Cf. Edición *Authentic Digital Classics* de *The Story of a Soul: A New Translation* [*Historia de un alma: una nueva traducción*].

sobre el caminito de infancia espiritual de Teresita antes de que fuera demasiado tarde.

A pesar de su enorme sufrimiento, Teresita rebosaba de alegría ese día. Habló sin parar sobre el cielo durante un tiempo impresionante para alguien que se suponía que estaba muriendo. «¡Oh, ciertamente que lloraré al ver a Dios!» le dijo a la madre Inés, antes de corregirse: «Mas no, en el cielo no se puede llorar... Pero sí, puesto que él ha dicho: "Enjugaré todas las lágrimas de sus ojos"»[5]. Muchas habían sido las lágrimas de su corta vida.

«Desearía poder estar tan segura de ir al cielo como lo estás tú», comentó María de la Eucaristía. «Pero nunca he sido tan buena como tú. Sé que tendré que pasar tiempo en el purgatorio».

Si Teresa hubiera podido sentarse y tomar a su prima por los brazos, lo habría hecho. Habían sido amigas íntimas desde la infancia. María Guerin siempre había seguido el ejemplo de Teresa. También la había dirigido en el noviciado. Pero ella se contentó con responder: «¡Oh, cuánta pena me dais! Hacéis una gran injuria a Dios creyendo ir al purgatorio. Cuando se ama, no puede haber purgatorio»[6].

El siguiente día, 9 de julio, el doctor De Corniere la visitó dos veces. Encontró que sus síntomas habían disminuido ligeramente.

Cuando el canónigo Charles Maupas, el superior de las monjas, observó lo alegre y fuerte que parecía Teresa, decidió no darle la unción de enfermos. Dudaba de que estuviera al borde de la muerte. Y se demostró que tenía razón. Porque aunque Teresita pronto volvió a empeorar y no podía retener nada, ni siquiera la leche condensada que le servía de medicina, tuvo que esperar un poco más para ver a Dios.

---

[5] OC, UC, CA 8.7.13, p. 885.
[6] UC, I, Carta 11, p. 615.

Teresa se sintió decepcionada, pero se mantuvo en paz y resignada. Dios la había hecho esperar por él antes. Aceptaría su voluntad sin un murmullo. «¡El "Ladrón" se ha marchado otra vez!», le dijo a María del Sagrado Corazón refiriéndose a Jesús llegando como un ladrón en la noche. Esta había llegado a convertirse en su manera favorita de hablar de la muerte con sus hermanas. «¡En fin, como Dios quiera!»[7].

El 7 de julio le había dicho a la madre Inés: «Desde niña, me han encantado estas palabras de Job: "Aunque Dios me matara, seguiría esperando en él". Pero he tardado mucho tiempo hasta situarme en este grado de abandono. Ahora ya estoy en él; Dios me ha hecho llegar a él, me ha tomado en sus brazos y me ha puesto en él...»[8]. Vida y muerte eran lo mismo para ella. Confiaba plenamente en la providencia de Dios.

¿Podemos alcanzar el mismo nivel de confianza?

Antes de comenzar el camino hacia la confianza en Dios, nos hacemos la pregunta obvia: ¿podemos alcanzar la confianza perfecta? ¿Necesitamos practicarla? ¿Podemos? En este capítulo veremos la importancia de la confianza para nuestra vida espiritual. Mostraré cómo mi falta de confianza amenazó mi relación con Cristo. El padre Benedict Groeschel nos enseñará dónde encaja la confianza en el modelo normal de crecimiento espiritual. Finalmente, consideraremos varios signos de desconfianza.

La confianza de Teresita en Dios es casi legendaria, tanto que casi podríamos considerarla fuera de nuestro alcance. En su familia y, más tarde, en el claustro carmelita, estaba sumergida en una cultura

---

[7] OC, UC, UD/MSC 9 de julio, p. 1025.
[8] OC, UC, CA 7.7.3, p. 882.

enfocada en Cristo. Cuando tuvo problemas en la escuela, volvió a casa a aprender entre los que la entendían. Cuando quiso darse por entero a Dios, se hizo monja. Cuando comenzó a hablar de su caminito de infancia espiritual, otros la animaron.

Nosotros encontramos a diario oportunidades para confiar a las que ella nunca tuvo que hacer frente. El mundo a nuestro alrededor, a veces incluso nuestros más queridos familiares, afronta nuestro deseo de Dios con indiferencia u hostilidad. En la Iglesia, otros piensan que somos presuntuosos hasta por esforzarnos en seguir a Dios más fielmente. Y una insistente voz dentro de nosotros nos urge a cada paso para que abandonemos nuestro camino.

«¿Por qué centrarnos en la confianza?», nos preguntamos a nosotros mismos. Hay tantos problemas apremiantes para los católicos en el mundo de hoy: combatir la cultura de la muerte, devolver a la fe a los descarriados, renovar la catequesis, cuidar de los pobres. ¿Por qué no centrarnos en cambio en alguno de estos?

Cuando reflexionamos más profundamente sobre esta cuestión, la noción errónea tras ella se revela por sí misma. No practicamos una virtud o nos unimos a un apostolado aisladamente del resto de nuestra vida cristiana. Centrarse en la confianza no nos aparta de esas otras cosas importantes. Nos ayuda a avanzar en ellas. La lucha contra la cultura de la muerte, por ejemplo, puede ser desalentadora, desgarradora y personalmente arriesgada. La confianza nos da la fuerza para perseverar. De la misma manera, debemos confiar a Dios los corazones de los perdidos, porque al final solo él puede convertirlos. Debemos confiar en que él trabaja a través de su Iglesia, incluso cuando los humanos que componen esa Iglesia se quedan cortos. Y, a menos que podamos aceptar la providencia de Dios, las dificultades del pobre aplastarán nuestro espíritu.

¿Por qué deberíamos centrarnos en la confianza? En una carta a María del Sagrado Corazón, Teresa dijo concisamente: «La confianza, y nada más que la confianza, es la que debe conducirnos al amor»[9]. El «amor», por supuesto, es Dios mismo. En otras palabras, no podemos acercarnos a él hasta que confiemos en él.

«Pero espera», decimos, «¿Teresa no estaba exagerando?». ¿De verdad quiso decir que «nada más que la confianza» nos llevaría a Dios?

La confianza no fue un tema menor en la vida de Teresa. Desde el principio, el Espíritu Santo parece haberla elegido como un apóstol de la confianza para enseñarnos lo que realmente significa confiar en Dios. Teresa siguió el camino del amor hasta el final. Este camino de amor era su caminito. La confianza la guió, evitando que se detuviera o se desviara de su rumbo.

«Lo que ofende a Jesús,» le escribió en la primera carta que se conserva a María Guerin, «lo que hiere su corazón es la falta de confianza»[10]. María en ese momento estaba sufriendo de escrúpulos que la tentaban para que no recibiera la comunión. Teresa estaba segura de que la falta de confianza en la misericordia de Dios de su prima le ofendería más que cualquier pequeño pecado que pudiera haber cometido cuando se esforzaba en seguirle. Teresa había hecho frente a la misma tentación y Dios le había mostrado la solución. La respuesta adecuada a nuestra debilidad es la confianza.

Ahora, ¿significa eso que solo la confianza es necesaria para la vida espiritual, que las otras virtudes no nos llevarán a ninguna parte? No exactamente. Las otras virtudes nos llevarán a alguna parte, pero si la confianza no las acompaña, nuestro crecimiento

[9] OC, Cartas 176, p. 590.
[10] OC, Cartas 71, p. 435.

espiritual llegará a su fin. Debemos dejar de intentar controlar nuestra vida espiritual para ser santos. Reconozcámoslo, de todas formas tal control es una ilusión. Pero Dios no nos obligará a renunciar a él. Él quiere que lo entreguemos voluntariamente. Debemos dar a Dios la libertad de hacer su voluntad a su manera y a su tiempo, y eso significa confiar en él.

Atascarse en la vida espiritual

Como nosotros, Teresa nació imperfecta, herida por el pecado original. En cada fase de su vida, en cada desafío, tuvo que elegir confiar, al igual que nosotros. Yo acabo de empezar a darme cuenta de lo mucho que tenía su vida en común con la de todos nosotros. Puedo crecer en la confianza meditando sobre mi pasado y mi presente, preguntándome cómo mis desafíos se asemejan a los de ella.

«Inspirada por el Espíritu Santo, y en respuesta a la llamada de Dios, yo, María Francisca de la Divina Misericordia, prometo sinceramente a los superiores de la Orden del Carmelo Teresiano y a vosotros, mis hermanos y hermanas, tender a la perfección evangélica en el espíritu de los consejos evangélicos de castidad, pobreza y obediencia, y de las bienaventuranzas, según la regla de la Orden del Carmelo Descalzo Seglar, durante tres años. Yo encomiendo con confianza esta, mi promesa, a la Bienaventurada Virgen María, Madre y Reina del Carmelo».

Arrodillada en el santuario de la iglesia de san Rafael en Crystal, Minnesota, recité estas palabras. Junto a varias mujeres de distintas edades y un hombre mayor, hice mi promesa temporal como carmelita seglar.

En esa época, la orden animaba a los miembros a elegir los nombres de dos santos y una devoción, que podríamos utilizar en lugar de nuestros propios nombres en escenarios oficiales carmelitas. Yo había elegido ser nombrada en honor a la Santísima Virgen María y a san Francisco de Sales. En nuestra vida ordinaria todavía utilizaríamos nuestros nombres de pila.

Los carmelitas descalzos son la rama de la familia carmelita establecida por santa Teresa de Jesús y san Juan de la Cruz. Teresa fue una monja del Carmelo Descalzo. La orden seglar (OCDS) ofrece a los laicos y a los párrocos una forma de asociarse estrechamente con las monjas y los frailes del Carmelo.

Durante mucho tiempo sentí que el Espíritu Santo me impulsaba a unirme a una comunidad cristiana de algún tipo. Me crié en un hogar carismático católico, como parte de una comunidad muy unida que era como una familia extendida. Pero llegó un momento en que eso no parecía ser lo apropiado para mí. Me atraían expresiones más tradicionales de catolicismo. Cuando leí un pequeño folleto titulado *How to Avoid Purgatory* [*Cómo evitar el purgatorio*], del P. Paul O'Sullivan, me enteré de las gracias ofrecidas a los miembros seglares de varias órdenes. Estaba decidida a evitar el purgatorio a toda costa, así que empecé a practicar algunas de las sugerencias del P. O'Sullivan. Entre otras cosas, decidí que debería investigar las órdenes seglares. Pero pasaron los meses y no seguí con ello.

Entonces, en una fiesta que organizó un amigo para católicos solteros, conocí a una joven mujer que era novicia de la OCDS. Casualmente, su comunidad se iba a reunir el día siguiente. Me invitó a acompañarle. ¿Cómo podía decir que no? Dios obviamente estaba haciendo por mí el trabajo que yo no había hecho.

Fui al encuentro de tres horas e inmediatamente sentí que el Carmelo era a donde yo pertenecía.

Al igual que los frailes y las monjas, los carmelitas seglares tienen al menos seis años de formación antes de hacer una promesa de por vida. En raras ocasiones, algunos miembros también hacen voto de castidad y obediencia tras su promesa final. A medida que avanzaba en la formación, estudié la oración y la práctica de las virtudes. Releí los escritos de algunos de mis santos favoritos, esta vez con gente que podía explicarme lo que me había perdido al leerlos por mi cuenta.

Me volví a comprometer a hacer oración mental a diario. Aprendí a vivir una vida más sencilla. Empecé a practicar el desapego. Pronto el trabajo de Dios en mi oración se hizo obvio. Le sentía más cerca que nunca. Estaba feliz y en paz.

Al hacer mi promesa, dejé atrás el noviciado. Me puse en pie y me ajusté el largo escapulario marrón que vestíamos para las ocasiones ceremoniales. Un lado o el otro se deslizaba constantemente por el hombro. Nuestro hábito diario era el escapulario marrón mucho más pequeño y sencillo, dos pequeños rectángulos de tela unidos con una cuerda que se llevan bajo la ropa. Había llevado uno durante años, con doble nudo para acortar su longitud. Hacer eso habría sido más difícil con las cintas blancas que mantenían unido el escapulario grande. Además, habría quedado ridículo anudado sobre mi ropa de vestir.

Ambos escapularios fueron realizados por las monjas carmelitas de Lake Elmo. Estaban hechos para ajustarse al adulto promedio. Cuando mides menos de metro y medio, los tamaños promedio te tapan.

Ser bajita a veces me molestaba. Significaba no ser capaz de conducir algunos coches compactos, tener que subirse a taburetes en la cocina, comprar ropa pequeña —y, aun así, que fuera demasiado grande—, ser tratada como una niña, y que los escapularios se me deslizasen por los hombros.

Cuando todos los candidatos hubieron terminado de recitar la promesa, la congregación aplaudió. Luego volvimos a nuestros bancos. Mis padres, junto con mi hermana mayor Julie, que estaba en la ciudad esa semana, y mi compañera de habitación Sarah, habían venido a celebrarlo conmigo. Les sonreí mientras volvía a mi sitio.

Alguien en nuestra comunidad había dicho que el día en el que haces tu promesa puedes pedirle a Dios cualquier cosa y él te lo concederá. Él bendice a aquellos que le dan sus vidas de esta manera. Así que, después de pedir por el retorno de mis seres queridos a la Iglesia, hice a Dios dos peticiones más. Le pedí que en un año pudiera conocer a mi futuro marido. Tenía treinta y un años y me estaba empezando a preocupar por mi vocación primaria. También le pedí que llegara a ser santa.

Dios respondió a la primera de estas peticiones. Casi un año después conocí a Dan Rossini.

Pero, en cuanto a la segunda petición, en lugar de avanzar en la vida espiritual, me atasqué. La paz desapareció. Mi compromiso de orar cada día no vaciló, pero mi oración se estancó. Aunque todavía trataba de ser virtuosa, ya no crecía de manera apreciable, y puede que incluso retrocediera en algunas áreas. No fue una fase pasajera. Luché de esta manera durante años.

Con el paso del tiempo, Dan y yo nos casamos y tuvimos cuatro hijos. Hice mi promesa definitiva (de por vida) como carmelita seglar. Pero seguía inmersa en una crisis espiritual. Cada vez estaba más preocupada por mi vida espiritual.

Entonces Dan me compró *The Way of Trust and Love* [*El camino de la confianza y el amor*], del P. Jacques Philippe como regalo de cumpleaños. El libro, que presenta el caminito que Teresa concibió, desde la perspectiva de la confianza y el amor, no me atrajo de inmediato. Pero en algún punto cerca de su mitad, la audacia de la confianza en Dios de Teresa y su significado para mi vida se hizo evidente.

Se me abrieron los ojos. La raíz de mi problema era simple, aunque no la hubiera visto. No quería ser pequeña. No reconocía que *era* pequeña. No me daba cuenta de que *necesitaba* ser pequeña. Bastante irónico para una carmelita.

Meses después, descubrí que mi experiencia de atascarse en una rutina espiritual y necesitar tomar una nueva dirección era algo común. Los directores espirituales hace tiempo que se han dado cuenta de este patrón. Algunos incluso han acuñado términos para describirlo.

Las tres conversiones de la vía purgativa

Los teólogos católicos dividen la vida espiritual en tres fases principales. Nos podemos quedar atascados en cualquier lugar del camino hacia Dios, pero sobre todo en las transiciones entre estas fases. Cada nueva etapa pide un cambio de perspectiva, un cambio que no siempre es fácil de comprender.

La primera etapa, conocida como la vía purgativa, es un tiempo de purificación del pecado y de los apegos. La segunda etapa es la vía iluminativa. En esta fase, Dios ilumina la mente para conocer su voluntad con más claridad y otorga el don de la contemplación sobrenatural. La etapa final es la vía unitiva, en la que una persona es consciente casi constantemente de la presencia de Dios. Al final, tiene la capacidad de ajustarse estrechamente a la voluntad de Dios.

Santa Teresa de Jesús, una doctora de la Iglesia como la misma Teresa, escribió una obra maestra sobre el crecimiento en la oración titulada *El castillo interior* o *Las moradas*. Ella imaginaba el alma como un castillo con siete habitaciones o mansiones. Cada mansión representaba una fase diferente de la vida espiritual. Las tres primeras mansiones se considera, por lo general, que pertenecen a la vía purgativa.

Las almas no progresan necesariamente de forma secuencial a través de las siete mansiones, sino que deambulan con más libertad entre ellas. Pueden incluso estar al mismo tiempo en dos mansiones diferentes en dos áreas diferentes de su vida. De esta manera, la purgación continúa a lo largo de nuestras vidas, incluso después de haber sido contemplativos durante mucho tiempo. No estaremos completamente libres del pecado y de los apegos hasta el final de nuestra vida o hasta el final de nuestra estancia en el purgatorio.

En su libro *Spiritual Passages: the Psychology of Spiritual Development* [*Pasajes espirituales: la psicología del desarrollo espiritual*], el P. Benedict Groeschel descompone aún más la vía purgativa. Identifica tres conversiones que deben tener lugar para que el alma sea completamente purificada. Cada una de ellas se corresponde, aproximadamente, con una de las tres primeras mansiones de santa Teresa.

La primera conversión es del pecado mortal o pecado original a un estado de gracia. En esta etapa aprendemos los mandamientos e intentamos seguirlos. El P. Groeschel señala que los niños, de forma consciente o inconsciente, negocian con Dios. Piensan que, si son buenos, Dios «será bueno» con ellos. Pero con el tiempo descubren que Dios no les da todo lo que quieren. Él no siempre responde a sus oraciones como a ellos les gustaría o como esperarían.

En este punto, una persona podría decidir abandonar la fe porque esperaba algo diferente. Muchas personas que son hostiles al cristianismo han dejado la fe en esta etapa. No entienden de verdad lo que es la vida cristiana. Podrían pensar que Dios es injusto. Podrían imaginar a Dios como una especie de «hada padrino» en el que solo los tontos creerían. Están rechazando su idea de Dios de la infancia, sin darse cuenta de que sus amigos y familiares cristianos han superado esa idea.

Esta comprensión de que Dios no siempre interviene en el mundo cuando le pedimos que lo haga nos da la oportunidad de la segunda conversión. Aquellos que siguen adelante entran en lo que el P. Groeschel denomina la fe madura. Se apasionan por seguir a Dios. Quienes han experimentado recientemente esta conversión con frecuencia piensan que han alcanzado la meta de la espiritualidad. Piensan que son casi santos. Por el contrario, apenas están empezando.

El cristiano en esta fase tiene un entendimiento mucho más profundo de Dios y sus caminos de lo que tenía antes. Aprende que Dios no encaja en las categorías humanas. Se da cuenta de que hay algunas preguntas que no puede responder. algunos caminos de Dios que no puede entender. Sin embargo, cree en Dios con más fuerza que nunca. Su oración va desde las peticiones infantiles y la oración vocal a la meditación de la Sagrada Escritura. Luego, gradualmente, se encuentra pasando menos tiempo hablando o pensando en la oración y más tiempo sentado en silencio en la presencia de Dios.

Entonces ocurre otra crisis. Quizá muere un ser querido, o una persona experimenta otra tragedia. O se encuentra con problemas aparentemente insuperables en su lucha contra el pecado. Ve el mal en su vida o en el mundo y debe aceptarlo. Una vez más, puede abandonar, puede estancarse o puede crecer.

Finalmente, hay una conversión a la confianza perfecta en Dios. La persona deja ir su ansiedad y su miedo. Pone su absoluta confianza en Dios, incluso cuando parece que todo va mal. Se da cuenta de que Dios está a cargo del mundo y de su crecimiento espiritual. Aprende a estar en paz entre las tormentas de la vida. Se abandona a la divina providencia como Jesús hizo en el jardín de Getsemaní.

Señales de falta de confianza

La desconfianza puede manifestarse de muchas maneras: el enfado, la ansiedad, la tibieza, el aburrimiento, el engaño, la queja, el desánimo, la insatisfacción, la envidia, la reserva excesiva, el fantasear, el miedo, la glotonería, el acaparamiento, la desesperanza, los celos, el juzgar, la falta de relaciones cercanas, la baja autoestima, la mentira, la presunción, el orgullo, el robo, la tacañería y la falta de voluntad para hacer sacrificios.

La desconfianza nos mantiene centrados en nosotros mismos, en lugar de en Dios y en los demás. Nos impide obedecer plenamente los dos mandamientos más grandes: amar a Dios con todo nuestro ser y amar al prójimo como a nosotros mismos. El egocentrismo hace imposible la santidad.

En otras palabras, la confianza es necesaria para que vayamos al cielo. Si no aprendemos a confiar por completo en Dios aquí en la tierra, tendrá que purificarnos de nuestra desconfianza en el purgatorio. No recibiremos lo que esperamos hasta que esa esperanza se haya perfeccionado.

Cuestiones para la reflexión

1. ¿En qué estado se encuentra mi vida espiritual? ¿Estoy avanzando, voy en círculos o retrocediendo?

2. ¿Estoy abierto a ver la vida espiritual desde una nueva perspectiva? ¿Qué me puede estar deteniendo en este momento?

3. ¿Creo que la confianza es necesaria para el avance continuado hacia Dios? ¿Qué experiencias de mi vida parecen confirmar o negar esto?

4. ¿Dónde me encuentro en referencia a las tres conversiones de la vía purgativa?

5. ¿Cómo podría aumentar mi confianza en Dios mejorar mi vida espiritual?

Sugerencias prácticas

* Examina tu conciencia como lo harías para prepararte para la confesión. Haz una lista de los pecados y faltas que parecen acosarte con frecuencia. ¿Cuántos de ellos pueden estar relacionados con la confianza? Mantén esta lista a mano mientras lees el resto de este libro.

* Escribe «es la confianza y nada más que la confianza lo que nos debe llevar al Amor» en una tarjeta. Sitúala donde la puedas ver a diario.

Una segunda oportunidad para confiar

Pero a cuantos lo recibieron, les dio poder de ser hijos de Dios, a los que creen en su nombre.

Jn 1, 12

María Celia Guerin, cuando aún era joven, se había lesionado el pecho en una caída. El dolor perduró a lo largo de los años. Amamantó a sus primeras cuatro hijas sin incidentes, pero cuando trató de amamantar a sus otros hijos, las dificultades la atormentaron. Dos hijos pequeños sucumbieron a una inflamación del intestino delgado y murieron, uno tras otro. Su hija Celina fue enviada a tres nodrizas diferentes hasta que encontraron una adecuada. En un momento dado, casi se muere de hambre. La nodriza a cargo de la octava hija, María Melania Teresa, resultó ser una alcohólica que la abandonó. Los Martin se enteraron demasiado tarde para salvar a la niña. Murió de desnutrición a los dos meses de edad.

Además, una hija pequeña llamada Helena, que era apreciada por toda la familia, murió de una enfermedad repentina a la edad de cinco años.

Zelie, como se conocía a María Celia, anhelaba tener otra hija después de la muerte de su octavo bebé. Descubrió que estaba embarazada una vez más cuando tenía cuarenta años. Sabía que este sería su último hijo. Temía tener que volver a contratar a una nodriza[11].

La pequeña María Francisca Teresa empezó con fuerza. Algunos dijeron que pesaba unos 3600 gramos al nacer, aunque Zelie opinaba que el peso de la recién nacida estaba más cerca de los 2700[12]. Teresa causó casi de inmediato ansiedad a sus padres. Cuando tenía dos semanas, Zelie cedió al miedo y la alimentó con un biberón. Entonces Teresa se negó temporalmente a mamar. Cuando empezó a echarse siestas largas, Zelie se asustó. Sus hijos habían dormido de manera similar al deteriorarse su salud. Sin embargo, estas ansiedades fueron pasando. Puede que nunca tuviera ningún motivo para ellas.

Entonces, en marzo de 1873, solo dos meses después de su nacimiento, la salud de Teresa empeoró de manera notoria. Pronto se le diagnosticó la misma enfermedad que había causado la muerte de sus hermanos. Aunque era pálida, no estaba delgada, y mantenía su sonrisa y su risa, que había mostrado extraordinariamente pronto.

La creencia popular indicaba que Teresa tendría que ser entregada a una nodriza. En cambio, Zelie probó algunos remedios caseros para devolverle la salud. Pero lo que necesitaba era leche materna, y no estaba recibiendo la suficiente de su madre. Como Teresita continuaba empeorando, Zelie llamó al Dr. Pierre Hippolyte Belloc la tarde del 10 de marzo.

El Dr. Belloc examinó a Teresa y se preocupó de inmediato. «Este bebé necesita más nutrición —dijo—. Dele una cucharada de agua de arroz y una de solución de hidróxido de calcio en dos cucharadas de

[11] Cf. LT, p. 1198-99.
[12] OC, Prólogo, p. 31.

leche dos veces al día. Pero también debería encontrar una nodriza para ella»[13].

¿Quién había en Alençon a quien Zelie pudiera confiar a Teresa? Después de que el doctor se marchara, Zelie dio vueltas por la casa, descartando mentalmente las opciones una a una. Ella y su marido Luis ya habían pasado por esto antes del nacimiento de Teresa. No se les ocurría nadie adecuado. Todas las nodrizas disponibles tenían un carácter cuestionable o eran poco fiables por otros motivos.

Entonces pensó en Rosa Taillé, que ya había amamantado a dos de sus otros hijos. Rosa y su familia vivían en una granja en las afueras del pueblo de Semallé, a unos ocho kilómetros de Alençon. Zelie sabía que Rosa estaba amamantando a su propio hijo, con lo que sería posible que hiciera de nodriza. Sin embargo, ese niño era un año mayor que Teresa y sería destetado pronto, y Zelie pensó que la leche de Rosa podría ser «demasiado vieja» para un bebé pequeño. Decidió que debía consultar al médico de nuevo.

A las once de la noche fue a ver al doctor Belloc para preguntárselo, dejando a Teresa con una sirvienta (las hijas mayores de los Martin estaban en el internado en ese momento). El doctor escuchó la historia de Zelie con los labios fruncidos. «Debe llevarla a Semallé de inmediato», dijo cuando ella hubo terminado. «Es la única opción que tiene ahora mismo para salvar a su hija»[14].

Aún así, Zelie dudaba. Luis estaba fuera de la ciudad, y no había ningún otro miembro de su familia a quien pudiera pedir ayuda. No podía viajar sola a Semallé en medio de la noche. Y, aunque lo hiciera, ¿cómo iba a despertar a la familia Taillé? Esperaría hasta la mañana. ¡Seguro que todavía tenía tiempo suficiente!

---

[13] Cf. LT, p. 1203.
[14] Ibíd.

Intentó amamantar a Teresa cuando volvió a casa, pero la niña no tomó nada.

Zelie tendió a Teresa sobre la colcha de terciopelo rojo en la habitación de los padres y la observó. ¡Qué hermosa niña les había dado Dios! Su pelo dorado rodeaba su cabeza como un halo. Pero estaba claro que había perdido peso.

Zelie se sentó junto a ella al borde de la cama. Su mano se desvió hacia el cuello de encaje que adornaba su propio vestido, frotándolo distraídamente entre el pulgar y el índice. Era de su propia creación, su propio, intrincado y hermoso diseño. En su tienda de encajes, Zelie tenía el control, asignando piezas a otras mujeres del pueblo para que las tejieran. Más tarde las ataría tan hábilmente que nadie podría decir que no eran una pieza única[15]. Era una mujer de negocios con éxito, una admirada artesana.

Y, sin embargo, no podía ayudarla.

A lo largo de la noche dio el pecho a Teresa varias veces, pero la niña seguía negándose a comer. No había nada que Zelie pudiera hacer, excepto esperar hasta la mañana.

En cuanto empezó a hacerse de día, volvió a dejar a los niños con una sirvienta y se puso en camino a pie sola, en dirección a la casa de Rosa Taillé. Hacía frío y estaba oscuro, y la calle estaba solitaria. Nada podía disuadirla ahora, ni siquiera un par de hombres con los que se encontró mientras caminaba, aunque normalmente se habría asustado. Cada minuto importaba.

La familia Taillé vivía en un pequeño caserío de ladrillos con techo de paja. Tenían manzanos, pastos y tierras para cultivar.

---

[15] Cf. TL, p. 15.

Zelie golpeó la puerta principal de madera. Una sorprendida Rosa le abrió. Tenía la cara ancha y la piel oscura de una campesina. Su pelo estaba atado con un pañuelo blanco.

—Por favor, ven a Alençon conmigo y da el pecho a mi hija —suplicó Zelie—. Está muy débil y no quiere comer nada. El médico dice que debo conseguir una nodriza de inmediato.

Rosa no quería dejar a su familia.

—Todavía estoy dando el pecho a mi hijo —respondió—. Y ¿quién cuidará de los otros tres? Lo siento. Tendrás que encontrar a otra persona».

Zelie no se rindió. Sabía que Rosa era la única esperanza de Teresita.

—No hay nadie más. Por favor, Rosa. Escúchame como una madre. Es mi hija, probablemente la última que voy a tener. Puedes organizarlo como quieras. Trae a Teresa aquí, si debes hacerlo. Pero no te niegues a ayudarme. Se morirá de hambre sin tu ayuda.

Rosa, a su pesar, se conmovió. Al final, tras consultarlo con su marido, accedió a pasar una semana con los Martin y después llevar a Teresa a vivir en la granja.

Las dos mujeres caminaron juntas de regreso a Alençon. El camino parecía todavía más largo que antes. Zelie estaba completamente exhausta, pero no se atrevía a retrasarse más. Cuando llegaron a la casa de los Martin, ya eran las diez y media de la mañana. Teresa todavía no había comido ni bebido nada. Rosa echó un vistazo a su cuerpo, pálido y delgado, y agitó la cabeza, diciendo: «Es demasiado tarde. He hecho un viaje inútil»[16].

---

16 Cf. LT, p. 1204.

Pero Zelie puso al bebé en los brazos de Rosa rogándole que intentara alimentar a Teresa a pesar de su falta de esperanza. Después corrió escaleras arriba a su habitación y se arrojó de rodillas ante una estatua de san José. Rogó al santo que había protegido del sufrimiento al Niño Jesús que ayudara a su hija. ¿Debía soportar la muerte de un quinto hijo? ¿Cómo podría Luis, al que la pérdida de Helena había destrozado el corazón, soportar volver a casa y encontrar que la pequeña Teresita también se había ido? Zelie era una mujer firme y fuerte, a la que las emociones no le afectaban con facilidad. Pero ahora las lágrimas caían por su rostro mientras intentaba abandonarse a la voluntad de Dios. Debe estar dispuesta a aceptar cualquier cosa.

—Teresa es tuya, Señor —susurró—. Haz con ella lo que sea tu voluntad.

Luego se levantó, se secó las lágrimas, se alisó la falda, y volvió abajo.

Su corazón golpeaba con fuerza su pecho al volver a entrar en el cuarto en el que había dejado a Rosa y Teresa. ¿Se encontraría a Teresa ya muerta? Para su sorpresa, la niña estaba mamando con voracidad.

Teresa siguió comiendo durante horas. Al final, se soltó y regurgitó dos veces. Entonces su cabeza cayó hacia atrás contra Rosa, sus ojos cerrados. Estaba totalmente quieta. Ni siquiera parecía estar respirando. Durante quince minutos Zelie y Rosa fijaron sus ojos en ella, apenas respirando mientras buscaban señales de vida. Detrás de Zelie la sirvienta lloraba.

Lentamente y en silencio, Zelie rezó un avemaría. Después otra. De repente, los ojos de Teresa se abrieron y sonrió.

—¡Oh, gracias a Dios! —exclamó Zelie—. ¡Está viva!

Rosa se llevó a Teresa a su casa en Semallé una vez se hubo estabilizado, tal como acordaron. Teresa se quedó allí trece meses, haciéndose cada vez más fuerte y aprendiendo a amar el campo. Se había evitado una posterior tragedia.

Recuerdos de amor

Para algunos de nosotros, la desconfianza ha sido una constante compañera, aparentemente desde el primer momento de nuestras vidas. ¿Dónde se originó esta desconfianza? Este capítulo explora las raíces psicológicas y espirituales de nuestra desconfianza. Veremos brevemente la teoría de Erik Erikson sobre el desarrollo psicosocial, así como el papel de la confianza en el pecado de Adán. Compartiré un recuerdo temprano de un evento que alimentó mi desconfianza. Veremos que no tenemos que seguir siendo prisioneros de nuestro pasado. Aprenderemos a ir más allá de culpar a otros por nuestra falta de confianza para cambiar nuestros corazones. Dios nos ofrece una segunda oportunidad para confiar.

Teresa tuvo una experiencia familiar inusualmente positiva. Fue bendecida con unos padres que no solo la amaban, sino que también luchaban por la santidad. De hecho, el papa Benedicto XVI beatificó a Luis y Zelie Martin en 2008. Para su canonización es necesario que la Iglesia acepte un milagro más de cada uno de ellos. Fueron padres amorosos, activos en la vida de sus hijos. Teresa escribió: «Dios me dio un padre y una madre más dignos del cielo que de la tierra. Pidieron al Señor que les diese muchos hijos y que los tomara para sí. Este deseo fue escuchado. Cuatro angelitos volaron al cielo, y las cinco hijas que quedaron en la arena tomaron a Jesús por Esposo»[17].

---

[17] OC, Cartas 231, p. 657.

Los Martin se enfrentaron de manera sana a la tragedia de la pérdida de sus cuatro hijos. A través de su sufrimiento aprendieron a confiar en el plan de Dios, incluso cuando estaba más allá de su comprensión, incluso cuando les causaba dolor. Antes de que Teresa pudiera hablar, estaba rodeada del lenguaje de la confianza.

Tuvo la familia como lugar principal en el que aprender a amar y a confiar. Era la pequeña de cinco hermanas. Dotada de una increíble memoria, más tarde escribió: «Mis primeros recuerdos guardan la huella de las más tiernas sonrisas y caricias»[18].

Teresa absorbió todo el amor que recibió y lo devolvió en abundancia a los demás y a Dios.

No menciona los problemas de salud que experimentó en su infancia en su autobiografía *Historia de un alma*. Sin embargo, algunos autores especulan que el doble traslado de su madre a su nodriza y viceversa dejó una cicatriz en su corazón[19].

Las cartas de Zelie detallan las dificultades de Teresita. Rosa Taillé vendía mantequilla y otros bienes en el mercado todas las semanas. Dejaba a Teresa en la casa de los Martin, o Zelie y algunos de los otros niños visitaban a Teresa en la granja. Todas las veces Teresa lloraba sin cesar, hasta que su madre la llevaba al mercado para ver a Rosa. Entonces paraba de inmediato. Más tarde, cuando volvió a casa para quedarse, tuvo que pasar por meses de reajuste.

Esta interrupción en su apego a su madre no pudo haber sido buena para Teresa, por mucho que el uso de nodrizas fuera común entre los burgueses de la época, en especial cuando la madre o el niño tenían problemas de salud. Podríamos criticar las decisiones de Zelie con respecto a Teresa y sus otros hijos. Un médico del siglo XXI nunca

---

[18] OC, HA, p. 42.
[19] Cf. EW, pp. 18-19.

daría el consejo que dio el Dr. Belloc. Pero los Martin vivían en una época anterior a la leche de fórmula para lactantes. Las causas de muchas dolencias de la infancia no se entendían bien. No podemos juzgarla por los estándares de paternidad actuales.

Ni siquiera los padres más piadosos pueden proteger por completo a sus hijos de las amenazas a la confianza.

Confianza contra desconfianza

Los dos primeros años de la vida de un niño son un período crucial para aprender a confiar. El psicólogo Erik Erikson identificó varias etapas en el desarrollo psicosocial que ahora son utilizadas de manera estándar por los expertos en el desarrollo infantil. En cada etapa, el individuo se enfrenta a un «conflicto crítico»[20]. O bien saca de él una lección positiva que se convierte en parte de su identidad madura, o bien ocurre lo contrario. La primera etapa dura aproximadamente desde el nacimiento hasta los dieciocho meses. El conflicto es entre confianza y desconfianza. Si un niño aprende a confiar, estará preparado para pasar a la siguiente etapa. Si no aprende a confiar, podría tener problemas con el miedo y la desconfianza por el resto de su vida, y su desarrollo futuro podría retrasarse.

Algunas personas tienen una infancia tan difícil que no es de extrañar que no aprendan a confiar en los demás. Al pasar sus primeros años sin unos padres unidos o sin cuidadores amorosos, es posible que nunca sean capaces de conectar con otros de manera saludable. Pueden tener dificultades persistentes para confiar en que Dios u otros seres humanos estarán ahí para ellos. Podrían desarrollar una

---

[20] SP, p. 40.

grave enfermedad psicológica llamada Trastorno de Apego Reactivo (RAD, por sus siglas en inglés).

Los niños confinados en orfanatos en algunos países del este de Europa y otros países en desarrollo con frecuencia sufren de RAD. En lugar de conectar con dos padres amorosos, ser cogidos en brazos, abrazados y afirmados, los bebés y niños pequeños están confinados en cunas la mayor parte del día. Jennifer Roback Morse, presidenta y fundadora del Instituto Ruth, adoptó un niño de Rumanía en 1991. En su libro *Love and Economics: Why the Laissez-faire Family Doesn't Work* [*Amor y economía: por qué la familia del «laissez-faire» no funciona*][21], cuenta la terrible forma en la que empezó la vida de su hijo. Se alimentaba con un biberón unido al costado de su cuna, como un jerbo en una jaula. Nadie le cogía para alimentarlo. Nadie satisfizo sus necesidades emocionales. No es de extrañar que tuviera problemas con el apego y un sinnúmero de problemas de comportamiento.

Pocas personas tienen que lidiar con ese nivel de disfunción cuando son bebés. Este libro no está pensado para ayudar a aquellos que tienen problemas psicológicos serios. En algunos momentos haré referencia a la psicología para ayudar a aclarar lo que significa confiar y apoyar mis sugerencias para superar la desconfianza. Según Sto. Tomás de Aquino, «la gracia no anula la naturaleza, sino que la perfecciona»[22]. Así que podemos aprender mucho de aquellos que han estudiado el funcionamiento de la mente humana, en especial los psicólogos cristianos. Pero este es, esencialmente, un libro acerca de vivir la vida cristiana de forma más completa, con sugerencias espirituales para ayudar a mis lectores a madurar en su fe. Lo escribí para

---

[21] *Laissez-faire* es un término francés que hace referencia a no actuar, a dejar que la naturaleza siga su curso. (N. del T.)
[22] *Summa Theologiæ* I, 1, 8 ad 2.

personas básicamente sanas que, sin embargo, no confían en los demás y en Dios como deberían.

Según la enseñanza de la Iglesia Católica, eso nos incluye a la mayoría de nosotros. A todo el que peca le falta la perfecta confianza en Dios. Nuestra desconfianza se remonta más allá de lo que Erik Erikson suponía. Además de sus raíces psicológicas en nuestra infancia, la desconfianza tiene sus raíces espirituales en el pecado de Adán.

Adán nos transmitió su desconfianza

En el Jardín del Edén, Adán y Eva eran perfectamente felices hasta que el diablo, con la apariencia de una serpiente, sembró la semilla de la desconfianza. Dios le dio al hombre un mandamiento sencillo: «pero del árbol del conocimiento del bien y el mal no comerás, porque el día en que comas de él, tendrás que morir» (Gn 2, 17).

El diablo tentó a Eva, diciendo: «No, no moriréis; es que Dios sabe que el día en que comáis de él, se os abrirán los ojos, y seréis como Dios en el conocimiento del bien y el mal» (Gn 3, 4-5). Por lo tanto, según el diablo, Dios estaba celoso. ¡No quería que Adán y Eva fueran tan sabios como él! En su ingenuidad, Eva se tragó ese argumento, comió la fruta y le dio parte a Adán, que también se la comió.

«Se les abrieron los ojos a los dos» (Gn 3, 7). Su visión cambió, pero no de la manera que habían previsto. En lugar de confiar en Dios, le tenían miedo. Él era su Creador, su único Padre, con el que se habían comunicado a diario en el jardín. Entonces empezaron a verle como su Juez. Se aferraron a la idea que el diablo les había sugerido de que Dios no era realmente bueno, que no velaba por los mejores intereses del hombre. Como dice el Catecismo de la Iglesia Católica:

> El hombre, tentado por el diablo, dejó morir en su corazón la confianza hacia su creador (cf. Gn 3, 1-11) y, abusando de

su libertad, *desobedeció* al mandamiento de Dios. En esto consistió el primer pecado del hombre (cf. Rm 5, 19). En adelante, todo pecado será una desobediencia a Dios y una falta de confianza en su bondad[23].

Todos nosotros nacemos con el pecado original en nuestras almas. Aunque el bautismo limpia el pecado original, nuestra naturaleza sigue estando herida. Tendemos a juzgar a Dios según nuestra experiencia con otras personas y, si esta experiencia es negativa, podríamos desconfiar de Dios. Podríamos llegar a ver a Dios como alguien que castiga en lugar de alguien que perdona.

Aprendiendo a no confiar

El P. Groeschel escribe: «Nadie ha tenido un desarrollo perfecto, porque todos nacemos en un mundo caído y herido; encontraremos defectos y deficiencias a lo largo de todo el camino»[24]. Incluso aquellos de nosotros sin serios problemas psicológicos que requieren terapia podemos tener fijaciones que impiden que vivamos una vida plena como Dios desea[25].

No recuerdo una época en la que no luchara con la confianza. No sé exactamente qué fue lo que pasó en mi infancia que me puso en el camino de la desconfianza. Mis padres eran —y son— cariñosos y entregados. Siguen juntos después de más de cincuenta años y de algunas tragedias familiares propias. Pero también estaban, como todos nosotros, influenciados por la cultura en la que vivían. Mi madre seguía los consejos sobre paternidad que formaban parte de la sabiduría popular de los años sesenta: alimentar a los niños con biberón,

---

[23] CIC 397.
[24] SP, p. 44.
[25] Cf. SP, p. 45.

dejarlos llorar hasta que se duerman y tener cuidado de no malcriarlos. Creía que el llanto era una forma de hacer que los bebés hicieran el ejercicio que necesitaban.

La mayoría de los expertos en crianza de niños están de acuerdo en que un bebé no puede ser malcriado. No es posible prestarle demasiada atención y afecto. Es solo a medida que los niños crecen que debemos ir acostumbrándolos a que no siempre se van a salir con la suya. Los bebés necesitan mucho amor. Deben saber que sus necesidades siempre serán satisfechas.

Por otro lado, pocas madres cuentan con el apoyo de la toda la familia; aún así, se espera que sean «supermadres», que lo hagan todo ellas mismas y lo hagan a la perfección. Esa es una meta que nadie puede alcanzar. Y así, sea por lo que sea, cometen errores. Esos errores con frecuencia tienen consecuencias.

Un sábado por la mañana, cuando tenía cinco años, papá se estaba preparando para llevarnos a los entrenamientos de lucha libre de mis hermanos. Antes había dejado a mamá y a mis hermanas Julie y Terri en clase de ballet. Me puse mi chaqueta de flores, lista para salir. Pero poco antes de partir, me quedé dormida sola en una habitación. Cuando desperté, la casa estaba en silencio. No sabía cuánto tiempo había estado durmiendo.

Corrí a la sala de estar donde había dejado a los miembros masculinos de nuestra familia. Estaba vacía. «¿Papá?», llamé. «Papá, ¿estás aquí?». La única respuesta fue el silencio.

Me apresuré hacia la ventana que daba al patio delantero para ver si todavía estaban allí. El patio delantero estaba vacío. El camino de entrada también estaba desierto.

¿Era posible que papá se hubiera olvidado de mí? Sabía que debía comprobar el resto de las habitaciones de la casa para estar segura, pero no me atrevía a volver a caminar por el pasillo que acababa de atravesar. En vez de eso, grité una vez más, tan fuerte como mis pequeños pulmones me lo permitieron: «¿Hay alguien en casa?». No hubo respuesta.

Me hundí en una silla de plástico azul junto a la ventana con la cara hacia la habitación. No quería dar la espalda a las esquinas más lejanas, que estaban en la sombra. Fuera, el perro de un vecino ladró y yo me quedé rígida por un momento. El tictac del reloj en la repisa de la chimenea proporcionaba un sonido relajante en medio de los misteriosos crujidos de la casa. Cada segundo me acercaba más al regreso de mi familia. «Papá se dará cuenta de que no estoy», me decía a mí misma. O uno de mis tres hermanos que estaban con él lo diría. Me dejé la chaqueta puesta mientras esperaba.

Un ruido repentino me asustó. ¿Había un intruso en la casa? No, solo era un ventilador en alguna parte. Respiré lenta y profundamente.

Poco a poco, a medida que el reloj marcaba el tiempo, las sombras de las esquinas se extendían por la alfombra de pelo largo, avanzando hacia mí. Intenté no mirarlas. En vez de eso, con el dedo seguí el patrón de flores en relieve de la silla y conté las pequeñas tachuelas de latón que cubrían los bordes del asiento. A veces pasaba un coche y giraba la cabeza llena de esperanza hacia la ventana sin girarme del todo, solo para desilusionarme al ver que continuaba subiendo o bajando por nuestra empinada calle sin detenerse.

Por fin oí que un coche se acercaba más despacio. Sí, estaba girando en el camino de entrada. Escuché cómo se detenía y me sentí aliviada. Las puertas del coche se cerraron de golpe. Sonaron pasos en los escalones de la entrada. Para cuando metió la llave en la puerta, me había lanzado a encontrarme con papá. La puerta se abrió de golpe y nos vimos cara a cara.

—¡Te olvidaste de mí! —fue mi saludo. Mi voz temblaba—. Me dormí y, cuando me desperté, os habíais ido.

Busqué algún rastro de compasión, pero no había preocupación en su cara. «No deberías haberte dormido», me contestó. Entonces John, David y Joe lo empujaron para pasar hacia el cuarto, riéndose y hablando sobre el entrenamiento. Papá se distrajo inmediatamente y no me dijeron más.

Este no fue un incidente importante, ni seguramente poco común. Podría haber pasado en casi cualquier familia. A otros niños a los que sus padres hayan olvidado puede que no les haya importado tanto. Algunos pueden incluso haber disfrutado de estar solos en casa. Aquello sobre lo que un niño bromea puede herir profundamente a otro. Tenemos temperamentos diferentes y personalidades únicas.

A mí, este incidente se me ha quedado grabado en la memoria aunque haya ido olvidando muchos otros. Era fácil para mis padres pasarme por alto, una niña tranquila, su quinto hijo en seis años. Supongo que se olvidaron de mí alguna vez más, quedando en las sombras de mis primeros recuerdos.

Aprendí una lección en esos primeros días de «déjale llorar» que fue confirmada por la reacción de mi padre ante haberme dejado sola en casa. Sensible, pero deseosa de complacer a quien tenía autoridad, traté de hacer lo que creía que mis padres esperaban. Las emociones negativas, pensaba, debían ser simplemente ignoradas. Tristeza, miedo, enfado, frustración, eran signos de debilidad e inmadurez. En una casa en la que los niños nacían uno tras otro, teníamos que crecer rápidamente. No había tiempo para que se nos siguiera tratando como bebés una vez que un hermano pequeño llegaba.

Aprendí, ya sea que mis padres me enseñaran conscientemente o no esa lección, que un cristiano no solo debe ser bueno, sino que también debe ser fuerte. No era naturalmente fuerte, ni física ni emocionalmente. Pero empecé a encerrar mis sentimientos dentro de mí y a equiparar la debilidad con la falta de mérito.

Al crecer, nunca fui capaz de dejar a mis hermanos pequeños llorar. Muchas veces trataba de calmarlos en sus cunas. Mi compasión natural llegaba a calmar a los demás, mientras que mi estoicismo aprendido evitaba que los demás se acercaran a mí. Pero bajo mi silencioso caparazón estaba hambrienta de afirmación positiva. Me convencí de que debía ocultar mis emociones para ganarme el respeto de los demás. No podía confiar en que los demás aceptaran mi verdadero yo.

Como señala el P. Groeschel, algunos niños, aun teniendo un buen comienzo en la vida, se ven «obsesionados» con la confianza. Otros que han tenido un comienzo problemático lo superan y se convierten en individuos maduros y bien adaptados. Creo que al menos alguno de mis hermanos aprendió a confiar.

No son tanto los acontecimientos de mi vida —o los de la de Teresa— los que me preocupan, sino las personalidades que se formaron a través de estos acontecimientos. ¿Cómo elegimos responder a ellos? ¿Qué papel jugaron en nuestra madurez?

¿Quién tiene la culpa?

«¿Quién tiene la culpa?». Esta es la primera de una serie de preguntas que pueden ser enemigas de la confianza. Cuando buscamos a alguien a quien culpar, nos arriesgamos a vernos como víctimas en lugar de como seres humanos dotados de libre albedrío y la gracia de Cristo. Esto, a su vez, puede llevar a la desesperación. Sentimos que estamos indefensos y que no controlamos nuestra vida, que la gente y las circunstancias están en nuestra contra. No reconocemos ni aceptamos la responsabilidad de nuestros pecados y errores. Esta seudoparanoia, que enfrenta al mundo entero contra uno mismo, nos hace cerrar nuestros corazones a los demás e incluso a Dios. Decididos a no ser heridos o «engañados» de nuevo, rechazamos tanto la confianza como el amor.

Adán culpó a Eva de su pecado. Eva culpó a la serpiente. Y nosotros, sus hijos, nos culpamos unos a otros.

Mi propósito al analizar mis años de infancia no es buscar culpables, sino reflexionar para poder madurar y ayudar a otros a hacer lo mismo.

La confianza requiere que nos hagamos vulnerables. Requiere que nos dejemos llevar. Y lo primero que debemos abandonar es el rol de acusador. En la Biblia, Acusador es un nombre para el diablo. De hecho, Satán significa Acusador o Adversario en hebreo. El diablo nos enseña a culpar, igual que se lo enseñó a nuestros primeros padres. Dios, por otro lado, perdona. Cristo, el nuevo Adán, perdonó incluso a quienes le crucificaron.

Siendo honestos, debemos admitir que a veces otros nos han hecho daño. Algunas personas son crueles. Otras son simplemente egocéntricas e indiferentes. Otras son bienintencionadas, pero ignorantes o débiles. No podemos culpar a los padres por seguir las costumbres moralmente neutrales de su tiempo. Por supuesto, cuando alguien ha hecho un daño grave a un niño, que es incapaz de pecar o de defenderse, la ira puede ser justa. Pero en algún momento tenemos que dejar ir incluso nuestra justa ira y, cuanto antes, mejor. Hablaremos más de la ira en el capítulo siete.

Cuando perdonamos, aquellos que nos han herido pierden su poder sobre nosotros. Dejan de condicionar el resultado de nuestras interacciones con otros individuos. Dejan de limitar nuestra capacidad
de amor y confianza. Triunfamos sobre ellos y sobre nosotros mismos. También triunfamos sobre el diablo.

Ten en cuenta la actitud del salmista que escribió: «Tenía fe, aun
cuando dije... "Los hombres son unos mentirosos"» (Salmo 116, 10-
11). Él no permitió que su experiencia de haber sido traicionado le
definiera. Aun cuando no había encontrado *a nadie* en quien confiar,
se esforzó en confiar.

Esto no quiere decir que tengamos que dejar que los demás nos
pisoteen. Ni que debamos confiar ingenuamente en todos. Jesús
mandó a sus discípulos que fueran «sagaces como serpientes y senci-
llos como palomas» (Mt 10, 16). Una persona en su sano juicio reconoce cuando otros le han fallado. No aparenta que todo va bien
cuando no es así. Al mismo tiempo, reconoce que solo Dios sabe hasta
qué punto los otros son responsables de sus acciones. En vez de aferrarse a la ira contra los otros, usa su dolor como un medio para acercarse más a Cristo. No confía ciegamente en aquellos que parecen no
ser dignos de confianza. Pero está dispuesto a arriesgarse a sufrir
algo de angustia por la posibilidad de amar y ser amado, y *no tiene
miedo*.

¿Nos definen nuestros primeros años?

Las circunstancias de la infancia de cada persona son únicas. Hay
quienes no son capaces de identificar nada que haya ido mal en sus
primeros años de vida. Otros vienen de un hogar roto, donde uno o
ambos padres estaban ausentes desde el principio. Algunos quedaron
huérfanos o fueron adoptados. Otros fueron criados por una madre

soltera o por los abuelos. Otros vivían con ambos padres, pero otras tensiones en la familia interfirieron en la atención que necesitaban cuando eran bebés. La muerte o la enfermedad de los hermanos, el desempleo, la pobreza, la violencia doméstica o importantes deficiencias en el carácter de sus padres pueden haber obstaculizado su maduración temprana.

En cualquier caso, aunque hubiéramos tenido un comienzo en la vida lejos de lo ideal, llevándonos a tener problemas para confiar en la gente, eso no tiene por qué que definir toda nuestra vida.

La lectura del libro del P. Groeschel me ha recordado mi falta de confianza, que ha sido un tema habitual en mi vida. El libro hablaba en detalle de la teoría de Erik Erikson. Yo ya había oído hablar de Erikson en mis estudios de educación. El P. Groeschel indicó que aquellos que han aprendido la lección equivocada en cualquiera de las fases de Erikson deben volver atrás y renegociar esa etapa. Y esta vez deben elegir el resultado positivo, si es que quieren ser individuos psicológicamente maduros.

Cuando lo leí, me recordó a la historia de Nicodemo. Nicodemo fue en secreto a darle a Jesús su lealtad.

> Jesús le contestó: «En verdad, en verdad te digo: el que no nazca de nuevo no puede ver el reino de Dios». Nicodemo le pregunta: «¿Cómo puede nacer un hombre siendo viejo? ¿Acaso puede por segunda vez entrar en el vientre de su madre y nacer?» (Jn 3, 3-4).

¿Puedo volver atrás en el tiempo y convertirme en un bebé de nuevo? Por supuesto que no. Entonces, ¿cómo puedo renegociar el conflicto de confianza contra desconfianza y hacerlo bien esta vez? Por un tiempo busqué recursos en Internet para hacerlo. Pero al no encontrar nada útil, enseguida me olvidé de ello. Estaba ocupada teniendo y criando a mis hijos en ese momento.

Hoy, creo que no solo he encontrado la respuesta para renegociar el conflicto de confianza contra desconfianza, sino que lo he estado practicando. No lo he encontrado en textos de psicología o de autoayuda, aunque han sido de alguna ayuda. Es Teresa quien nos da la respuesta.

Teresa forjó un nuevo camino hacia la santidad que dio en llamar el caminito de la infancia espiritual. Para Dios, somos y siempre seremos niños. Jesús dijo que la infancia espiritual es necesaria para la salvación. Podemos renegociar la confianza aprendiendo a confiar en Dios como nuestro Padre. Eso nos liberará para ser capaces de confiar también en los demás. Nos liberará del miedo, de la ansiedad, de la arrogancia y de la desesperación. Nos dará una paz más profunda que cualquiera que hayamos conocido.

Cuestiones para la reflexión

1. ¿He tenido dificultades con la confianza toda mi vida? ¿Qué circunstancias de mi infancia pueden haber contribuido a ello?

2. ¿Estoy preparado para perdonar los errores de mis padres o de otros cuidadores?

3. ¿Creo que Dios es mi Padre? ¿Deseo confiar en él? ¿Pienso que es posible (con su ayuda)?

Sugerencias prácticas

* Reserva un tiempo a diario para rezar el padrenuestro. Si ya tienes un tiempo dedicado a la oración, puedes hacer que esto sea parte de él. Di las palabras lentamente, meditando acerca de su significado. ¿Cómo se relaciona cada frase de la oración con la confianza?

* Si te has alejado de alguien que te ha hecho daño, ¿puedes encontrar en tu corazón el perdón? Siéntate y escríbele una carta sincera. Expresa tu dolor y tu enfado de una manera no amenazadora y cristiana. Termina la carta expresando tu perdón. Hazle saber al lector que deseas su bien, no venganza. Luego decide si es prudente enviar la carta. Si no lo es, mantenla donde puedas releerla cuando la ira y el resentimiento amenacen con regresar.

Lidiando con las tragedias
de la infancia

Y el Dios de toda gracia que os ha llamado a su gloria eterna en Cristo Jesús,
después de sufrir un poco, él mismo os restablecerá, os afianzará, os robus-
tecerá y os consolidará.

1 Pe 5, 10

Teresa pasó unos años buenos y felices como la predilecta de su madre, que describió sus travesuras en cartas a amigos y parientes. Pero no pasó mucho tiempo antes de que otra tragedia golpeara a la familia Martin.

En 1876, la hermana de Zelie, María Luisa, ahora Hna. María Dositea en el convento de la Visitación, se estaba muriendo de tuberculosis. La inminente muerte de María Dositea llevó a Zelie a buscar al fin consejo para sus propios problemas médicos. La falta de confianza en los médicos a su disposición le había impedido hacerlo en el pasado. Pero había estado sufriendo bastante más de lo que cualquiera de sus seres queridos sabían. Además del dolor persistente en su pecho, también le preocupaban los dolores de cabeza, la fatiga visual y los problemas digestivos[26]. Poco antes de finalizar el año, consultó al Dr. Prevost. Este la diagnosticó un «tumor fibroso» (cáncer) y le dijo

---

[26] AETL, p. 27.

a Zelie que una operación sería inútil. A instancias de su hermano y su cuñada, buscó como segunda opinión la del destacado cirujano Dr. Alphonse-Henri Notta en Lisieux. Su conclusión fue la misma. Era demasiado tarde para salvarle la vida. Lo mejor que podían hacer los médicos era prolongarla.

Los meses siguientes marcaron el deterioro de Zelie, especialmente después de la muerte de María Dositea en febrero. Una peregrinación a Lourdes con sus tres hijas mayores solo agravó su situación. En agosto de 1877 apenas dormía debido al dolor y la fiebre.

«Conservo todavía vivos en mi corazón todos los detalles de la enfermedad de nuestra querida madre», escribió Teresa unos veinte años después. «Me acuerdo, sobre todo, de las últimas semanas que pasó en la tierra»[27].

Los Martin le pidieron a Adolfo Leriche y su mujer, María, que cuidaran de Celina y Teresa durante el día. Adolfo era el sobrino de Luis. Años antes había comprado el negocio de relojería y joyería de Luis. Las niñas se dirigían a la esposa de su primo como «la señora de Leriche».

«Celina y yo vivíamos como dos pobrecitas desterradas», se lamentaba Teresa[28]. Nadie le había dicho a las dos jóvenes que su madre se estaba muriendo, pero sabían que le pasaba algo terriblemente malo. Anhelaban estar cerca de ella y del resto de la familia. Intentaban jugar con los hijos de los Leriche, pero no podían concentrarse en sus juegos. Se aferraban la una a la otra para apoyarse, profundizando en una amistad que sería una de las más significativas de sus vidas.

---

[27] OC, HA, p. 59.
[28] Ibíd.

La señora de Leriche hizo lo que pudo por sus pequeñas primas. Una mañana llegó a la casa de la familia Martin tan temprano que no les había dado tiempo a rezar sus habituales oraciones de la mañana. Ambas chicas estaban molestas. Por el camino a la casa de los Leriche, Celina susurró a Teresa:

—¿Deberíamos decírselo?

—¡Oh, sí! —respondió Teresa.

Celina, como la hermana mayor, intentó ser valiente.

—Señora de Leriche, no hemos dicho nuestras oraciones matutinas.

—Bien, pequeñas —respondió—, no os preocupéis. Las diréis en nuestra casa.

Una vez llegaron, las llevó a una gran habitación vacía.

—Podéis rezar vuestras oraciones aquí.

Entonces salió, cerrando la puerta tras de sí.

Celina y Teresa se miraron sorprendidas.

—Esta no es la forma en la que lo hace mamá —dijo Celina—. Ella siempre reza con nosotras.

Sin embargo, las dos chicas lo hicieron lo mejor que pudieron solas.

Más tarde, la señora de Leriche le dio a Celina un hermoso albaricoque maduro para comer. Celina tenía otros planes. «Se lo llevaré a mamá», le dijo a su hermana, metiéndoselo en un bolsillo. Pero Zelie ya estaba demasiado enferma como para comerse la fruta cuando se la ofreció[29].

El 26 de agosto, un sacerdote le dio a Zelie la extremaunción. Para entonces, Zelie ya no podía hablar y sus extremidades estaban

---

[29] Cf. OC, HA, p. 59.

hinchadas. Teresa escribió: «Quedó también grabada en mi alma la ceremonia emocionante de la extremaunción. Aún me parece ver el lugar que yo ocupaba, al lado de Celina. Estábamos las cinco colocadas por orden de edad. Y nuestro pobrecito padre también estaba allí, sollozando»[30].

Un telegrama convocó a Isidoro y Celina Guerin, el hermano y la cuñada de Zelie, de Lisieux. Llegaron el 27 de agosto. Zelie murió poco después del mediodía del día siguiente, con su marido y su hermano a su lado. Teresa no vio a su madre hasta el día después de su muerte, cuando Luis la llevó para darle un último beso a Zelie.

«No recuerdo haber llorado mucho. A nadie hablaba de los profundos sentimientos que me absorbían», escribió[31]. Pero sus emociones se liberaban de otras formas. «A partir de la muerte de mamá, mi excelente carácter sufrió un cambio total. [...] Si Dios no se hubiese prodigado en *rayos* bienhechores a su florecilla, ésta nunca hubiera podido aclimatarse en la tierra, por ser todavía demasiado débil para soportar las lluvias y las tormentas»[32]. Teresa se volvió extremadamente sensible, llorando cuando no se salía con la suya o cuando se equivocaba.

Las hermanas mayores de Teresa intervinieron para tomar el lugar de una madre en su vida. Celina y Teresita escogieron una «segunda madre» de entre sus hermanas mayores. Celina decidió que María, la mayor, sería ahora su mamá. Teresa escogió a Paulina, la siguiente mayor, como su segunda madre. Teresa siempre había tenido un cariño especial por Paulina. Ahora esta hermana, que era tan parecida a su madre en carácter, fue la mejor sustituta que pudo para

---

[30] OC, HA, p. 60.
[31] Ibíd.
[32] Ibíd., p. 61, énfasis en el original.

Teresita. Hizo que se enfrentara a los miedos de su infancia y nunca la malcrió[33].

Una pérdida en la infancia

Al igual que Teresa, muchos de nosotros tenemos experiencias en la infancia que plantean desafíos a la confianza. En este capítulo, compartiré una tragedia de mi infancia. Veremos cómo preguntarnos «por qué» ocurren las tragedias puede atraparnos en nuestro dolor y exploraremos qué deberíamos preguntarnos en su lugar. Leeremos cómo la salida de Paulina del convento carmelita afectó a Teresa. Y sopesaremos si un Dios que permite el sufrimiento puede ser bueno y todopoderoso.

Mi infancia fue, en su mayor parte, feliz. Pero una tragedia familiar cuando solo tenía seis años dificultó inconscientemente mi confianza durante décadas.

A principios de los años 70, mis padres comenzaron a participar activamente en la Renovación Carismática Católica. Ayudaron a dar inicio a un grupo de oración en nuestra pequeña ciudad del sureste del estado de Washington. Poco después, decidieron ir a una conferencia carismática católica anual en el campus de la Universidad de Notre Dame. Nuestra familia siempre había disfrutado de los viajes por carretera.

La conferencia de ese año se celebraría durante toda la segunda semana de junio y finalizaría en Pentecostés. Mis padres planearon comenzar nuestras vacaciones familiares de verano con un retiro de fin de semana en Spokane y luego salir el lunes hacia South Bend, Indiana. Había siete niños en nuestra familia en ese momento, con

---

[33] Ibíd., p. 62.

edades comprendidas entre los doce y los dos años. Algunos amigos, la señora Carlson (nombre ficticio) y sus hijos Andrew y Theresa, nos acompañaron.

Mis recuerdos del retiro son vagos. Habíamos estado en la casa de retiros del Inmaculado Corazón dos años antes, después de terminar la devoción de los nueve primeros viernes al Sagrado Corazón. Los dos eventos, junto con un retiro posterior, están borrosos en mi mente.

Los niños fueron separados por grupos de edad para tener sus propios retiros. Mis padres y hermanos mayores fueron a la reconciliación. Pasamos la noche del domingo en el centro de retiros.

Comenzó la mañana del lunes. Nuestra costumbre era que uno de los niños guiara a la familia en oración por un viaje seguro. Ese día, el 10 de junio de 1974, nadie quiso ser voluntario. Eran las seis de la mañana. Todos estábamos muy cansados. Por fin, mi hermana Terri aceptó rezar. Compuso una breve oración a la que añadimos nuestros amenes. Tenía diez años.

Después, tres adultos y nueve niños se apiñaron en nuestra camioneta verde. Estaba en la parte de atrás con el asiento bajado. Los hermanos Julie (once años) y David (ocho años), y Theresa y Andrew Carlson estaban conmigo. La plataforma estaba pensada para el transporte de mercancías, pero era habitual que las familias numerosas la utilizaran como asientos extra en aquellos días. Esto era antes de la época de las leyes sobre los cinturones de seguridad. Aun así, mis padres siempre habían insistido en que todos se abrocharan el cinturón de seguridad. Con las tres personas adicionales en el vehículo, simplemente no había suficientes. Fue la primera y última vez que mis padres nos permitieron ir sin cinturones de seguridad.

Detrás de nosotros, un remolque abierto contenía nuestros sacos de dormir y nuestro equipaje. Estaba lejos de ser estable. Mientras papá cerraba la plataforma, dijo: «Mantened los ojos en el remolque y decidnos si se mueve demasiado». Luego dio la vuelta hasta el asiento del conductor. Mamá y la señora Carlson también se sentaron delante, mi hermano Daniel, de dos años, en el regazo de mamá. Terri y dos hermanos ocupaban el asiento del medio.

—Numeraos —dijo mamá.

—Uno —dijo John.

—Dos —dijo Julie. Y cada niño dijo su número cuando le tocó. Esta era la manera que tenían nuestros padres de comprobar que todos estaban en el coche.

Empezamos el viaje obedeciendo la orden de papá sobre el remolque, pero era aburrido mirarlo, sobre todo cuando el resto de la familia estaba observando la naturaleza que estaba al lado de la carretera. En poco tiempo nos habíamos olvidado de hacerlo.

Justo al oeste de Missoula, Montana, paramos para un pícnic. Después de que comiéramos sándwiches, patatas fritas y bizcochos de chocolate, papá nos puso en fila frente al auto en orden de edad, con mamá cerca de la puerta del conductor con pantalones de campana a cuadros y gafas oscuras de sol, e hicimos fotos. Terri, la tercera mayor, rompía la línea suavemente descendente con su altura. Era tan alta como John y una cabeza más alta que Julie, como le gustaba decir a mamá. Después, papá y los niños de los Carlson se unieron al grupo y la señora Carlson sacó fotos en dos posiciones diferentes.

Julie se quejó de que se había mareado en la parte de atrás, así que ella y Terri cambiaron de lugar cuando regresamos al auto. La señora Carlson se hizo cargo del volante. Los que estábamos en la parte de atrás nos tumbamos sobre nuestras barrigas mirando hacia adelante, coloreando o escribiendo en diarios. Cada uno de nosotros tenía un pequeño cuaderno con una foto de portada de un animal del zoológico, para registrar los detalles del viaje. El mío tenía una jirafa.

Media hora después de volver a la carretera, algo se cayó al suelo en el asiento delantero y la señora Carlson se agachó para recogerlo. Perdió el control del coche y dio un volantazo. El remolque volcó, tirando del coche hacia él.

Dimos tres vueltas de campana antes de aterrizar en la mediana de césped de la Interestatal 90.

Nunca he sido capaz de recordar el accidente en sí. No sé si mi mente de seis años se oscureció por supervivencia o si los golpes repetidos en la cabeza contra el techo me dejaron inconsciente. Lo primero que recuerdo es un dolor punzante en mi pierna izquierda. Miré hacia abajo y vi sangre. Estaba tendida en un saco de dormir abierto en el césped. Una mujer de pelo castaño que no conocía estaba lavando suavemente mi herida. No muy lejos de ella estaba nuestro vehículo accidentado. Yo lloriqueaba y ella trataba de calmarme.

Dios mostró su cuidado por nosotros de muchas maneras ese día. Un médico y dos enfermeras pasaban por el otro lado de la carretera, vieron el accidente y se detuvieron para ayudar. Un miembro de una iglesia pentecostal a la que mis padres a veces asistían (además de ir a misa) en nuestra ciudad natal también lo presenció, aunque estábamos a horas de distancia de casa. Otros incontables desconocidos se aseguraron de que todos saliéramos del coche.

Todos los que estaban en el asiento del medio se habían abrochado correctamente el cinturón de seguridad y estaban bien. Mamá se había quedado dormida en la parte delantera. Cuando el coche se puso a girar, se despertó levantando las manos por la sorpresa. Daniel salió volando de su regazo. Sin pensarlo, papá lo consiguió agarrar de los tobillos antes de que se golpeara con el parabrisas. Daniel se quejó más tarde de que le dolían los pies. Él y Joe, el siguiente más joven, vinieron junto a mí mientras esperaba la llegada de una ambulancia. Se reían y bromeaban, demasiado jóvenes para darse cuenta de la gravedad de la situación.

Todos los adultos estaban ilesos.

Por fin aparecieron sirenas y luces parpadeantes. El personal de emergencias metió en la ambulancia a todos los que habíamos estado en la parte trasera del coche. Cerraron de golpe las puertas tras nosotros. Tendida en una camilla cerca de la ventana izquierda, estaba lo bastante bien como para quedarme sola. No me paré a pensar en cómo les iba a los demás o en lo que mantenía ocupados a los trabajadores de emergencias. En su lugar, miraba pasar las copas de los árboles mientras nos llevaban a toda velocidad hacia Missoula. Finalmente, la vista pasó a ser de ladrillos, y nos sacaron bajo la entrada cubierta de la zona de urgencias del hospital.

Nos rodearon médicos y enfermeras. Me dejaron en ropa interior y me examinaron en busca de heridas. Cuando quedó claro que mi único problema era el pequeño corte de la pierna alguien arrojó sobre mí una manta blanca y enredada. Me sentí expuesta mientras las enfermeras me llevaban por el pasillo a una sala para examinarme.

Después de un rato, llegó un médico. Me suturó la herida con hilo púrpura.

Esa noche, más tarde, estaba viendo la televisión en mi habitación del hospital. Theresa Carlson estaba dormida en la cama de al lado. Ella, como muchos de nosotros, se había golpeado la cabeza varias veces y la habían hospitalizado para observación. Mamá y la señora Carlson vinieron de visita.

—Apaga la televisión —dijo mamá. Pulsé el botón del mando, una de las novedades que habían traído algo de diversión a nuestra experiencia—. Terri no lo consiguió —dijo mamá sin ningún preámbulo. Su voz estaba en paz. Veía su rostro a través de las barras de color azul oscuro de la cuna del hospital mientras me contaba los detalles. Si había llorado, no encontré rastro alguno. Terri había salido disparada por la ventanilla trasera, y el coche, mientras daba vueltas, la había aplastado, me dijo mamá. Papá trató de resucitarla, pero lo más probable era que hubiera muerto instantáneamente.

Mis lágrimas empezaron a caer.

—Ella ahora es feliz —continuó mamá—. Está en el cielo con Jesús. No deberíamos llorar. Eso es que sufrimos por nosotros, no por ella. Ella ya no puede sufrir más. —Asentí y me limpié los ojos. Esas pocas lágrimas fueron las únicas que derramé por Terri de niña. Si mamá podía aceptar su muerte, yo también.

Algunos adultos, cuando les cuento esta historia, desechan mis sentimientos, diciendo: «Probablemente no entendiste lo que estaba pasando. Solo tenías seis años». Y luego estoy de vuelta en esa cama con las barras a mi alrededor. Colocada en una cuna a los seis años.

Unos pocos meses antes, Terri había ganado un concurso escolar de arte titulado «Lo que los ojos pueden ver». Había dibujado una montaña morada más allá de un campo de hierba y flores silvestres. Cuando mamá y papá levantaron la vista del lugar donde murió, vieron una escena similar. La imagen los ayudó a creer que la mano de Dios estaba sobre Terri y todos nosotros.

Cuando yo misma me convertí en madre, sentí el impacto de lo que había ocurrido de una manera nueva y perturbadora. Embarazada de nuestro primer hijo, se apoderó de mí un terror repentino mientras conducía por la carretera helada de Minnesota hacia nuestro apartamento. ¿Y si perdía el control del coche? ¿Y si el auto detrás de mí no condujera lo bastante despacio para el tiempo que hacía y chocara contra nuestra camioneta? Llevaba en mí una vida totalmente inocente y que dependía por completo de mí.

Estaba llorando cuando llegué a casa. Después de eso, Dan aceptó llevarme y traerme del trabajo el resto del invierno.

El peligro de preguntar «¿por qué?»

«¿De quién es la culpa?» es la primera pregunta que puede ser un enemigo de la confianza, como vimos antes. La segunda pregunta es «¿por qué?». Es natural preguntar «¿por qué?» ante el sufrimiento, sobre todo cuando se trata de niños pequeños. ¿Por qué Dios permitió que muriera Zelie Martin, una madre santa y buena, cuando tenía cinco hijos a los que cuidar, el más pequeño de solo cuatro años? ¿Por qué no protegió a mi familia en el camino de un evento religioso a otro? ¿Por qué permite que se abuse de los niños y se les abandone?

El superviviente del Holocausto Victor Frankl, autor de *El hombre en busca de sentido*, escribió: «El sufrimiento, en cierto modo, deja de ser sufrimiento cuando encuentra un sentido»[34]. Buscamos hambrientos una explicación a la que agarrarnos.

San Pablo escribió: «Sabemos que a los que aman a Dios todo les sirve para el bien; a los cuales ha llamado conforme a su designio» (Rom 8, 28). El cumplimiento de este versículo en nuestras vidas sigue siendo un misterio. El sufrimiento puede fortalecernos y acercarnos a Dios, pero ¿significa eso que Dios hace sufrir a otros por mi beneficio espiritual? Sin duda, los demás no son peones en el plan de Dios para hacerme santa.

---

[34] Barcelona: Herder, 2017, p. 141.

Dios cuidó de Terri igual que cuida de mí. Romanos 8, 28 fue verdad también para ella. Fue verdad para Zelie Martin. Fue verdad para Teresa.

El P. Bernard Bro ha sugerido que la aceptación fiel y pacífica que tuvo Zelie de su sufrimiento fue el modelo para Teresa en su batalla como adulta contra la tuberculosis[35]. Teresa sabía cómo debería actuar un cristiano que sufre. Ese fue el legado que su madre le dejó. Pero, si hubiera tenido elección, seguramente Teresita habría preferido evitar a su madre una muerte agonizante por cáncer. ¡Sin duda debió desear durante muchos años que su madre estuviera todavía con ella!

¿Habría llegado Teresa a ser santa si nunca hubiera sido testigo del sufrimiento de Zelie? Sencillamente no lo sabemos. Lo que sí sabemos es que innumerables personas han perdido seres queridos de forma trágica sin hacerse santos. Teresa encontró significado en su pérdida según fue madurando. Aprendió a aceptarla y acogerla. Llegó a ser un medio de santificación para ella. Dios la utilizó para su bien.

Admito que no entiendo los caminos de Dios. Mi mente es demasiado pequeña. Y, a veces, mi corazón es demasiado duro. Cuando la tragedia golpea, me encuentro entre aquellos que preguntan «¿por qué?». Pero, como cristiana, debo creer y aceptar las palabras de san Pablo.

Tras la muerte de Terri, mis padres pasaron la noche en una rectoría mientras se ocupaban de que llevaran su cuerpo a casa y esperaban a que nos dieran de alta en el hospital. Mi madre le preguntó al sacerdote por qué Dios no respondió a la oración de Terri para que el viaje fuera seguro. Él contestó que tal vez Dios sí lo hizo al llevar a

---

[35] STL, p. 37.

Terri al cielo. No es ningún misterio por qué Romanos 8, 28 ha sido uno de los versículos bíblicos favoritos de mi padre desde entonces.

Si queremos que el sufrimiento tenga un sentido, normalmente «¿por qué?» es la pregunta equivocada. En el caso de mi hermana, hubo una respuesta a un porqué que resonaba en nosotros. Pero con frecuencia no la hay. El rabino Harold Kushner escribió en *Cuando a la gente buena le pasan cosas malas* que preguntar «por qué» nos mantiene centrados en la tragedia. Tenemos que seguir adelante, porque aún nos queda una vida por vivir. La pregunta que debemos hacernos, dice, es: «Si esto me ha sucedido a mí, ¿qué hago ahora, a quién puedo pedir ayuda?»[36].

¿Cómo puedo dejar que Dios use esta trágica situación para bien en mi vida? ¿Cómo puedo convertirme en una mejor persona, más estrechamente unida a su voluntad, de lo que era antes de que sucediera? Cuando hacemos la pregunta de esta manera, nos convertimos en parte de la respuesta. Permitimos que Dios cumpla su promesa en y a través de nosotros.

Nuestra visión es limitada. No podemos ver el futuro. En la tierra nunca sabremos del todo cómo nuestras tragedias y las de nuestros seres queridos encajan en el plan eterno de Dios para el bien.

Victor Frankl utilizó esta analogía con algunos de sus pacientes. Supongamos que unos investigadores que buscan crear una vacuna contra la poliomielitis extrajeran repetidamente la sangre de un simio para analizarla. El simio estaría sufriendo por un noble propósito, la prevención de una enfermedad grave y debilitante. Sin embargo, al ser un simio, sería incapaz de comprender el sentido de su

---

36 Nueva York: Vintage Español, 2006, p. 70.

sufrimiento. Su mente no puede funcionar de esa manera. Pero el sentido todavía existiría.

O piensa en los apóstoles de Jesús. ¿Cómo se sintieron cuando murió crucificado? Debe de haberles parecido como el final de todo lo bueno. Sus mayores esperanzas y sueños fueron aplastados por completo. Pero solo porque no entendían todavía que «¿no era necesario que el Mesías padeciera esto y entrara así en su gloria?» (Lc 24, 26).

Después, los apóstoles (excepto Tomás) solo tuvieron que esperar tres días para darse cuenta de lo equivocados que estaban. La crucifixión fue en realidad un nuevo inicio para todo lo bueno. ¡Ni siquiera la muerte puede triunfar sobre Dios y su pueblo!

Nosotros quizá tengamos que esperar mucho más que tres días para ver el propósito de Dios cumplido. Pero el bien puede comenzar en nuestros corazones hoy, si dejamos a Dios actuar.

Paulina entra en la clausura

En el verano de 1882, Teresa escuchó a María y a Paulina hablando. Paulina había decidido entrar en el monasterio carmelita de Lisieux. Apenas habían pasado cinco años desde la muerte de Zelie. Teresa tenía menos de diez años. Se quedó desolada una vez más. Al igual que con el empeoramiento de Zelie, la familia Martin había mantenido en secreto la partida de Paulina para con Teresa. Solo años más tarde Paulina se daría cuenta del error que esto fue[37].

Teresa escribió: «Yo no sabía lo que era el Carmelo, pero comprendía que Paulina iba a dejarme para entrar en un convento, que ya no me *esperaría*, ¡y que estaba a punto de perder a mi segunda *madre*!... ¡Ah! ¿Cómo podría yo expresar la angustia que sintió mi corazón?»[38].

---

[37] AETL, pp. 47-48.
[38] OC, HA, p. 85, énfasis en el original.

Paulina salió hacia el Carmelo el dos de octubre. Desde entonces, Teresa la veía con el resto de la familia en el locutorio en visitas de fin de semana, pero solo tenía unos pocos minutos al final en los que podía de verdad hablar con Paulina. Las visitas hacían más daño de lo que ayudaban. Pronto empezó a sufrir dolores de cabeza, de estómago y en los costados, pérdida de apetito y dificultad para dormir. Empezó a pelearse con Celina. María se había hecho cargo de Teresa al irse Paulina de casa. Era demasiado severa con Teresa, que empezó a contestarla[39].

Durante la Semana Santa de 1883, Luis Martin fue con María y Leonia de peregrinación a París. Celina y Teresa se quedaron con los Guerin. Dos incidentes allí ayudaron a estimular el empeoramiento de Teresa. Un día accidentalmente llamó «mamá» a su tía. María, su prima pequeña, le respondió: «Mi mamá no es tu mamá, tú no la tienes ya»[40]. ¡Como si Teresa necesitara que se lo recordaran!

Más tarde, en la Vigilia Pascual, el tío Isidoro llevó a Teresa de paseo, rememorando con ternura a su hermana. Esto fue demasiado para Teresa. No se atrevía mostrar ninguna señal de sufrimiento ante su tío, pero por dentro estaba angustiada. Como estaba demasiado cansada para salir con la familia esa noche, la tía Celina le hizo vestirse para irse a dormir. Teresa comenzó a temblar incontrolablemente. Las mantas y las botellas de agua caliente no le sirvieron de nada.

Se acostó en la cama, tratando de no pensar en la madre que había perdido, en la hermana que vivía tras la reja del convento y en el padre que estaba a horas de distancia. Los escalofríos continuaron recorriéndola. Isidoro, que era farmacéutico, la observaba con

---

[39] AETL, pp. 50-51.
[40] AETL, p. 52.

preocupación. Al día siguiente, decidió llamar al Dr. Notta, que había diagnosticado a la madre de Teresa.

El Dr. Notta estaba confundido por los síntomas de Teresa, pero consideró que eran graves. Le recetó envolverla en toallas frías y húmedas, un remedio popular para el dolor, la fiebre y el nerviosismo.

Los Guerin enviaron un telegrama a París para que Luis y sus hijas mayores volvieran a casa.

Teresa, mientras tanto, empezó a tener alucinaciones y violentas convulsiones varias veces al día[41]. Vio a su tía y a su prima Jeanne atenderla y supo quiénes eran, pero cuando intentaba hablar con ellas, sus palabras eran ininteligibles. La ansiedad se apoderó de ella.

Cuando Luis llegó, Teresa estaba demasiado enferma para ser trasladada a Les Buissonnets, en Lisieux, donde se habían mudado poco después de la muerte de Zelie. En su lugar, Celina Guerin y María Martin se turnaron para cuidarla en la casa de los Guerin.

La toma de hábito de Paulina como carmelita estaba programada para el día 6 de abril. Ese día vestiría el hábito carmelita por primera vez, al entrar al noviciado. Todos evitaban hablar de Paulina en presencia de Teresa, pero Teresa estaba decidida a acudir al evento. «Iré a ver a Paulina vestida con el hábito», repetía sin cesar.

La mañana del 6 de abril las convulsiones sacudieron su cuerpo, pero de repente se calmó. Insistiendo en que estaba curada, convenció a su padre para que la dejara ver a Paulina en el locutorio del claustro después de la ceremonia, aunque él no le permitió ir a la toma de hábito en sí. Se sentó en el regazo de Paulina y la cubrió de besos[42].

---

[41] Ibíd.
[42] Ibíd., p. 53.

Después de volver a Les Buissonnets, su familia insistió en que se acostara en la habitación de María. Teresa dijo de nuevo: «Estoy completamente curada». Pero a la mañana siguiente estaba peor que nunca. A veces no podía ni moverse ni gritar, aunque seguía consciente de todo lo que pasaba a su alrededor.

El Dr. Notta seguía sin poder hacer un diagnóstico, pero confirmó que la enfermedad era real, no solo un fenómeno psicológico.

Las carmelitas se unieron a la familia Martin para ofrecer oraciones y misas por la salud de Teresa. Los Martin tenían una estatua favorita, de Nuestra Señora de las Victorias. La llevaron a la habitación de María. Mientras, se empezó a rezar una novena a Nuestra Señora de las Victorias, a la que se le dedicó una famosa iglesia de París.

Cuando llegaban cartas de Paulina, Teresita escuchaba cómo se las leían con perfecta serenidad y paz. Mientras tanto, su sufrimiento continuaba.

Entonces Teresa tuvo un nuevo dolor. Descubrió que el tío Isidoro sospechaba que ella misma se estaba causando la enfermedad por el dolor de perder a Paulina. Teresa estaba consumida por la culpa, que duraría cinco años. ¿Todo eso era obra suya? ¿Estaba al borde de la muerte por su hipersensibilidad?

El domingo de Pentecostés, Leonia estaba sola en la habitación con Teresa. «Mamá, mamá, mamá», llamaba Teresa sin descanso. ¿Estaba llamando a María o lloraba la pérdida de Zelie y Paulina? Leonia no llamó a su hermana mayor. No era la primera vez en su enfermedad que Teresa actuaba así. Finalmente sus gritos se hicieron más fuertes y María vino, trayendo a Celina con ella. Pero, como si no pudiera ver a su «tercera madre» inclinada sobre ella, Teresa continuó gritando. Las tres hermanas se asustaron y se arrodillaron al pie de su cama para rezar.

María se giró y dirigió sus oraciones a la estatua de Nuestra Señora de las Victorias. En su agonía, Teresa siguió su ejemplo, suplicando silenciosamente la ayuda de la Virgen. De repente, una sonrisa «encantadora» iluminó el rostro de la estatua[43], visible solo para Teresa. El dolor de Teresa desapareció de inmediato, mientras dos lágrimas rodaban por sus mejillas. Estaba completamente curada.

Más tarde en la vida, Teresa creería que su enfermedad fue obra del diablo. Algunos psiquiatras actuales expertos en la materia creen que sufría de una forma de Trastorno por Estrés Postraumático[44]. No veo ninguna razón por la que ambas explicaciones no puedan ser correctas. El diablo pudo haber utilizado la angustia psicológica de Teresa para llevarla a un punto de total indefensión. Quizá, como ella llegaría a creer, él ya se había dado cuenta del daño que ella le haría. Después de todo, ¡había soñado que los demonios la temían! Este aspecto espiritual de su enfermedad explica por qué fue necesaria la intervención de la Santísima Virgen María.

Podríamos pensar que esta enfermedad habría tenido un efecto catártico, que a partir de ahora Teresa ya no se vería afectada emocionalmente por la muerte de su madre. Pero dos pequeños contratiempos en su salud cuando Leonia no dejó que Teresa se saliera con la suya hicieron que la familia temiera oponerse a ella. En vez de eso, la malcriaron. La dejaron que se saliera con la suya en todo. Ella mantuvo su extrema sensibilidad, llorando con facilidad cada vez que alguien la criticaba. Siguió siendo emocionalmente como una niña pequeña durante muchos años.

---

[43] Ibíd., p. 54.
[44] Véase, por ejemplo, el análisis detallado de los archivos del Carmelo de Lisieux en línea en www.archives-carmel-lisieux.fr.

Por otro lado, tenía la habilidad de centrarse en lo que era verdaderamente importante en la vida, algo que esperaríamos de un adulto maduro. Sus repetidas pérdidas le enseñaron a poner poca atención en las cosas pasajeras. Puso en primer lugar el amor.

Durante los años siguientes, la vida transcurrió con menos complicaciones en la casa de los Martin. Después, María se unió a Paulina en el claustro carmelita cuando Teresa tenía catorce años. Una vez más Teresa había perdido una figura materna. Sufrió una recaída temporal, aunque mucho menos grave que antes. Iba dándose cuenta de que Dios es lo único constante en la vida, el Único en el que siempre podemos confiar en que nunca nos fallará.

Creyendo en la bondad de Dios

A veces es difícil creer en la bondad de Dios cuando la tragedia golpea. En la universidad liberal luterana a la que asistí, el presidente de la universidad dio una vez un discurso sobre el problema del mal. Afirmó que el sufrimiento no podía existir en un mundo en el que Dios era bueno y todopoderoso. Si Dios tuviera poder sobre el mal y fuera verdaderamente bueno no permitiría que la gente buena sufriera, fue su argumento.

Por tanto, había dos alternativas. La primera es que Dios era todopoderoso, pero no bondadoso. El presidente desestimó esta. La otra alternativa era que Dios es bueno, pero tiene un poder limitado sobre el mal. Él aceptó esta conclusión. Así, Dios quería protegernos del sufrimiento, pero no podía hacerlo.

A lo largo de los años he observado que muchos otros cristianos tienen esta creencia. Por supuesto, contradice por completo las Escrituras, la Sagrada Tradición y las enseñanzas de la Iglesia Católica. Aparte de eso, no tiene sentido lógico. Si Dios es menos poderoso que el mal, entonces el mal debe ser en realidad la fuerza que rige el universo. En otras palabras, el mal debe de ser «dios». Las implicaciones de esto son cualquier cosa menos tranquilizadoras. Es irónico, ya que esta enseñanza fue formulada como una respuesta al dolor y la ira de la gente, para traerles algún tipo de paz.

No necesitamos enseñar el error para que la gente se sienta más cómoda. Ignorar 2000 años de enseñanza de la Iglesia deja espacio para todo tipo de errores terribles, como este tan espantoso. Tenemos que aceptar el hecho de que los caminos de Dios están más allá de la capacidad de comprensión de la mente humana. Necesitamos hacernos pequeños *nosotros*, no suponer que *Dios* lo es.

Dicho esto, creo que todavía podemos tener algún entendimiento del problema del mal. ¿Cómo podría Dios darnos el libre albedrío sin hacer también posible el sufrimiento de los inocentes? El libre albedrío significa que podemos elegir entre aceptar o rechazar el bien. Al rechazar el bien, elegimos el mal. Elegir el mal significa causar sufrimiento.

¿Por qué se molestó Dios en darnos libre albedrío, nos podríamos preguntar, si sabía que pecaríamos? Sin libre albedrío, el amor no puede existir. El amor no es un instinto o una mera experiencia placentera. El amor es una elección. Sin el libre albedrío seríamos meros animales, viviendo por instinto, incapaces de la verdadera felicidad. Los actos heroicos de autosacrificio serían imposibles. Nuestra vida no tendría más sentido que la del simio del que hablábamos anteriormente.

Dios vio una mejor manera. Sabiendo que íbamos a pecar, planeó desde el principio enviar a su Hijo para redimirnos y transformarnos. Cristo llena de sentido nuestra vida. Dios utilizó lo que más nos escandaliza, el sufrimiento del inocente, en la persona de Jesús, para eliminar los efectos de nuestras malas elecciones. Y, por la muerte y resurrección de Cristo, él hizo más aún. Nos hizo hijos suyos por el bautismo. La vida de Dios vive en nosotros, transformándonos. Al unir nuestro sufrimiento con el de Cristo, participamos en la redención del mundo.

Una vez más, este es un misterio que no entenderemos por completo hasta que veamos a Dios en el cielo. Pero es una parte vital de nuestra fe. Dios es todo bondad. Solo quiere cosas buenas para nosotros. Cuanto más nos confiamos a él, más se convierte nuestro sufrimiento en un medio de gracia para nosotros y para todos los pecadores.

No caigamos en la mentira de Satán de que Dios es malo. No caigamos en la mentira del mundo de que Dios es inútil. A pesar de la realidad del mal, podemos confiar en Dios, porque es todo bondad y todopoderoso.

Cuestiones para la reflexión

1. ¿Qué tragedias he experimentado? ¿Cómo afectaron a mi fe y mi confianza en Dios?

2. ¿Creo que Dios puede sacar bien del mal? ¿Estoy dispuesto a ser parte de ese bien?

3. ¿Cómo podrían mis experiencias llevar consuelo y aliento a otros?

4. ¿Reconozco mi pequeñez ante Dios, sabiendo que ni siquiera puedo empezar a comprender la profundidad de sus caminos?

Sugerencias prácticas

* En tu tiempo de oración, medita sobre la Crucifixión. Imagínate como uno de los apóstoles. ¿Cuáles son tus pensamientos y tus sentimientos? Ahora imagina que ves a Jesús aparecer en la mañana de Pascua. ¿Cómo cambia todo para ti? Alaba a Dios Padre por su generosidad y fidelidad al enviar a su Hijo a morir por nosotros y resucitarlo de entre los muertos.

* Investiga a algunos santos que hayan experimentado un gran sufrimiento en sus vidas. Puedes probar con santa Gemma Galgani, patrona de aquellos que sufren de dolor de espalda o lesiones de la columna vertebral; san Peregrino, patrón de los enfermos de cáncer; santa Elizabeth Ann Seton, patrona de aquellos que han perdido a sus padres o hijos; u otro santo que hable del sufrimiento que hayas experimentado. Pide su ayuda todas las mañanas.

Padres humanos y Dios Padre

Era yo quien había criado a Efraín, tomándolo en mis brazos.

Os 11, 3

Teresa se estiró y parpadeó para abrir los ojos. El sol de la mañana ya estaba entrando por la ventana del dormitorio. Pero era domingo, y se le permitía dormir hasta tarde.

Dos golpes rápidos precedieron a la apertura de la puerta, y Paulina entró con un chocolate caliente. «¿Estás despierta, dormilona?», preguntó.

—Buenos días, mamá. —Teresa se ajustó la almohada y se sentó, mientras Paulina le daba la taza caliente.

El domingo era el día favorito de Teresa en Les Buissonnets.

Cuando terminó su chocolate, se levantó de la cama, bien despierta. Paulina se arrodilló a su lado en el suelo de baldosas para rezar las oraciones de la mañana. Luego la vistió para la misa.

Pronto María tomó el lugar de Paulina. Cuando rizaba el cabello largo y dorado de Teresita, sus manos no siempre eran delicadas. «¡Ay! María, me haces daño», gritó Teresa.

—Oh, qué bebé eres. ¿Quieres estar lo mejor posible para Nuestro Señor en misa, o no? —preguntó María. Teresa se quedó callada.

Al bajar las escaleras unos minutos más tarde, se encontró a su padre esperándola. «Ah, buenos días, mi reinecita», la saludó. Tomó su mano y besó su mejilla con ternura.

Fueron cogidos de la mano hasta llegar a la Catedral de Lisieux, donde el tío Isidoro era mayordomo de la iglesia. No se soltaron hasta que encontraron asientos contiguos en la nave de la iglesia[45]. Amigos y extraños les sonrieron e hicieron sitio.

Por lo general muy tímida desde la muerte de su madre, a Teresa no le importaban las miradas de los demás asistentes. Centró su atención en escuchar. El P. Ducellier escribía buenos sermones, pero su voz era ronca y le resultaba difícil comprender su mensaje[46]. Ese día comenzó a hablar de la Pasión de Jesús. Una sonrisa iluminó el rostro de Teresa. ¡Por primera vez, la predicación tenía sentido!

Aun así, sus ojos se desviaron hacia la hermosa cara de su padre. Las lágrimas brotaban y amenazaban con derramarse sobre sus mejillas. Sorprendida, Teresa se volvió hacia el sacerdote y trató de escuchar más atentamente. Si papá estaba a punto de llorar, ella también dejaría que el sermón tocara su corazón.

Después de misa, Paulina y María fueron a la casa de los Guerin a pasar el resto del día, mientras Luis y sus hijas más pequeñas caminaban de regreso a casa, Teresa de nuevo de la mano de su «rey». A veces acompañaba a una de sus hermanas a la casa de los Guerin, pero siempre temía que el tío Isidoro le hiciera preguntas. Prefería esconderse en un rincón y escuchar una conversación pasando desapercibida o, mejor aún, quedarse con papá.

Por la noche, después de la cena, Luis, Leonia, Celina y Teresa se sentaron ante la chimenea y se turnaron para jugar a las damas.

---

[45] OC, HA, p. 68.
[46] AETL, p. 40.

Entonces Luis puso a las dos más pequeñas en sus rodillas y cantó himnos y cánticos tradicionales, su voz profunda, fuerte y hermosa.

Cuando las hijas mayores volvieron a casa después de la puesta de sol, Paulina leyó en voz alta a la familia un fragmento de *The Liturgical Year* [*El año litúrgico*] de Dom Gueranger. Era la maestra de la familia desde la muerte de Zelie, especialmente de Celina y Teresa.

La tristeza cayó sobre Teresita mientras la luz se desvanecía. Su delicioso día casi se había acabado. Mañana debe volver a sus clases. ¡Cuánto deseaba que fuera siempre domingo, o algún otro día de fiesta!

Finalmente, la familia se arrodilló para rezar la oración nocturna con Teresita al lado de su padre. Una imitadora con talento, observaba cada uno de sus gestos, copiando incluso su tono de voz, siempre con el debido respeto. Luego cada hija lo besó, comenzando con María y terminando con Teresa. Luis la sujetó por los codos y le besó las dos mejillas.

«Buenas noches, papá», dijo ella. «Buenas noches, papá, que duermas bien»[47].

Padre de una santa

Luis fue el ejemplo preeminente de Teresita de la paternidad de Dios. Este capítulo explora la influencia que nuestros padres han tenido en nuestro concepto de Dios. Veremos cómo Luis crió a sus hijas, especialmente tras la muerte de Zelie. Compartiré otro recuerdo trágico, en esta ocasión de mis años de secundaria, que cambió drásticamente mi relación con mi padre. Descubriremos cómo los diferentes estilos de paternidad pueden afectar a los hijos para bien o para mal.

---

[47] OC, HA, p. 70.

Terminaremos con uno de los pocos eventos sobrenaturales en la vida de Teresa, su visión del sufrimiento futuro de su padre.

Aunque tranquilo y reservado por naturaleza, Luis aceptó el ruido y el bullicio de una casa de hijas. Tenía apodos cariñosos para todas sus chicas. Además de su reinecita, María era el diamante, Paulina era la perla fina, Leonia era la de buen corazón y Celina era la audaz[48].

Las opiniones sobre el carácter de Luis difieren ampliamente según las fuentes. Un autor afirma que Luis era demasiado sensible y a veces melancólico, y que Teresita aprendió estas características de él. Ida Friederike Gorres sugiere que sus hijas siempre trataron de no herir sus sentimientos, temerosas de molestarle[49]. No he encontrado pruebas convincentes de esto en otras fuentes. Cuando con catorce años Teresa sintió la llamada a entrar en el Carmelo lo antes posible, se mostró reacia a decírselo a su padre. Gorres cita esto como evidencia de la fragilidad de Luis. ¡Sin duda es comprensible que un hombre que había perdido cuatro hijos a temprana edad y después a su amada esposa, luchara consigo mismo cuando las hijas que le quedaban le fueron dejando, una a una, para entrar en conventos. La reticencia de Teresa era natural dadas las circunstancias.

Sí, Luis Martin llegaba con facilidad a las lágrimas. Sufrió pérdidas a lo largo de su vida. Además de perder a su esposa y cuatro hijos, su madre murió durante la enfermedad de Teresa en 1883. Su padre había muerto casi veinte años antes. Puede que haya sido más abiertamente sensible que el hombre promedio de su tiempo, pero no creo que hubiera tenido esa reputación en nuestra época.

De alguna manera, Luis tendía hacia la formalidad y la severidad. De hecho, Gorres también señala que María escondió sus libros de

---

[48] HF, p. 42.
[49] Ibíd.

textos de los padres del desierto, por miedo a que él fuera demasiado lejos en su ascetismo[50]. ¿Es esto una prueba de su fragilidad o de su dureza sobre sí mismo? Cuando las niñas Martin mayores eran pequeñas, él quería que usaran las formas formales del verbo *vous* al hablar con sus padres. Zelie lo convenció de que permitiera que todos los miembros de la familia se dirigieran unos a otros con el *tu* familiar, que era lo habitual[51].

Después de la muerte de Zelie, la reserva y el aislamiento de Luis apartaron a las niñas del mundo exterior. Había dejado algunos amigos en Alençon a los que a veces visitaba por su cuenta, pero no conocía a mucha gente en Lisieux y no se esforzaba por hacer nuevos amigos. Podía haber estado preocupado por la influencia mundana que otros ejercerían sobre sus hijas[52].

Al vivir las secuelas de la Revolución Francesa y las guerras napoleónicas, los católicos de la época de Teresita creían que una cultura amplia promovía la inmoralidad y la impiedad. Se aislaban, socializando poco fuera de sus círculos familiares. Desarrollaron una subcultura. A menudo había arrebatos violentos contra los católicos y un anticlericalismo generalizado. La gente hablaba de la posibilidad del martirio[53], aunque la exageración también formaba parte de la cultura de la época.

Así, la familia Martin estaba muy unida. Las hermanas de Teresa siempre fueron sus compañeras más cercanas, con sus primos ocupando la siguiente posición, especialmente después de que la familia

---

[50] Ibíd.
[51] TF.
[52] Ibíd.
[53] EW, p. 17.

se mudara a Les Buissonnets. Esta cercanía familiar hizo particularmente difícil para Teresita soportar las pérdidas que experimentó.

El papel de Luis en su vida fue también muy importante. Durante
la primera década que los Martin vivieron en Lisieux, Luis e Isidoro
fueron prácticamente los únicos hombres en la vida de Teresa[54]. Eso
cambió un poco en 1878, cuando algunos de los parientes de los Guerin se sumaron al círculo familiar. Hemos visto que Teresa estaba algo
asustada de su tío. Este fue coguardián de las niñas Martin junto a su
padre tras la muerte de Zelie. Pero la dulzura de su padre siempre la
atrajo.

Teresa no podía soportar la idea de que su padre pudiera morir
como lo había hecho su madre[55].

La exdoncella de la familia Martin testificó durante el proceso de
canonización: «El Sr. Martin fue un padre excelente, y educó a sus
hijos, amando mucho a todos ellos, con el mayor cuidado. La Sierva
de Dios, Teresa... fue objeto de su especial afecto, pero esto no dismi-
nuyó en modo alguno el tono serio de la educación que la dio. Él no
toleraría ninguna falta en ella. Sin ser severo, crió a sus hijos en la
fidelidad a todas sus obligaciones»[56].

Y, sin embargo, cuando Teresa todavía era un bebé, Zelie escribió
en una carta que Luis hacía todo lo que la pequeña Teresa quería[57].

Luis solía llevar a Teresa a pasear después de sus clases matutinas
durante la semana. Cuando Paulina se convirtió en su maestra, quería
castigar a Teresa cuando actuaba mal quitándole estas caminatas. Sin
embargo, Luis no lo permitiría. Él apreciaba este tiempo con su hija

---

[54] AETL, p. 38.
[55] Ibíd., pp. 40-41.
[56] TF.
[57] AETL, p. 22.

menor tanto como ella. Los dos se detenían con frecuencia en su parroquia para rezar, y Luis le compraba un pequeño regalo a Teresa después. En verano, iban juntos a pescar en el campo de los alrededores[58]. Celina los acompañó en al menos algunas de estas expediciones de pesca.

En su insistencia en estas caminatas y en sus instrucciones a María de seguir rizándole el pelo a Teresita a medida que crecía, podemos ver cómo la mimaba. Era reacio a dejar que su hija creciera. Al mismo tiempo, insistía en la obediencia, el respeto y la caridad. Ni él ni Paulina ni María toleraban el desafío o el engaño. Incluso las niñas muy pequeñas deben seguir las leyes de Dios.

El mismo Luis seguía escrupulosamente las enseñanzas de la Iglesia. «Aun a costa de perder buenas ventas, nunca abre la tienda los domingos. De misa varias veces a la semana, adoración nocturna, peregrinaciones, no se avergüenza de su fe cristiana»[59]. En esto era más observante que el hombre católico medio de su lugar y tiempo[60]. «Mi marido es un santo», escribió Zelie en una carta, «y yo querría uno como él para todas las mujeres»[61].

Según María, Luis dijo una vez: «Hijos míos, no temáis por mí: soy amigo de Dios»[62].

Escribe el P. Bernard Bro: «Es evidente que Teresita debía su imagen de Dios en gran parte a la ternura inteligente, fuerte y consciente, siempre presente pero sin mimarla, que su padre tenía para ella y que ella tenía para su padre»[63]. Creo que hubo mimos, pero solo

---

[58] Ibíd., p. 40.
[59] Ibíd., p. 12.
[60] HF, p. 47.
[61] AETL, p. 15.
[62] HF, p. 42.
[63] STL, p. 41.

en asuntos inocentes. Por lo demás, me parece una evaluación acertada.

El gran amor y afecto entre ambos no podía anular el dolor que cada uno experimentaba, pero sí les ayudaba a encontrar la paz y la alegría. Así como su padre nunca le negó lo que ella le pedía, Teresita llegó a creer que Dios no podía resistirse a otorgar regalos a aquellos que lo aman y confían en él. Su padre la trató como a una niña pequeña hasta que ella cumplió los catorce años. Ella deseaba permanecer para siempre como una niña pequeña en su relación con Dios.

Podemos ver también la influencia de la piedad personal de Luis en la espiritualidad de Teresa. Al igual que él, ella se sentía atraída por la mortificación. Aprendió a aceptar su sufrimiento e incluso a desear sufrir más, para poder ofrecer su sufrimiento a Jesús en el amor. Como su padre, ella creía que el Señor siempre cuidaría de ella.

Un papá, dos tipos de padres

Mi relación con mi padre dio un giro repentino poco después de mi decimoséptimo cumpleaños. Fue un jueves por la noche lluvioso y tempestuoso. Papá llegaba tarde del trabajo, así que mamá me pidió que les sirviera la cena a mis hermanos menores. Cuando estaba poniendo palitos de pescado y patatas fritas horneadas en sus platos, sonó el teléfono.

—¿Puedes cogerlo? —preguntó mamá, que estaba ocupada en otro sitio.

Dejé la paleta y obedecí. «¿Está tu mamá ahí?», preguntó una voz de mujer.

—¿Puedo preguntar quién llama? —La identificación de llamadas y las listas Robinson no existían. Estábamos a merced de los vendedores telefónicos durante la hora de la cena.

—Que se ponga tu mamá —respondió.

Me encogí de hombros y cubrí el receptor con mi mano. «Es para ti, mamá», la llamé, y añadí mientras se acercaba: «Creo que es un vendedor. No me dijo quién era».

Mamá se puso al teléfono y yo volví a servir la cena. No estaba escuchando, hasta que la oí preguntar: «¿Estás segura de que es el John Wright correcto?». Su voz estaba tensa. Puse mis manos en el borde de nuestra mesa redonda y escuché. Antes de que terminara la conversación, me había vuelto hacia mamá. Tenía una mano en el corazón. Mis hermanos y mi hermana bromeaban entre sí, ajenos a lo que estaba sucediendo.

—Era una enfermera del hospital St. Paul-Ramsey —dijo mamá tras colgar el teléfono—. Papá ha tenido un accidente de coche. Lo golpearon de frente de camino a casa desde el trabajo. Está inconsciente en cuidados intensivos. Tengo que ir lo más rápido que pueda.

Dijimos una oración rápida.

La enfermera le había aconsejado a mamá que no intentara conducir hasta el hospital debido a su ansiedad. Tendría que pedirle a un amigo que la llevara. Así que mamá hizo varias llamadas telefónicas. Primero, a mi hermana Julie, que ya no vivía en casa. Después a una vecina llamada Betty que estaba en su grupo de mujeres. Esta amiga llamó a otras mujeres del grupo y a la cadena de oración de la comunidad carismática católica a la que pertenecíamos. Luego recogió a mamá y la llevó al hospital, dejándome a mí al cargo.

Me serví la cena. Mientras comíamos, el ventilador de nuestra nevera de catorce años se sacudía y resonaba de fondo. El aparato había sobrevivido a la mudanza de Washington a Minneapolis siete años antes. En ese momento nos preguntábamos si era irreparable. Tenían que haberlo revisado ese día, pero el técnico se retrasó con otros trabajos. El ruido proporcionaba un extraño telón de fondo a una noche que parecía irreal.

Julie llegó y discutimos de nuevo los pocos detalles que conocíamos sobre el accidente. Luego despejé la mesa y juntas lavamos los platos.

En poco tiempo, otro miembro de la comunidad se pasó por allí. Leone era la maestra del jardín de infancia de nuestra escuela parroquial. Conocía bien a nuestros hermanos menores y se ofreció a cuidar a los tres, que tenían ocho años o menos, para que Julie y yo pudiéramos ir al hospital.

Las condiciones para conducir eran malas esa noche. La lluvia oscurecía nuestra visión. El tráfico era lento y las carreteras estaban resbaladizas. Julie condujo con mucha precaución.

Llegamos a salvo al hospital y tomamos el ascensor hasta la unidad de cuidados intensivos. Mamá y Betty estaban sentadas en una sala de espera. Se alegraron de vernos.

Nunca olvidaré la visión de papá cuando nos dejaron entrar. Su piel estaba blanquecina, espeluznantemente inhumana. Un laberinto de tubos lo rodeaba. Julie le dio voz a mis pensamientos: «Ése no es mi papá». Yo pensaba que nada podría con él. ¿Volvería a ser el mismo? ¿Cómo podríamos arreglárnoslas sin él?

Después de solo un momento, una enfermera nos llevó de vuelta a la sala de espera.

Me senté en el suelo y trabajé en un rompecabezas de 500 piezas mientras esperábamos a que el médico viniera a hablar con nosotros. Mientras tanto, mis hermanos Joe y John llegaron. Pronto, otros miembros de nuestra comunidad vinieron a apoyarnos.

Poco a poco averiguamos más detalles. Papá estaba conduciendo por Shepard Road, un camino de cuatro carriles sin divisiones en el río Mississippi que era famoso por sus accidentes. Una mujer que conducía en el otro sentido cruzó la línea central y chocó con papá de frente. Ella estaba ilesa. El impacto empujó el capó y todo lo que había debajo de él contra las rodillas de papá, lesionándole una pierna. Pero su cabeza fue la que se llevó la peor parte. La moldura de plástico de alrededor de su puerta se rompió, y un extremo se estrelló contra su sien. El personal de rescate tardó una hora en sacarlo del desastre.

A los pocos días del accidente, una viñeta en el Minneapolis Star/Tribune pedía cambios para que Shepard Road fuera más segura.

Un médico finalmente nos visitó en la sala de espera con el diagnóstico. «Las primeras 48 horas son las más críticas. Si se despierta pronto, es una buena señal», dijo. «Un cerebro de dieciocho años probablemente se recuperaría por completo. Pero uno de cuarenta y tres... Sencillamente, no lo sabemos. Y no sabremos con exactitud cómo ha quedado afectado su cerebro hasta que esté consciente». Continuó explicando cómo las lesiones en diferentes áreas del cerebro podían causar diferentes dificultades y disfunciones.

Papá no recobró la consciencia en esas cuarenta y ocho horas. De hecho, permaneció en coma seis días. Tengo la imagen de esos días como largos, invernales y oscuros, aunque sé que es un engaño de la memoria. Tan solo estábamos a mediados de octubre, en un otoño que no era especialmente frío para Minnesota. Montones de hojas empapadas por la lluvia se alineaban en el bulevar. Pero en mi mente, el aguijón de las temperaturas bajo cero estaba en el aire.

Rezamos con fervor por su recuperación, sin tener ni idea de lo que nos depararía el futuro. Saber que cientos de nuestros compañeros cristianos estaban rezando con nosotros nos daba esperanza.

Cuando papá por fin despertó, había olvidado casi todo. Su nombre, cómo alimentarse, incluso algo de vocabulario. Su mente era a menudo incapaz de encontrar la palabra correcta, por lo que las sustituía con sílabas sin sentido en medio de la frase. A veces se convertía en una completa incoherencia.

Lo primero que recordó fue a mamá. La llamaba Flossy[64], un apodo que ella siempre había detestado y que él nunca había usado, junto con su nombre de soltera. Como pensaba que solo tenía diecinueve años, se quedó estupefacto cuando ella le dijo que era de mediana edad con nueve hijos vivos.

Poco después de que recobrara el conocimiento y antes de que yo lo visitara de nuevo, mamá me llamó desde el hospital donde se sentaba con él la mayor parte del día. Puso a papá al teléfono. Me impactó su voz, débil y cascada como la de un anciano. Después de saludarme, papá parecía como si hablara de forma aleatoria. Fue una conversación surrealista. Esperaba racionalidad y escuché galimatías en su lugar.

Papá pasó seis semanas en el hospital. Antes de darle el alta, se le permitió visitarnos en Acción de Gracias. Mientras los niños estábamos en misa, mamá le enseñó la casa. «¿De verdad vivo aquí?», preguntó repetidamente. Todo era extraño para él.

Tras su vuelta a casa, fue un paciente de día en el Instituto Sister Kenney del hospital Abbott Northwestern de Minneapolis. Todos los días pasaba horas en terapia, llegando a aprender a tomar el autobús de ida y vuelta al hospital él solo con el tiempo.

Ahora, treinta años más tarde, todavía tiene problemas con la memoria a corto plazo que le han impedido volver a trabajar. Nunca

---

[64] Sedosa, elegante. (N. del T.)

podrá vivir solo, aunque se vale adecuadamente con la ayuda de mamá. Algunos aspectos de su personalidad cambiaron dramáticamente.

Cuando estaba creciendo, papá era la figura de autoridad en la familia. Él era el que ganaba el pan e imponía disciplina. Su carácter audaz y su franqueza al hablar contrastaba con mi reserva silenciosa y mi sensibilidad hacia los sentimientos de los demás. No sé cómo pasó, pero llegué a tenerle miedo. Evitaba las conversaciones personales con él, en especial sobre asuntos importantes. Envidiaba a la gente que veía a su padre como «papi», incluso en su adolescencia. Nunca he tenido una relación así con mi padre.

En los meses anteriores a su accidente de coche, papá se había acercado más a mí. Me llevó a visitar su oficina, y realmente disfruté el tiempo a solas con él. Se abrían nuevas posibilidades para nuestra relación. Fueron cerradas de golpe con su lesión cerebral.

Yo estaba en el instituto cuando ocurrió el accidente. Necesitaba el consejo de un padre sobre cómo hacer las solicitudes para entrar en la universidad y para becas. En vez de eso, tuve un padre que a menudo olvidaba mi nombre, luchaba por comunicarse y no podía conducir (aunque finalmente recuperó su carné de conducir).

Mamá, comprensiblemente, tuvo dificultades para adaptarse. Se volcó en mí buscando apoyo en una medida excesiva para mí. Escuché sus quejas y frustraciones y descubrí que todo mi respeto por papá había desaparecido junto con el miedo que le tenía.

Temperamentalmente, ahora estaba dispuesto a dejar que mamá se ocupara de todo. Había pasado de ser un líder a una personalidad discreta. Era más un adolescente que un adulto. Papá fue empujado a una especie de infancia espiritual sin su consentimiento.

Mis hermanos menores se portaban mal o le faltaban el respeto a mamá frente a él para obtener una reacción. Por lo general, no conseguían nada relevante. Pero, a veces, estallaba en una furia inesperada.

Al mismo tiempo, papá me trataba como su favorita. Eso no me gustaba. Mis hermanos y una hermana me culpaban de una situación que yo no había hecho nada por provocar y que no podía cambiar. Muy a menudo deseaba que se olvidara más de mí. Este favoritismo alimentaba el mal comportamiento y causó divisiones entre algunos miembros de la familia que aún no se han cerrado.

Hoy en día, mi relación con papá es mejor que nunca. Pero mi visión de Dios ha tenido que pasar por muchos ajustes al tratar de entender su verdadera naturaleza. ¿Es Dios alguien a quien debería temer? ¿Puedo realmente estar abierta a él sin enfrentarme a rechazos o malentendidos? ¿O es Dios un Padre discreto que me verá cometer errores sin interferir? ¿Y cómo debería reaccionar ante Dios y ante los demás? ¿Debería buscar estar siempre al frente, o sentarme y dejar que los demás actúen? Este ha sido mi desafío constante.

Padres autoritarios y permisivos

En 1966, la psicóloga Diana Baumrind observó tres diferentes estilos de crianza y sus efectos en los niños. Descubrió que los hijos de padres autoritarios tienen tendencia a ser ansiosos y retraídos. Los padres autoritarios son exigentes y estrictos sin ser cálidos ni comprensivos. Las reglas están por encima de las relaciones. Quieren poca o ninguna participación del niño. Es probable que sus hijas se rindan ante las frustraciones y que sus hijos muestren hostilidad. En el lado positivo, sus hijos son menos propensos a unirse a pandillas o a abusar de las drogas o el alcohol, y más propensos a tener éxito en la escuela que los hijos de padres permisivos.

Los hijos de padres permisivos con frecuencia tienen poco control sobre sus emociones, rindiéndose con facilidad cuando se enfrentan a tareas difíciles, pueden ser rebeldes y desafiantes, y exhibir varios comportamientos antisociales.

Los padres ideales tienen autoridad[65]. Tienen reglas y estándares razonables, además de mucho afecto entre ellos y con sus hijos. Son firmes, pero cariñosos. Elogian a sus hijos por sus talentos y su buen comportamiento. A veces, cuando es apropiado, explican a sus hijos las razones de sus decisiones. Podrían, en ocasiones, dejar que los niños les ayuden a elegir un castigo apropiado para su mal comportamiento.

Aunque simplificaban demasiado los estilos de crianza, los hallazgos de Baumrind siguen siendo influyentes en los círculos psicológicos. No incluyó en su estudio a padres no involucrados. Psicólogos posteriores han encontrado que esta categoría es peor que la de los padres autoritarios o permisivos. Los hijos de padres no involucrados tienden a carecer de autocontrol, tienen baja autoestima y logran menos éxito académico.

El Departamento de Salud y Servicios Humanos de los Estados Unidos señala:

> Incluso desde el nacimiento, los niños que tienen un padre involucrado tienen más probabilidades de ser emocionalmente seguros, de tener confianza para explorar su entorno

---

[65] En el original, la autora distingue entre «authoritarian» y «authoritative». Para reflejar la diferencia que quiere señalar he optado por usar los términos «autoritario» y «con autoridad». (N. del T.)

y, a medida que crecen, de tener mejores conexiones sociales con sus compañeros...

La manera en que los padres juegan con sus hijos también tiene un impacto importante en el desarrollo emocional y social del niño. Los padres pasan un porcentaje mucho más alto de su interacción personal con bebés y niños preescolares en actividades estimulantes y de juego que las madres. De estas interacciones, los niños aprenden a regular sus sentimientos y comportamiento. Por ejemplo, los juegos de peleas con el padre pueden enseñar a los niños a lidiar con los impulsos agresivos y el contacto físico sin perder el control de sus emociones[66].

En términos generales, la relación de un bebé con su madre es primordial en los dos primeros años de vida, cuando se está resolviendo el conflicto de confianza contra desconfianza de Erik Erikson[67]. Pero a medida que el niño comienza a interactuar más con los demás, su relación con su padre crece en importancia. Los padres comienzan a modelar lo que significa ser hombre y padre.

En los Estados Unidos, hoy en día hay una epidemia de padres que no participan en la crianza de los hijos. Según el censo federal de 2010, uno de cada tres niños vive en un hogar que no incluye a su padre biológico. Muchos estadounidenses no tienen un buen modelo de la paternidad de Dios en sus vidas.

---

[66] The Importance of Fathers in the Development of Healthy Children [La importancia de los padres en el desarrollo de niños sanos], 2006, 12, 13.
[67] Ver capítulo 2.

También sabemos que nuestra cultura tiende a ver a Dios como un padre indulgente, que no juzga, al que no le gusta mencionar la palabra pecado. Tal vez estos dos fenómenos estén relacionados.

Quienes han crecido con padres autoritarios pueden ver a Dios como a un tirano. Los nuevos ateos, como el tardío Christopher Hitchens, con frecuencia tienen esta idea del carácter de Dios. El psicólogo católico Dr. Paul Vitz ha escrito un libro titulado *Faith of the Fatherless: a Psychology of Atheism* [*La fe de los sin padre: una psicología del ateísmo*]. Como antiguo ateo, propone que algunos de los ateos más vociferantes y tiránicos de la historia reciente estaban reaccionando ante la ausencia de una buena figura paterna en sus vidas.

Nuevamente enfatizo que no estamos buscando a alguien a quien culpar cuando examinamos nuestras relaciones con nuestros padres. Pero si tenemos problemas constantes para confiar en Dios, nos ayuda considerar las raíces del problema. Es posible que tengamos que aceptar las deficiencias de nuestros padres.

Podemos elegir no dejar que estas deficiencias continúen obstaculizando nuestra relación con Dios. ¡Dios es un padre, pero los padres humanos no son Dios! Necesitamos darnos cuenta de que Dios siempre estará ahí para nosotros, aunque a veces nuestros padres humanos no lo estén.

Dios no es autoritario, permisivo o negligente. Es firme pero cariñoso. Él no pasa por alto nuestro pecado, pero nos perdona cuando nos arrepentimos. No debemos tener miedo de acercarnos a él y pedirle misericordia.

La visión de Teresa de su padre

En el verano de 1879 o 1880, Luis Martin hizo un viaje de negocios a Alençon. Un día, durante su ausencia, Teresa estaba sola en un ático de Les Buissonnets, mirando por la ventana hacia el sol de la tarde. Miró con alegría el jardín de abajo. La naturaleza parecía bailar en júbilo.

De repente, un hombre apareció junto al edificio de la lavandería. Estaba vestido como lo habría estado Luis y tenía la misma altura, solo que se encorvaba mientras caminaba a lo largo del jardín. Su cara estaba cubierta con un paño oscuro. Teresa tembló. No esperaban que papá volviera hasta dentro de dos días. ¿Estaba viendo un fantasma?

No seas tonta, se regañó a sí misma. *Por supuesto que es papá. Ha vuelto a casa antes, eso es todo. ¿Por qué está tan inclinado? ¿Y por qué esconde su cara?* «¡Papá! ¡Papá!», dijo ella por la ventana. Su voz temblaba.

El hombre siguió caminando, como si no la hubiera oído. Desapareció detrás de una hilera de árboles que dividía el camino y nunca reapareció al otro lado de ella.

María y Paulina habían oído a Teresa llamando a su padre en la habitación de al lado y María corrió a ver qué pasaba. «Papá sigue en Alençon», dijo. «¿Por qué lo llamas?».

Con voz asustada, Teresa le contó lo que había visto.

María puso su mano sobre el hombro de Teresa. «No te preocupes, pequeña. Estoy segura de que solo fue Victoria. Sabes que le encanta jugarte malas pasadas. Se ha puesto un delantal en la cabeza para asustarte. Ya lo verás. Ven, vamos a buscarla».

Paulina se unió a ellas en el pasillo. Las hermanas encontraron a su sirvienta Victoria en la cocina, vestida con normalidad y atendiendo a sus obligaciones. Ella manifestó con firmeza que no había estado fuera.

—No fue Victoria —dijo Teresa—. Sé que no lo fue. Era un hombre. Era exactamente igual a papá.

—Busquemos en los árboles para ver si hay alguien escondido allí —sugirió María. Teresa asintió en silencio.

No había nadie cerca de la arboleda donde Teresa había visto al hombre desaparecer, y ninguna señal de que alguien hubiera estado allí recientemente.

—Debes de haberlo soñado, Teresa —dijo Paulina—. Quizá te quedaste dormida junto a la ventana. Intenta olvidarlo.

Pero Teresa no podía olvidarlo. Ni entonces ni por el resto de su vida. Con el paso del tiempo, se convenció de que había tenido una visión del futuro de su padre.

Aparte de su curación milagrosa cuando tenía diez años, este fue uno de los pocos eventos sobrenaturales en la vida de Teresita. No tuvo más visiones. Nunca hizo ningún milagro ni experimentó locuciones. Tuvo algunos sueños en la edad adulta que podrían haber sido de naturaleza sobrenatural, asegurándole que estaba en el camino correcto. Pero la mayor parte de su vida estuvo desprovista de experiencias místicas.

Quizá esta visión fue la forma que Dios eligió para prepararla para el sufrimiento que su padre padecería después de que ella entrara en el convento. Su mayor miedo, perder a su padre, iba a tener lugar. Dándole esa visión, Dios le mostró que él tenía el control de la salud y la vida de Luis. Dios sabía lo que Luis tendría que pasar. No quedaba fuera de su providencia. Todas las hermanas Martin se consolarían más tarde con este conocimiento.

Cuestiones para la reflexión

1. ¿Mi padre era de los que no se involucraban, permisivo, autoritario, con autoridad, o una combinación de ellos? ¿Tenía otras figuras paternas que representaban mejor a Dios para mí?

2. ¿Cómo podría haber afectado a mi idea de Dios la relación con mi padre?

3. ¿Lo he perdonado por los errores que hubiera cometido? ¿Estoy dispuesto a asumir de ahora en adelante la responsabilidad de la manera en la que veo a Dios?

Sugerencias prácticas

* Si estás interesado en descubrir cómo Dios actuó como un padre con su pueblo, Israel, a lo largo del Antiguo Testamento, prueba a leer *Un padre fiel a sus promesas*, de Scott Hahn.

* Jesús dijo: «Yo y el Padre somos uno» (Jn 10, 30). Haz una lista de las maneras en las que Jesús actuó como un padre ideal con sus discípulos. ¿Cómo fue firme? ¿Cómo fue cariñoso e indulgente? ¿Cómo mostró que era de confianza? Ahora usa estas ideas para meditar sobre cómo él podría aconsejarte en tus circunstancias actuales.

Haciéndose adulto mientras
se sigue siendo un niño

Comportaos como niños en lo que toca a la maldad, pero en lo que toca a los pensamientos, sed adultos.

1 Cor 14, 20

Teresa celebró su primera comunión en 1884, después de un retiro y una larga preparación en la escuela benedictina donde era estudiante diurna. Los estudiantes tenían que obtener permiso del capellán de la escuela cada vez que querían recibir el Sacramento. Teresa recibió a Jesús varias veces durante ese año, incluso una vez solo dos semanas después de su primera comunión[68]. Aparentemente, esto era inusual. A la mayoría de las otras niñas no se les permitía regresar a la comunión durante todo un año, como era la costumbre.

En mayo de 1885 se prepararon para la «segunda comunión»[69]. La preparación y la celebración fueron casi tan intensas como el año anterior.

La Francia de la época de Teresita todavía estaba influenciada por el jansenismo, una herejía que había surgido en el siglo XVII. De

---

[68] AETL, p. 61.
[69] Ibíd.

alguna manera similar al calvinismo, el jansenismo enseñaba —entre otras cosas— que el hombre debe temer a Dios y temblar ante él. Incluso dos siglos más tarde, mucho después de que la Iglesia hubiera condenado el jansenismo, eran comunes los sermones de «fuego y azufre». Los sacerdotes católicos de Francia solían desanimar a sus feligreses para que no recibieran la eucaristía con frecuencia, porque eran indignos.

El abate Domin era el capellán de la escuela y, por lo tanto, el confesor de Teresa. En 1884 advirtió a las muchachas que se preparaban para la primera comunión sobre los peligros de hacer una comunión sacrílega y la realidad del infierno[70]. Para el retiro antes de la «segunda comunión», Teresa sacó el cuaderno que había usado un año antes y añadió algo a sus notas. Escribió: «Lo que nos ha dicho el señor abate era espantoso, nos habló del pecado mortal»[71].

Teresa escuchó su predicación con creciente alarma. Las dudas le asaltaron. ¿Cómo podía estar segura de que no estaba camino del infierno? ¿Cómo sabía que estaba en estado de gracia? ¡Podría haber cometido algún pecado terrible y ser demasiado orgullosa para admitirlo! Recordó hasta la última de sus más pequeñas faltas. El pecado y la vergüenza parecían acechar por todas partes.

Teresa no podía confiar en ninguno de sus profesores, y ya no tenía conversaciones privadas con Paulina. Así que una mañana, mientras María estaba rizando el pelo de Teresa, le abrió su corazón. Le contó a María todo lo que pensó que podría haber hecho mal, incluyendo pensamientos que criticaban a la misma María. Esto se convirtió en un ritual, con Teresa llorando cada mañana mientras María actuaba como su confesor, diciéndole lo que debería confesar a un

---

[70] Ibíd., pp. 58-59.
[71] Ibíd., p. 64.

sacerdote y lo que debería olvidar. Siempre práctica, María la dejaba confesar solo unos pocos pecados cada vez. Esto preocupó a Teresita hasta que María se ofreció a cargar ella misma con el resto de las faltas de la niña. Entonces Teresa experimentó una paz fugaz.

Teresa llamaría más tarde a sus dieciocho meses de problemas con los escrúpulos un martirio[72]. Los dolores de cabeza le atormentaban. Cuando Celina se graduó en la escuela, dejándola sin confidente allí, Teresa se encontró demasiado consumida por las angustias emocionales y físicas para continuar asistiendo. Volvió a casa para terminar su educación bajo la tutela de un tutor.

En octubre de 1886, María se unió de forma inesperada a Paulina en el convento. Al contrario que Paulina, que había expresado durante mucho tiempo una llamada a la vida religiosa, María tenía dificultades para elegir una vocación. No la atraían ni el convento ni el matrimonio. Se decidió a los veintiséis años. Después de su resolución, entró en el Carmelo en cuestión de semanas.

Los escrúpulos de Teresa seguían siendo intensos. ¿A quién podría acudir ahora?

Se había resistido a la rigidez de la religión de su cultura, tanto como una niña sensible huérfana de madre podía hacerlo. Quería creer en la misericordia de Dios. Pero no era lo suficientemente fuerte como para oponerse a las duras enseñanzas de la época. Su lucha contra los escrúpulos fue una de las más difíciles de su vida.

Paulina y María habían hecho, cada una en su momento, todo lo posible por ella. Pero otros miembros de la familia le proporcionaron lo que realmente necesitaba. Cuatro hermanitos suyos estaban en el cielo con Jesús. Más tarde recordó: «Les hablé con la sencillez de una

---

[72] OC, HA, p. 114.

niña, haciéndoles notar que siendo yo la última de la familia, había sido siempre la más amada, la más colmada de ternuras por parte de mis hermanas». Ellos también estaban obligados a mostrarle su amor especial, dijo[73].

Casi inmediatamente, los «santos inocentes» de la familia probaron su amor. Intercedieron por ella ante el trono de Dios, ganando para ella una gracia que la salvó. Sus escrúpulos desaparecieron y la paz desbordó su corazón. Quizá la pequeñez de sus hermanos influyó en el desarrollo de su espiritualidad. Comenzó a entender cómo confiar en Dios como un niño pequeño.

Ingenuidad de niño, pero no infantilismo

En la vida espiritual debemos distinguir la ingenuidad del infantilismo. Este capítulo demostrará el peligro de hacer recuento de nuestros méritos ante Dios. Encontraremos que incluso las buenas devociones pueden obstaculizar nuestro crecimiento espiritual si confiamos demasiado en ellas. Compartiré las dificultades de una maternidad recién estrenada, que comenzaron a enseñarme humildad. Consideraremos una tercera pregunta que puede bloquear el camino a la confianza. Luego veremos cómo maduró Teresita, superando finalmente la sensibilidad que le había atormentado desde la muerte de su madre.

La incipiente comprensión de Teresa de la bondad de Dios contrastaba con la espiritualidad de sus compañeros. En cierto modo, la inflexibilidad del jansenismo refleja el estado de un alma infantil. El P. Groeschel escribe que los niños típicamente intentan «controlar o

---

[73] Ibíd., p. 124.

manipular al Ser Divino mediante la oración, la súplica y las buenas obras»[74].

De forma similar, el psicólogo Lawrence Kohlberg analizó la forma en la que la gente responde a los dilemas morales. Propuso seis etapas en el razonamiento moral. Su segunda etapa es la del intercambio de favores. La mayoría de los estudiantes de primaria están en este nivel. Toman decisiones morales basándose en lo que los beneficiará. Son amables con los demás para que los demás sean amables con ellos.

Los niños pueden llegar más allá, hasta el punto de creer que si son amables unos con otros sin buscar un premio en la tierra, serán recompensados en el cielo. Tienden a ver cada acto individual como algo por lo que recibirán una recompensa.

Puedo inspirar a mis hijos, todos preadolescentes, diciéndoles que recibirán «premios» en el cielo por actos de caridad. Y esta es la verdad, pero una versión simplista e infantil de la verdad. Espero que a medida que crezcan hagan actos de caridad por verdadera caridad, en lugar de por la esperanza de una recompensa.

Un día del año anterior a la muerte de Zelie, María volvió a casa del internado con un collar de cuentas para llevar un registro de sus actos virtuosos. Cuando Zelie lo vio, le dio uno a Celina. Entonces Teresa también quiso uno. La pequeña Teresa y Celina llevaban sus cuentas de sacrificio por la casa y el jardín, moviendo una cuenta a lo largo de la cuerda cada vez que pasaban por alto las faltas de la otra o se esforzaban en hacer no su voluntad, sino en ser amables u obedientes. Cada cuenta era un regalo para Dios.

---

[74] SP, p. 67.

Durante siglos, los católicos que seguían las enseñanzas de san Ignacio de Loyola utilizaron cuentas para ayudarles con su examen diario. Movían una cuenta cada vez que no cumplían la voluntad de Dios. Al final del día revisaban lo que significaba cada cuenta, se arrepentían, confesaban su pecado en silencio y se comprometían a hacerlo mejor al día siguiente con la gracia de Dios.

Los católicos franceses del siglo XIX dieron la vuelta a esta práctica. Comenzaron a usar las cuentas para contabilizar sus méritos en lugar de sus pecados. No solo hacían esto los niños. Los adultos también prestaban gran atención a los «puntos» que obtenían ante Dios[75]. Exageraban sus buenas obras.

Tales prácticas tienen su lugar. Pueden inspirar a los niños y a los principiantes. Pero representan un peligro para muchos adultos. Pueden distraernos del verdadero propósito de nuestra vida espiritual. El objetivo de nuestras vidas es conocer, amar y servir a Dios[76]. Dios, no nuestras obras, es el centro de todo. Nuestra relación con él es una relación de amor.

Dios no necesita nuestros sacrificios, así como tampoco necesitaba los sacrificios de toros y cabras en el Antiguo Testamento. En la antigüedad, Moisés instruyó al pueblo para que ofreciera sacrificios a Dios como signo de su arrepentimiento, gratitud y conversión. A través de los siglos, los israelitas hicieron muchos de sus sacrificios y ceremonias, pero dejaron de buscar a Dios en sus corazones. Sus sacrificios se convirtieron en rituales vacíos.

Los israelitas pensaban que Dios los perdonaría e incluso los bendeciría porque seguían los preceptos externos de la ley. Pensaban que sus sacrificios los hacían inmunes a su ira. Dios envió profetas para

---

[75] HF, p. 55.
[76] CIC 1.

advertirles de lo equivocados que estaban. Cuando el pueblo se negó a escucharlos, sus enemigos los conquistaron y los enviaron al exilio. De esta manera, diez tribus de Israel se perdieron completamente en la historia.

Podemos caer en una actitud similar si no tenemos cuidado. Jesús dijo a sus discípulos: «Cuando hayáis hecho todo lo que se os ha mandado, decid: "Somos siervos inútiles, hemos hecho lo que teníamos que hacer"» (Lc 17,10). Dios no nos debe nada, no importa lo buenos que seamos. Más bien, debemos algo —de hecho, todo— a Dios.

Esperar el pago de Dios revela una comprensión superficial de la vida espiritual. Sí, Dios recompensará nuestras buenas obras y castigará nuestros pecados. Pero no podemos ganarnos el cielo, no importa cuántas cosas buenas hayamos hecho. No podemos ganarnos el amor de Dios.

Si buscamos la reciprocidad, podemos encontrarla en el ofrecimiento de nosotros mismos a Dios, más que en nuestras buenas obras. Cuando nos entregamos por completo a él, él se entrega plenamente a nosotros. Ese intercambio está lejos de ser parejo. Recibimos más de lo que podríamos dar.

Teresa nunca realizó grandes obras. Como adulta, cuando miraba sus méritos, creía que no tenía nada que ofrecer a Dios. No hizo nada extraordinario. Aunque habitualmente evitaba incluso los pecados veniales, sabía que era la gracia de Dios la que la mantenía fiel. Todo lo que hizo fue responder a esa gracia. Dios había hecho un camino suave para que ella caminara cuesta abajo, libre de tentaciones hacia el pecado mortal. ¿Qué mérito tenía el hecho de que rara vez tropezara? Todas sus virtudes eran dones inmerecidos.

Al rechazar la idea de que tenía que hacer innumerables obras buenas para ganarse la amistad de Dios, Teresita llegó a ser libre para confiar en la bondad de Dios más que en la suya propia. Su fidelidad no dependía de la de ella. Podía confiar en él como su Padre todo amoroso. ¿Luis le negaría su amor a sus hijas si no hicieran grandes cosas por él? ¡Por supuesto que no! Por lo tanto, tampoco Dios lo haría.

No tenía que hacer maravillas para agradar a Dios. Simplemente tenía que amarlo. Su confianza en él era ingenua como la de una niña. Dejó atrás actitudes más infantiles.

Olvidando nuestras buenas obras

San Pablo demuestra su confianza en Dios de esta manera:

> Aunque también yo tendría motivos para confiar en ella. Y si alguno piensa que puede hacerlo, yo mucho más: circuncidado a los ocho días, del linaje de Israel, de la tribu de Benjamín, hebreo hijo de hebreos; en cuanto a la ley, fariseo; en cuanto a celo, perseguidor de la Iglesia; en cuanto a la justicia de la ley, irreprochable. Sin embargo, todo eso que para mí era ganancia, lo consideré pérdida a causa de Cristo. Más aún: todo lo considero pérdida comparado con la excelencia del conocimiento de Cristo Jesús, mi Señor. Por él lo perdí todo, y todo lo considero basura con tal de ganar a Cristo y ser hallado en él, no con una justicia mía, la de la ley, sino con la que viene de la fe de Cristo, la justicia que viene de Dios y se apoya en la fe (Flp 3, 4-9).

En otras partes de sus cartas, Pablo se llama a sí mismo el peor de los pecadores por haber perseguido a la Iglesia antes de su conversión. Pero aquí no dice que deba dejar atrás su pasado por haber sido tan pecaminoso. En lugar de eso, dice que debe dejar ir todo lo que habló a su favor. No debe confiar en haber sido un practicante estricto de la fe judía, un heredero natural de la Antigua Alianza. En vez de merecerle nada, estos hechos no eran más que desechos, basura. ¿Quién anhela la basura después de haberla tirado? ¿Quién se jacta de ella o deposita su confianza en ella?

Pablo continúa:

> No es que ya lo haya conseguido o que ya sea perfecto: yo lo persigo, a ver si lo alcanzo como yo he sido alcanzado por Cristo. Hermanos, yo no piensc haber conseguido el premio. Solo busco una cosa: olvidándome de lo que queda atrás y lanzándome hacia lo que está por delante, corro hacia la meta, hacia el premio, al cual me llama Dios desde arriba en Cristo Jesús. Todos nosotros, los maduros, debemos sentir así (Flp 3, 12-15).

La meta de Pablo es morir a sí mismo y al mundo. Todavía está caminando. Todavía se esfuerza por alcanzar la perfección. Su confianza está en Cristo, no en sus propias fuerzas. Puesto que pertenece a Cristo, confía en que Cristo le asemejará a Cristo. Pablo llama a esa confianza madurez espiritual.

Esta es la misma perspectiva que tenía Teresa. Aunque había recibido muchas gracias de Dios, su confianza no estaba puesta en ninguna gracia, y desde luego tampoco en ella. Su confianza estaba solo en Dios. Si Dios quería que fuera santa, él lo llevaría a cabo.

¿Cómo deberíamos ver las devociones opcionales?

¿Recuerdas la historia que contó Jesús sobre el fariseo y el recaudador de impuestos?

Dos hombres subieron al templo a orar. Uno era fariseo; el otro, publicano. El fariseo, erguido, oraba así en su interior: «¡Oh Dios!, te doy gracias porque no soy como los demás hombres: ladrones, injustos, adúlteros; ni tampoco como ese publicano. Ayuno dos veces por semana y pago el diezmo de todo lo que tengo» (Lc 18, 10-12).

San Pablo era un fariseo antes de su conversión. Los fariseos se adherían estrictamente a la Ley de Moisés. Crearon sus propias tradiciones que creían que los ayudaban a seguir la Ley con mayor perfección. La palabra *fariseo* significa «uno que es puesto aparte». El Antiguo Testamento a menudo denomina a los objetos santos *reservados* o consagrados para el uso especial por parte de Dios. Aunque ciertamente deberíamos ser apartados para hacer la voluntad de Dios, hay una connotación en que los fariseos fueran apartados *de los otros judíos,* implicando que aquellos que eligieron no seguir las tradiciones de los fariseos no estaban verdaderamente siguiendo a Dios. Su objetivo era loable, pero en la práctica muchos de ellos se volvieron engreídos.

Este fenómeno no es exclusivo de los tiempos bíblicos. Aún hoy podemos ser tentados a insistir en que solo hay una manera correcta de servir a Dios. Podríamos seguir devociones, espiritualidades o tradiciones opcionales y juzgar a otros según si las siguen o no. Algunos podrían insistir en que todas las mujeres devotas deben cubrirse la cabeza durante la misa. Otros podrían creer que las experiencias carismáticas son los signos de una verdadera apertura a Cristo. Otros podrían instarles a todos a consagrar su vida a María, según la enseñanza de san Luis de Montfort.

Todas estas devociones o experiencias son buenas en sí mismas. De hecho, la mayoría de las personas en nuestros días se beneficiaría de más prácticas devocionales, más que de menos. Sin embargo, debemos estar atentos para no exigir que todos sigan a Dios de nuestra manera particular. Jesús defendió y cumplió la Ley de Moisés, pero no siguió las tradiciones de los fariseos. Cada uno de los santos practicaba devociones diferentes. Cada uno de ellos era único.

La Iglesia pide suficientes prácticas a los fieles, no teniendo que imponer nosotros más al prójimo. El Catecismo nos enseña los fundamentos de la oración y de la vida espiritual. Como cristianos ingenuos como niños, debemos dejar a Dios ser Dios y a la Iglesia ser la Iglesia. Nuestro papel es el de escuchar y obedecer, no el de desarrollar la doctrina. Por supuesto, podemos compartir con los demás las prácticas que nos han ayudado a acercarnos a Cristo. Pero si la Iglesia no dice que son esenciales, no debemos poner nuestra confianza en ellas. No debemos juzgar a los demás según si las practican o no. Si estas devociones dificultan que seamos humildes y que pongamos nuestra confianza solo en Dios, se han convertido en nada más que desechos en nuestras vidas.

El orgullo va antes de que llegue la confianza

Al reflexionar sobre mi vida, me doy cuenta de que el orgullo obstruyó durante mucho tiempo mi camino hacia la confianza. Dios me dio muchas bendiciones desde el principio. Nuestra familia, aunque no era perfecta, era estable. La participación de mis padres en la Renovación Carismática trajo a casa el celo y la alegría por servir a Dios. Rezábamos cada mañana en familia, íbamos a misa a diario en Adviento y Cuaresma, y leíamos y memorizábamos capítulos enteros de la Biblia. Asistíamos a reuniones de oración semanales y a campamentos de verano cristianos. Mis padres nos mostraron la belleza de estar abiertos a la vida.

Desde muy joven deseé ser santa. Mis amigos y yo construíamos santuarios improvisados en el patio de la escuela. Mi escritura, que comenzó casi tan pronto como pude leer, a menudo se centraba en temas cristianos.

Pero el orgullo amenazó con matar mi relación con Dios. En lugar de ser humilde y agradecida por estas gracias, me consideraba mejor que mis iguales. Pensé que me habían escogido por mi grandeza y me sentía justificada para juzgar y corregir a los demás. Huelga decir que esto dañó mis relaciones con los demás, que ya eran difíciles de desarrollar para mí al ser tan dolorosamente tímida.

Estuve ciega a mi orgullo hasta que tuve alrededor de diecisiete años. Pasaron unos años antes de que empezara a luchar en serio. Luego, año tras año, clamé a Dios para que me ayudara a ser humilde, mientras hacía todo lo posible para luchar contra mi orgullo. Pero no llegaba a ninguna parte. No hice ningún progreso mensurable.

Creo que no hay nada que ayude más a madurar a una persona que ser padre. Antes de casarme y tener hijos, pensaba que tenía todas las respuestas sobre la crianza de los hijos (y sobre casi cualquier otra cosa). Entonces me casé, me quedé embarazada de mi primer hijo, y al instante me puse nerviosa y me volví insegura. Decidí consultar a expertos en paternidad.

Pasé mi embarazo leyendo las obras de los gurús de la crianza Dr. William Sears y Greg y Lisa Popcak. Todos ellos eran partidarios del nuevo ideal de la crianza con apego. Me convertí en una experta (teórica) en el tema. Una vez más, pensé que sabía cómo se suponía que debía ser la crianza de los hijos. Escribí mi plan para un parto natural. Contraté a una asistente de parto profesional.

Entonces la vida real me golpeó. Cuando pasaron dos semanas tras salir de cuentas y no tenía contracciones ni dilatación, mi médico me convenció para inducirme el parto. Me ingresaron en el hospital el domingo por la mañana con Dan a mi lado.

Al igual que mi madre, siempre he tenido venas difíciles para la extracción de sangre y las vías intravenosas. Las enfermeras me pincharon varias veces en ambos brazos antes de que pudieran sacarme sangre. Luego un asistente de laboratorio me puso una vía en el último punto libre que tenía, mi muñeca izquierda. Contenía Pitocin, una hormona sintética utilizada para iniciar las contracciones. El Pitocin no «funcionó» ese día ni el siguiente. Por fin, el martes llamé a mi asistente de parto, Jessie, que ya se había ido a casa después de una falsa alarma. Mis contracciones al fin habían pasado de leves a moderadas.

Jessie resultó ser católica no practicante. Aunque le pagábamos para que me ayudara con mis contracciones, ella y Dan empezaron a hablar de teología, olvidándose temporalmente de mí. ¡Tuve que recordarles que hay un momento para todo!

Mi trabajo de parto progresó lentamente. A las cuatro de la tarde del tercer día, solo había dilatado tres centímetros. Mi médico me hizo romper aguas para acelerar las cosas. Jessie empujaba el soporte al que estaba conectada mi vía mientras me ayudaba a subir y bajar por el pasillo. Pero la aguja no estaba bien asegurada. Justo cuando mis contracciones se intensificaban, la vía se soltó. Tan pronto como el Pitocin se dejó de bombear en mi cuerpo, mis contracciones se detuvieron por completo. Estaba virtualmente de vuelta al principio.

Entonces tuve que tomar una decisión. Mi médico determinó que era demasiado tarde para reiniciar la inducción ese día. «Podemos intentarlo de nuevo mañana», dijo. «Pero eso es todo. Si no funciona, necesitarás una cesárea. O podríamos hacerte una cesárea esta noche». Luego se fue, dándonos media hora para hablarlo y decidir.

Los altibajos emocionales de esos tres días casi habían acabado con mi ánimo, aunque había hecho un buen trabajo controlando mis sentimientos. Empezaba cada mañana con la idea de que tendría a mi bebé en brazos al final del día, y ahí estaba yo, casi sin acercarme a esa realidad. Como parecía poco probable que otro día de inducción ayudara, accedí con lágrimas en los ojos a un parto por cesárea.

Tanto Jessie como mi médico pensaron que había tomado la decisión correcta. «Has sido muy paciente», dijo Jessie. «Vas a ser una gran madre». Ella no sabía que todo era fachada.

Nuestro hijo nació a las 23:03. Lo llamamos Dante en honor a su abuelo.

Me sentía triste y culpable por no haber tenido la experiencia de un parto natural. Pero estaba contenta de que mis problemas hubieran terminado. O, al menos, eso pensaba. En realidad, acababan de comenzar.

Durante el primer año de nuestro matrimonio, yo trabajaba mientras Dan escribía su tesis doctoral. Entonces me tomé doce semanas de permiso, que comenzaron una semana antes de salir de cuentas, porque no quería ponerme de parto en el trabajo. Como el nacimiento de Dante se retrasó mucho más de lo que esperaba, me encontré con que tenía que volver a trabajar cuando él solo tenía nueve semanas. Pero no planeaba volver. Pensaba que lo más probable era que Dan estuviera trabajando a tiempo completo antes de eso.

Sin embargo, Dan estaba centrado en terminar su tesis. Había trabajado durante años y gastado miles de dólares en su carrera de filosofía. Quería haberla terminado antes de casarnos, pero yo era reacia a esperar más. Esperábamos tener más de un par de niños. Al no tener ni idea de si nos resultaría sencillo concebir ni cuánto duraría mi fertilidad, no quería malgastar un tiempo precioso.

Con sus estudios y su currículum, Dan pensaba que sería sencillo encontrar trabajo. Planeaba seguir escribiendo con dedicación hasta que mi permiso casi terminara. Entonces buscaría un trabajo poco exigente que le dejara las tardes libres para continuar sus estudios. Yo podría tener que volver a trabajar un par de semanas mientras él buscaba trabajo. Pensó que era razonable pedirme ese sacrificio.

Por desgracia, no lo habíamos hablado a fondo. Si lo hubiéramos hecho, habría estado más preparada mentalmente y podría no haber reaccionado de forma tan negativa. No estoy segura. Tal como estaba, nunca había considerado la posibilidad de ser una madre trabajadora, especialmente con un bebé. La idea de pasar aunque solo fueran las horas de trabajo de dos semanas lejos de Dante era angustiosa. Iba contra todos los consejos sobre crianza que había aceptado. Ahora, en lugar de la lactancia bajo demanda, tendría que darle de mamar en la hora de la comida y extraerme leche durante mis descansos. Alguien más —afortunadamente Dan, su madre y la mía— estaría criando a Dante mientras yo estaba sentada en un escritorio a kilómetros de distancia.

Pero también creía que cuando el marido y la mujer no estaban de acuerdo, era el hombre, como cabeza de familia, el que debía tener la última palabra. Pensé que la decisión de Dan no era la correcta, pero la seguí. Volví a trabajar.

En mi primer día en la oficina, un compañero de trabajo me contagió un virus estomacal. Además de tener terribles escalofríos, no pude retener nada durante tres días. Dante no recibía suficiente alimento a través de la lactancia y gritaba de hambre. Dan corrió a la tienda y compró la temida leche infantil de fórmula.

A pesar de que mi estómago se asentó pronto de nuevo y volví a trabajar después de seis días más de ausencia, tuve fiebre durante dos semanas seguidas. Incluso el médico estaba preocupado. Yo seguía amamantando a Dante por la noche, hasta que Dan se puso firme. Necesitaba cuidarme y ponerme bien. No había vuelto al punto en el que pudiera suministrar todo el alimento que Dante necesitaba. De ahora en adelante, Dan le daría leche de fórmula por la noche mientras yo dormía. Necesitaba hacer esto para recuperarme, pero fue otro golpe psicológico. Se acabó el colecho. Todavía menos tiempo con mi bebé.

Dan se sorprendió al no recibir ofertas en los trabajos que había solicitado. Cuando mis dos semanas de regreso al trabajo se convirtieron en varias, luché contra la culpa y el resentimiento. Sentía que estábamos poniendo en peligro el futuro de Dante.

En un esfuerzo para encontrar paz, leí *El abandono en la Divina Providencia*, del P. Jean-Pierre de Caussade. Y un día medité el versículo: «Porque mi yugo es llevadero y mi carga ligera» (Mt 11, 30).

«¿Llevadero?», le pregunté, incrédula, a Dios. «¿Ligera?». ¿Estaba de broma?

«*Mi* yugo», sentí que Dios me respondía. «*Mi* carga».

Entonces me di cuenta de que había creado mi propio yugo y mi propia carga con mis ideas preconcebidas sobre la maternidad. Estaba fallando respecto a unos criterios que había creado yo misma, que no estaban grabados en piedra. Tenía que admitir que mi ideal no formaba parte del plan de Dios para mí. ¡Esto era difícil porque estaba segura de tener razón! De verdad pensaba que seguir los criterios de la crianza con apego era lo mejor que podía hacer por Dante. Pero tuve que dejar de lado esa creencia. Necesitaba aceptar el plan de Dios para mi vida. Necesitaba confiar en que él tenía el control, que las circunstancias no estaban por encima de él. No me había abandonado y nunca lo haría.

Respiré profundamente y recé: «Que se haga tu voluntad».

Es increíble lo fácil que parecía la vida después de eso. Ir a trabajar todos los días seguía siendo un yugo a soportar. Seguía siendo una carga. Pero ahora podía llevarlo sin resentimientos, porque Jesús lo llevaba conmigo. Me había quitado el peso de encima.

Pasaron siete meses hasta que Dan me llamó al trabajo para decirme que le habían ofrecido un trabajo para el obispo Raymond L. Burke en La Crosse, Wisconsin. Yo estaba más que dispuesta a mudarme si eso era lo que hacía falta para que pudiera quedarme en casa. Avisé a la empresa en la primera oportunidad que tuve.

Algunos partidarios de la crianza con apego de la línea más estricta podrían criticar nuestras acciones. Podrían decir que no fuimos los padres que deberíamos haber sido. Podrían incluso sospechar que la paz final que encontré no venía en absoluto de Dios, sino de un mecanismo psicológico para enmascarar mi sentimiento de culpa. Afortunadamente, no tenemos que rendirles cuentas a ellos. Tenemos que rendir cuentas a Dios. Solo él juzgará si lo hicimos lo mejor que pudimos en ese momento y en ese lugar.

No fallé en mi vocación de esposa y madre. Nuestro matrimonio no se vio afectado negativamente, como podría haber ocurrido si yo no hubiera dado un primer paso hacia la confianza en Dios. Doy gracias a Dios por la gracia que nos ha dado. Y confío en que Dante recibió todo el amor y la atención que necesitaba.

¿Y si...?

A veces, cuando la vida no nos va como nos gustaría, nos tienta preguntarnos qué habría pasado si nuestras circunstancias hubieran sido diferentes. Yo me he preguntado a veces cómo habría sido mi vida si mi hermana Terri siguiera con vida. De pequeña nunca tuve una relación cercana con mis otras dos hermanas porque nuestras edades eran muy diferentes. Terri tenía cuatro años más que yo, y ya con seis años le tenía un cariño especial. Su temperamento era similar al mío. Creo que habríamos estado muy unidas si hubiera sobrevivido.

De niña tenía muchos amigos. Pero después de nuestro traslado de casi 2500 kilómetros a Minneapolis, seguido al poco de otro cambio de escuela, me resultó más difícil hacer nuevos amigos. Ya casi nunca me abría a nadie. Mi tendencia a reprimir mis sentimientos se volvió más arraigada. No confiaba en que otras personas me entendieran o me trataran con simpatía.

Mis últimos años de infancia podrían haber sido completamente diferentes si Terri hubiera sobrevivido.

Pero preguntarse «¿y si?» es otra trampa. Al diablo le gusta particularmente tentarnos con ella. Es fácil inventarse escenarios en los que la vida habría sido más cómoda y nosotros más felices o santos. Pero son fantasías. Dios nos pone a cada uno en el lugar y el tiempo que desea. No quiere activamente todo lo malo que sucede en nuestras vidas. Sin embargo, lo usa. Solo podemos vivir la vida que tenemos.

En algunos casos Dios nos pide que cambiemos nuestras circunstancias. En todos los casos nos pide que le permitamos *cambiarnos* por su gracia. No podemos cambiar mucho de nuestro mundo exterior. Nuestro mundo interior es donde Dios habita y actúa de una manera particular.

«¿Y si?» o «si tan solo», puede crearnos insatisfacción en relación a nuestras vidas hasta el punto de que perdamos la gracia que Dios nos ofrece aquí y ahora. Tal pensamiento puede fomentar el orgullo. «Bueno, si Dios me diera la misma gracia que dio a Teresa, yo también sería santo», podríamos pensar. Puede erosionar nuestra confianza.

Dios sabe lo que está haciendo en nuestras vidas. Nuestras circunstancias no están por encima de él. El único «¿y si?» que deberíamos considerar tendría que ser «¿y si me doy por completo a Dios?». Pero mejor que preguntárselo sería elegir hacerlo.

La conversión de Teresa en Navidad

La familia Martin siempre iba a la misa del gallo. Cada uno de los niños colocaba un par de zapatos en la esquina junto a la chimenea y Luis los llenaba de regalos después de la misa.

Esta costumbre navideña francesa todavía se disfruta hoy en día. Muchos niños tienen zuecos especiales de madera basados en los zapatos de los campesinos solo para la celebración de la Navidad. Algunos niños reciben sus regalos del Père Noël (Papá Noël). A las niñas Martin siempre las visitaba el Niño Jesús. En años anteriores, Celina y Teresita habían recogido zapatos y botas de toda la casa para salir a buscarlo. Su entusiasmo infantil fue recompensado con muñecas, bolsas de caramelos y galletas de azúcar en forma de zueco[77]. Las niñas abrían sus regalos en la mañana de Navidad cuando eran pequeñas, pero en años posteriores examinaban sus zapatos después de la misa.

Celina ya no seguía poniendo los zapatos, ya era mayor. Pero se resistía al crecimiento natural de Teresita hacia la madurez. Después de todo, Teresa era la más joven. Cuando creciera, sus tradiciones de la infancia terminarían. Como quería mantener el ritual que a todos les gustaba, animó a Teresita a seguir poniendo los zapatos de Navidad cada año. Luis también disfrutaba del placer que esto le daba a sus hijas.

---

[77] Cf. LT, p. 1219.

Sin embargo, Teresa tenía ya casi catorce años. Ya había pasado la edad para creer en los «zapatos encantados»[78]. Al llegar a casa después de la misa, Luis vio los zapatos de Teresa y suspiró. Estaba cansado y le habría gustado irse a la cama. Teresa subía corriendo las escaleras para guardar el sombrero, el corazón lleno de la alegría de haber recibido la eucaristía y de la anticipación de las sorpresas que se avecinaban. Celina la siguió. «En fin», se dijo Luis, pero lo bastante fuerte como para que las dos chicas lo oyeran, «afortunadamente ya es el último año»[79].

Al instante, las lágrimas aparecieron en los ojos de Teresa. Redujo su velocidad y giró la cabeza para mirar a Celina, que se había acercado a ella con preocupación. Casi habían llegado al rellano de arriba. La cara de Celina mostraba una tristeza compasiva. Sabía lo fácil que era conmover hasta las lágrimas a su hermana. «¡Oh, Teresa!», dijo ella. «¡Espera un poco, no bajes ahora a mirar tus zapatos, sufrirías demasiado!»[80].

Pero de repente, la hipersensibilidad de Teresa desapareció. Se obligó a no llorar y bajó corriendo por las escaleras con el corazón palpitante. Como si no hubiera oído nada, cogió sus zapatos y gritó alegremente con cada una de las cosas con las que su padre los había llenado. Ella se rio sinceramente. Pronto Luis también se reía, mientras Celina miraba con la boca abierta. ¿Era la misma Teresa?

La santa más tarde diría que este fue un cambio milagroso. Así como la Virgen le había curado instantáneamente de su enfermedad cuando tenía diez años, Dios la había transformado en un instante de una niña sensible en una joven madura. Sanó las profundas heridas

---

[78] OC, HA, p. 126.
[79] Ibíd., p. 127.
[80] Ibíd.

de la pérdida de su madre, y su fragilidad emocional con ellas. Nunca más sus sentimientos le abrumarían. Nunca más su familia tendría que tener cuidado con lo que decían en su presencia.

Sin embargo, había una diferencia significativa entre los dos eventos. Esta vez, Teresa no experimentó ningún signo externo de la intervención de Dios. De acuerdo con su manera ordinaria de santidad, Dios cambió su corazón en silencio. La prueba vino con su capacidad para superarse a sí misma.

Teresa no se había quedado parada esperando a que Dios actuara. Había luchado valientemente contra sus inclinaciones. Pero en esta área de sus emociones no hizo ningún progreso hasta que Dios intervino. Ella escribe: «La obra que yo no había conseguido realizar en diez años, Jesús la consumó en un instante, contentándose con mi *buena voluntad*»[81]. El trabajo duro no la había cambiado, sino tan solo la gracia de Dios. Sin embargo, su trabajo no había terminado. Todavía luchaba contra sus sentimientos, pero ahora triunfaba sobre ellos. Dios le dio la gracia para superar la tentación, pero seguía siendo libre de elegir si cooperaba con ella. Una y otra vez lo hizo, refrenando la ira, la tristeza y los enfados por amor a Cristo.

Ahora que Teresita finalmente había pasado este hito, podría haber pensado que su camino sería suave y fácil por un tiempo. Pero un nuevo desafío para su confianza la esperaba en la siguiente curva.

---

[81] Ibíd., énfasis en el original.

Cuestiones para la reflexión

1. ¿Cómo me ha bendecido Dios a través de los años? ¿Estoy agradecido?

2. ¿Pongo demasiada confianza en mis habilidades? ¿He buscado seguridad en los dones de Dios más que en Dios mismo?

3. ¿En qué se diferencian los planes de Dios para mi vida de los míos en este momento? ¿Puedo decir sinceramente: «Hágase tu voluntad»?

4. ¿He puesto más cargas sobre mí de las que Dios quiere debido a mis expectativas poco realistas para la vida? ¿Cómo puedo aceptar en cambio el yugo de Dios?

Sugerencias prácticas

* Lee la tercera parte del Catecismo sobre la vida en Cristo. Comprométete a leer parte de ella a diario en el Adviento, la Cuaresma o el tiempo ordinario. Aprende lo que la Iglesia considera esencial para la vida espiritual.

* Examina las devociones y prácticas que en tan gran estima tienes. ¿Hay alguna que te distraiga de Dios o que te impida hacerte humilde? Considera en la oración si debes renunciar a alguna de ellas para crecer en la confianza, o si puedes cambiar tu actitud manteniéndolas. Esto requiere discernimiento. Muchas devociones que no son esenciales para todos son, sin embargo, útiles para algunos. No seas escrupuloso en este asunto. Si eliges mantenerlas, vuelve a esta reflexión con frecuencia, para asegurarte de que no te has rendido al orgullo.

Esperar y trabajar

Descansa en el Señor y espera en él.

Sal 37, 7

Poco después de enterarse de que Paulina iba a entrar en el convento carmelita, Teresa se convenció de que ella también estaba llamada a ser monja carmelita. No estaba, como podríamos sospechar, tan solo intentando reunirse con su querida hermana. Ella insiste en que desde el principio anhelaba estar más cerca de Jesús[82].

La «conversión de Navidad» de Teresa intensificó la vocación. En los siguientes meses sintió crecer el deseo de entrar en la orden en Nochebuena. ¡Qué forma de señalar el aniversario de su conversión!

Pero había un gran problema: su edad. En 1887 solo tenía catorce años, mucho más joven que cualquier otra que hubiera entrado antes en el Carmelo de Lisieux. Al principio, Teresa no pareció reconocer este obstáculo.

Estaba más preocupada de la reacción de su padre. María y Paulina estaban ya viviendo tras la reja del claustro. Leonia había vuelto a casa tras un intento fallido de unirse a las Clarisas. Más tarde pidió el permiso de Luis para unirse a las hermanas de la Visitación. Luis

---

[82] AETL, p. 48.

aceptó, aunque Leonia siguió viviendo en casa por el momento. Solo Celina y Teresa se quedaron con su padre cuando Leonia se fue.

Entonces, el uno de mayo Luis sufrió una apoplejía. Su lado izquierdo se quedó temporalmente paralizado. Gracias a la rapidez del tío Isidoro, Luis recuperó el uso de sus extremidades. Pero aun así seguía siendo más frágil que antes. ¿Podría soportar el trauma de perder a su reinecita?

Teresa sabía que tenía que decírselo. Ya lo había retrasado suficiente. Ella siempre vio las fechas como algo importante en su vida espiritual. Decidió que Pentecostés era el momento perfecto para hablar con él.

Todo el día estuvo ansiosa mientras buscaba una oportunidad para verlo a solas. ¿Y si perdía el valor? «Santos apóstoles», rezaba, «al entrar en el Carmelo, deseo ser un apóstol para los apóstoles de la tierra hoy. Busco orar y sacrificarme por los santos sacerdotes de Dios. Sé que no os negaréis a escuchar mis plegarias. Por favor, pedidle a nuestro divino Salvador que me dé fuerzas. Enseñadme qué decirle a papá».

Su oportunidad finalmente llegó después de que la familia rezara las Vísperas. Luis salió al jardín solo. Teresita lo encontró con las manos cruzadas sobre su regazo, sentado junto al pozo y escuchando a los pajarillos que «cantaban alegremente su oración de la tarde»[83]. Parecía como si estuviera alabando silenciosamente al Dios de la creación.

---

[83] OC, HA, p. 137.

Teresa no podía detener sus lágrimas mientras se sentaba junto a él. Él acercó con ternura la cabeza de Teresa a su corazón. «¿Qué te pasa, reinecita mía?», preguntó[84].

Mientras Teresa trataba de reunir valor, Luis se levantó despacio, manteniendo la cabeza de ella sobre su pecho. Teresa había crecido tanto física como espiritualmente. Alta y majestuosa, encajaba a la perfección bajo su brazo.

Teresa respiró profundamente. «Papá, quiero entrar en el Carmelo lo antes posible», dijo. «Dios me está llamando, y no quiero desairarlo». Ella sintió una lágrima caer de su ojo y mezclarse con las que ya estaban corriendo por sus mejillas.

—¿Estás segura, Teresa? —preguntó sin mirarla—. Eres muy joven. ¿No podría el buen Dios esperarte un poco? Tal vez cambies de opinión con el tiempo.

—Oh, no, papá. Nunca cambiaré de opinión. Anhelo darle todo a Dios y rezar por sus sacerdotes. ¿En qué otro lugar podría hacer esto tan bien como en el Carmelo?

Luis escuchaba en silencio mientras ella le contaba cómo el deseo de entrar en el Carmelo había crecido en ella, y cómo desde Navidad se había sentido cada vez más llamada a salvar almas.

Después la llevó a la pared del jardín, donde algunas plantas colgantes de saxífraga estaban floreciendo. Sus brotes rojizos se abrían aquí y allá para convertirse en frágiles flores blancas. Cogiendo una, reflexionó: «¿Ves esta florecita? Dios mismo la creó, la cuidó y la hizo crecer. Pero ahora la está arrancando de su tierra natal para plantarla en otra tierra». Le entregó la flor a Teresita, con raíces y todo.

---

[84] Ibíd.

Ella le sonrió. ¡Papá la entendía! Su rostro, ya sin preocupación, estaba inundado de alegría.

Teresa puso la flor en su copia de *La imitación de Cristo*, su guía favorita para la vida espiritual. La tendría allí años como un recuerdo del sacrificio amoroso de su padre y de la providencia de Dios en su vida.

Ahora tenía que dirigirse al tío Isidoro. Teresa también necesitaba su permiso antes de poder elegir su vocación en la vida. El tío Isidoro nunca había entendido el carácter de Teresa. Fue amable con ella, pero rechazó su petición. Le prohibió que volviera a hablar del tema hasta que cumpliera diecisiete años por lo menos. Quizá esperaba que para entonces ella se lo habría pensado mejor. «La Orden Carmelita no es para niños, Teresa», dijo. «Es para cristianos maduros en camino a la santidad. Respeto a la orden demasiado como para presionar para que una niña entre. Y ¿qué dirían nuestros vecinos y nuestros amigos? Pensarían que hemos perdido el sentido común. No, haría falta un milagro para que lo reconsiderara. Debes esperar».

¿Esperar? Teresa volvió triste a casa. Once días después, la oscuridad la envolvió. Jesús, tan cercana como había estado a él, se escondió de su vista. Durante tres días, sufrió la desolación de ser abandonada. Por fin, incapaz de soportarlo, dio el paso audaz de acercarse de nuevo a su tío al cuarto día. Cuando le pidió hablar con él, él la invitó a su estudio.

—He rezado acerca de nuestra conversación —comenzó antes de que ella pudiera dirigirse a él—. No le he pedido a Dios que haga un milagro. En su lugar, le he pedido un simple cambio de mi corazón, si era realmente su voluntad que entraras en el Carmelo tan joven. Él ha respondido a mis plegarias. Eres una pequeña flor que Dios desea recoger para él. No me opondré a tu entrada.

De inmediato, la luz llenó el alma de Teresa. Ella creía que Dios *había* hecho un milagro. ¿Quién sino Dios podía haber hecho que el tío Isidoro cambiara de opinión en tan poco tiempo? Su uso de la metáfora de las flores confirmó aún más que había sido cosa de Dios.

Pero la espera de Teresa estaba lejos de haber terminado. Al día siguiente, con alegría, fue a decirle a la Hna. Inés (Paulina) que era libre de entrar en el Carmelo. Otro golpe la esperaba. El P. Delatroette, superior del Carmelo de Lisieux, ya había hablado con las monjas sobre el asunto. Dijo que no podía dejar entrar a Teresa antes de que tuviera veintiún años.

¿Esperar más de seis años? ¡Imposible!

Teresa y Luis fueron a ver al P. Delatroette. Se negó a ceder, aunque dijo que si el obispo de Bayeux, cuyo delegado era él, accedía a dejar entrar a Teresa, entonces él también lo haría.

Teresa volvió a casa llorando, prometiendo que si el obispo rechazaba su consentimiento, ¡llevaría su súplica al Papa! Y eso es lo que ocurrió. Mons. Hugonin no tomaría una decisión sin reunirse con el P. Delatroette. Teresa ya había decidido unirse a una peregrinación local a Roma, acompañada por su padre y Celina. Esa peregrinación comenzaría en solo tres días. El obispo prometió enviar una carta a los Martin en Italia con el resultado de su reunión.

Esperando con esperanza

¿Qué ocurre cuando conocemos la voluntad de Dios para nuestra vida, pero no vemos que se cumpla? Este capítulo explora la tensión entre la esperanza y el deseo insatisfecho. Consideraremos cómo actuó Abrahán, cuando la promesa de Dios de tener un hijo no se cumplió. Veremos qué dice el Catecismo sobre los dos tipos de presunción. Compartiré cómo Dios me hizo esperar para encontrar marido. Discutiremos los peligros de las supersticiones. Finalmente, veremos lo que hizo que el P. Delatroette cambiara de opinión respecto a Teresa.

La Biblia dice: «Esperanza diferida enferma el corazón, deseo satisfecho es árbol de vida» (Prov 13, 12). Teresa experimentó esta enfermedad del corazón con la oposición inicial de su tío a su entrada al Carmelo. Después de que él cambiara de opinión, no volvió a caer en una oscuridad tan grande cuando otros se le opusieron. Sin embargo, aún así le afligía. «Mi alma estaba hundida en la amargura; pero también en la paz, pues no buscaba más que la voluntad de Dios», escribió[85].

A menudo luchamos para discernir la voluntad de Dios para nuestras vidas. ¿Qué oferta de trabajo debemos aceptar? ¿En qué escuela debemos estudiar? ¿Cómo debemos tratar de reparar una relación rota? Dios espera que usemos nuestra razón para encontrar el camino.

Pero otras veces, sobre todo cuando está en juego la vocación de nuestra vida, Dios nos aclara su voluntad en nuestros corazones. Él puede sembrar una atracción hacia el matrimonio, el sacerdocio o la vida religiosa tan firmemente en nuestras almas que reconozcamos su llamada. Eso no significa que vayamos a alcanzar nuestra meta fácil o rápidamente.

Teresa no se quedó sentada a esperar a que Dios hiciera todo el trabajo para abrirle las puertas del Carmelo. Hizo todo lo que pudo

---

[85] OC, HA, p. 150.

para que se cumpliera su deseo. Comenzando con su segundo acercamiento a su tío, su resolución venció a su timidez.

Al final (casi un mes después de la visita al obispo) llegó el día de la audiencia de los peregrinos con el papa León XIII. No había llegado ninguna carta del obispo Hugonin. Teresa tendría que pedir permiso al Santo Padre.

El P. Reverony, vicario general de Bayeux, dirigió la peregrinación. Sabía del deseo de Teresa de entrar en el Carmelo antes de tiempo. Había recibido a Luis y a Teresita cuando visitaron al obispo Hugonin para pedirle permiso. El P. Reverony prohibió a los peregrinos hablar cuando se presentaron ante el Papa uno por uno. ¡No deben prolongar su audiencia! Pero la audaz Celina vino en ayuda de Teresita. «¡Habla!», susurró al oído de su hermana cuando le llegó el turno a Teresita de acercarse al trono papal.

El papa León se sentó ante ellos, la autoridad de su ministerio bien visible. Teresa se arrodilló y besó su sandalia. Él alargó la mano para que ella besara su anillo. En vez de eso, ella juntó sus propias manos con fuerza y suplicó con lágrimas: «¡Santísimo Padre, tengo que pediros una gracia muy grande! [...] En honor de vuestro jubileo, permíteme entrar en el Carmelo a los quince años»[86].

El Papa no sabía lo que pasaba. Se volvió hacia el P. Reverony, que estaba de pie cerca. El P. Reverony rápidamente se lo explicó, enfatizando que Teresa era ¡solo una niña!

El papa León se volvió hacia Teresita. «¡Entraréis, si Dios lo quiere!», dijo[87]. Y entonces la audiencia se acabó. Teresa abrió la boca para dirigirse a él de nuevo. Dos guardias suizos se acercaron y le

---

[86] Ibíd., p. 168.
[87] Ibíd., p. 169.

tocaron los brazos, indicando que tenía que seguir adelante. Cuando no lo hizo, la levantaron por los codos y, con la ayuda del P. Reverony, la llevaron a la puerta.

Los esfuerzos de Teresita para responder a la llamada de Dios se habían terminado. Todo lo que quedaba era oración y confianza. Profundamente triste, se sintió segura al mismo tiempo de que de alguna manera Dios encontraría la forma de cumplir su voluntad.

La promesa de Dios a Abrahán

El Antiguo Testamento ofrece otra historia de confianza en el plan de Dios frente a los obstáculos.

Dios le habló a Abrahán, ordenándole que abandonara la tierra de Ur donde vivía su familia y que viajara a una tierra desconocida que Dios le daría a él y a sus descendientes. Abrahán obedeció. Reunió a todo el mundo y se puso en camino, llegando finalmente a Canaán. Pasaron los años. Estaba envejeciendo, y seguía siendo solo un extranjero. Dios habló con él otra vez y le prometió un hijo. A través de ese hijo, sus descendientes heredarían la tierra (Gn 15).

Abrahán creyó que Dios cumpliría su promesa. Sin embargo, su esposa Sara no concibió. Cuando tenía noventa y nueve años, ya no sabía lo que Dios esperaba de él. ¿Cómo podría Dios mantener su palabra?

Finalmente, Sara le ofreció a Abrahán a su esclava Agar como concubina. Si Agar tenía un hijo, todos lo considerarían el hijo de Sara, el heredero de Abrahán. Abrahán aceptó la oferta (Gn 16).

Algunos comentaristas bíblicos, principalmente no católicos, dicen que Abrahán cometió un grave pecado al tomar a Agar como su concubina. Ciertamente el cristianismo enseña la monogamia. Pero si miramos a Abrahán en el contexto de su tiempo, encontramos circunstancias atenuantes. Primero, el arreglo propuesto por Sara era común en el antiguo Oriente Próximo. El Código de Hammurabi incluye reglas que gobiernan tales arreglos[88]. En segundo lugar, Dios no le había comunicado nada a Abrahán acerca de costumbres sexuales. A diferencia de Adán y Eva, Abrahán y Sara no desobedecieron ningún mandato que Dios les hubiera dado.

Abrahán, como Teresa, intentó hacer lo que pudo para que se cumpliera la voluntad de Dios en su vida. Al principio había esperado a que Sara tuviera un hijo de forma natural, pero no lo había conseguido. Así que estaba dispuesto a intentarlo de otra manera. Tomó la decisión equivocada. Al tomar a Agar como su concubina, pensó que estaba llevando adelante el plan de Dios. Sus acciones en realidad lo obstaculizaron. Agar y su hijo Ismael causaron conflictos dentro de la familia.

Más tarde, Dios se le apareció a Abrahán y le prometió que *Sara* tendría un hijo (Gn 17). Dios dejó claro que el hijo de Sara era el hijo que le había prometido a Abrahán. Abrahán se rio. Sin embargo, creyó en Dios, aunque la forma en que Dios cumpliría la promesa parecía imposible.

En ese momento, Abrahán no podía hacer nada más para llevar a cabo el plan de Dios, aparte de tener relaciones normales con su esposa. Tuvo que dejarse llevar y simplemente confiar.

---

[88] A *New Catholic Commentary on Sacred Scripture* [*Un nuevo comentario católico de la Sagrada Escritura*], Orchard, et. al. Nueva York: Nelson, 1953, p. 193.

Trabajando con Dios

Dos extremos nos llevan fuera del camino de la confianza. Uno dice que si Dios nos ha prometido algo, podemos sentarnos y no hacer nada. Él lo hará por su cuenta. Esto parece piadoso y confiado, pero puede ocultar pereza. También puede indicar desconfianza. Tal vez pensamos que si Dios no cumple su promesa, al menos no hemos perdido nada. Después de todo, no nos hemos tenido que esforzar. Y si guardamos silencio sobre las promesas de Dios, nadie puede ridiculizarnos cuando no pasa nada.

La inacción también puede delatar presunción. Por ejemplo, algunos cristianos creen que Dios promete a sus verdaderos seguidores una eternidad en el cielo sin importar lo que hagan. Así que en vez de tratar de obedecer los mandamientos de Dios, esperan que Dios pase por alto incluso los pecados de los que no se hayan arrepentido. ¡Qué manera tan peligrosa de vivir! ¡Qué falsa confianza!

> Hay dos clases de *presunción*. O bien el hombre presume de sus capacidades (esperando poder salvarse sin la ayuda de lo alto), o bien presume de la omnipotencia o de la misericordia divinas, (esperando obtener su perdón sin conversión y la gloria sin mérito)[89].

En el otro extremo, entonces, recae otro tipo de presunción. No podemos esperar cumplir todos los planes de Dios mediante nuestras obras. Tenemos que saber cuándo dejarnos llevar. Teresa hizo todo lo razonable y moral para cumplir la voluntad de Dios. Cuando se le acabaron las opciones sufrió, pero no se desesperó. Dios le estaba enseñando a confiar en su poder, en lugar de en el de ella.

---

[89] CIC 2092.

De la misma manera, no podemos ganarnos la salvación mediante nuestros esfuerzos. San Pablo logra el equilibrio entre los dos tipos de presunción cuando enseña:

> Por lo tanto, queridos hermanos, ya que siempre habéis obedecido, no solo cuando yo estaba presente, sino mucho más ahora en mi ausencia, trabajad por vuestra salvación con temor y temblor, porque es Dios quien activa en vosotros el querer y el obrar para realizar su designio de amor (Flp 2, 12-13).

Dios y el hombre deben trabajar juntos. Nuestros esfuerzos no son suficientes, pero Dios nos ha hecho su compañero, su esposa. Dios nos da el gran don de la verdadera participación en la realización de su plan. Dignifica nuestra humanidad.

Piensa en un niño pequeño que quiere ayudar a su madre con las tareas domésticas. Ella sabe que es demasiado pequeño para hacer gran cosa. Será lento y torpe. Tendrá que guiarlo a través de cada paso. A esa edad, obstaculiza más de lo que la ayuda. Pero ve su deseo de ser como ella. Le deja ayudar por el bien de él, más que por el de ella. ¡Qué bien se siente cuando ha terminado el trabajo y ella lo elogia!

Somos como ese niño en nuestra relación con Dios. Dios nos permite trabajar junto a él y así llegar a ser más como él. Lo hace por nuestro bien.

Nunca podemos, por supuesto, hacer el mal por el buen fin de ver la voluntad de Dios cumplida. Si Dios previamente le hubiera prohibido a Abrahán tomar una concubina y lo hubiera hecho de todos modos, Dios podría haber escogido a otro con quien establecer su pacto. O bien habría requerido que Abrahán se arrepintiera. Ese arrepentimiento seguramente habría sido registrado en la Biblia como una lección para el resto de nosotros. Hacer el mal para obtener un resultado bueno es contrario al Evangelio[90].

A veces el cumplimiento de la voluntad de Dios requerirá un milagro. Entonces, como Abrahán, debemos aprender a esperar con paciencia.

Esperando a Míster... em...

¿Recuerdas el dicho «esperando a Míster Perfecto»? Aunque mi apellido de soltera era Wright, mis años de soltera parecían ser más de espera que de trabajo[91].

Me quedé al margen durante secundaria y la universidad, mientras mis compañeros salían y se comprometían. Volviendo la vista atrás, veo que algunos de los jóvenes de los que estaba enamorada no eran del todo adecuados. Mi timidez probablemente me salvó de cometer errores terribles. Pero fue doloroso en ese momento.

Después de graduarme en la universidad, pasé dos años como misionera laica en las afueras de Tokio, en Japón. Enseñé Conversación en Inglés, apoyando los esfuerzos de evangelización del padre James Hyatt, un sacerdote americano.

Un día, cuando una amiga japonesa y yo estábamos haciendo turismo juntos, me dio un *omamori*, un amuleto japonés de buena suerte. Una pequeña pieza de seda bordada comprada en un santuario sintoísta, que incluía un trozo de papel con una petición. Esta era para traer un matrimonio feliz. Pensando que podría usar toda la

---

90 Cf. Romanos 3, 8.
91 Juego de palabras. En inglés, «wright» designa el sufijo «ero», que indica trabajo (como en bombero, fontanero o tendero). (N. del T.)

ayuda que pudiera conseguir, la metí en mi bolso. Llevé el *omamori* conmigo durante unas semanas, al principio sin pensar en ello, y luego sintiéndome más y más culpable por ello. Al final, admití que un amuleto de buena suerte no tenía cabida en la vida de un misionero católico. Lo tiré sin decírselo a mi amiga y confesé mi pecado.

Desde entonces he aprendido que los *omamori* son peticiones a las deidades consagradas en el lugar de su compra. Así que, sin saberlo, estaba rezando a dioses falsos para que me ayudaran a encontrar un marido.

Otra tradición japonesa, más inofensiva, se centra en el Día de las Niñas. El tres de marzo, las niñas japonesas exhiben sus muñecas *hina*, representaciones del emperador y la emperatriz, y a veces de toda la corte. La tradición dice que exhibir tus muñecas *hina* te asegurará que te cases, mientras que mostrarlas demasiado tiempo después de que termine el festival significará un matrimonio tardío.

Las estudiantes me dieron minúsculas muñecas *hina* que aún conservo. Todavía las saco cuando me acuerdo de hacerlo. Me encanta la cultura y el arte asiático. Nunca consideré a las muñecas *hina* como amuletos de la buena suerte. Para mí eran simplemente una forma de celebrar la feminidad y la cultura japonesa. Pero incluso las tradiciones aparentemente inofensivas pueden afectar sutilmente nuestro pensamiento.

Unos años después de regresar a los Estados Unidos, estaba hablando con una amiga mía que se había comprometido recientemente. Como es natural, surgió el tema del matrimonio. «Siempre me he sentido llamada al matrimonio», dije. «Pero últimamente tengo la sensación de que me voy a quedar soltera».

—¿En serio? —Mi amiga no se lo podía creer—. ¿Por qué?

No pude decírselo en ese momento, pero más tarde me di cuenta de que era ¡porque había olvidado sacar mis muñecas *hina* ese año! Me reí de mí misma.

Durante más de cuatro años desde mis veinte tardíos, compartí un apartamento con una amiga que había crecido en la misma comunidad carismática que yo. Sarah se comprometió a ser miembro también como adulta. A mí me atraía otra dirección. Durante esos años me uní a las carmelitas. Sin embargo, ambas trabajamos por un tiempo con la Fraternidad del Espíritu Santo, un compromiso para introducir a la gente a los dones carismáticos y a una relación más profunda con Cristo.

Durante el tiempo en el que fuimos compañeras de cuarto, Sarah salió con un hombre durante varios meses. Después de que rompieran, otro hombre en el que había estado interesada años atrás regresó a su vida. Finalmente se casaron.

La boda y la recepción me resultaron inesperadamente difíciles. De hecho, lloré en público durante el baile, algo casi inaudito para mí. Afortunadamente, la tenue luz en la sala de la recepción ocultó mis lágrimas. No creo que nadie se diera cuenta. A los treinta y un años no tenía ninguna perspectiva de matrimonio en absoluto. No conocía a un solo hombre con el que me habría interesado salir, ni aunque me hubiera invitado.

Volví sola al apartamento. Durante las siguientes semanas, embalé mis pertenencias y limpié el apartamento (Sarah regresó para ayudarme con esta última tarea). Luego me mudé a uno de un solo dormitorio.

Amigos, conocidos y compañeros de trabajo empezaron a sentir lástima por mí. Algunos me consiguieron citas con sus amigos y familiares solteros. A estas alturas, estaba tratando de estar abierta a opciones. Me di cuenta de que probablemente tendría que renunciar a algunas de las cosas que deseaba en un marido. Así que tuve una cita a ciegas con un luterano, con un hombre que acababa de empezar a tomar en serio su fe católica y con un par más cuyos intereses y pasatiempos diferían mucho de los míos. No funcionó con ninguno de ellos.

Un día de primavera estaba leyendo *The National Catholic Register* y vi una entrevista en primera plana con Barbara Nicolosi. Había creado una escuela para formar a católicos como guionistas. Act One estaba planeando un programa intensivo especial de un mes para agosto. Decidí considerarlo más a fondo. Tal vez mi vida necesitaba una nueva dirección. Podría subarrendar mi apartamento por un mes y ver si podía empezar una nueva carrera.

Nunca di el paso. El siguiente número del *Register* contenía una entrevista con Anthony Buono. Anthony dirigía un sitio web llamado Single Catholics Online (SCOL). La suscripción anual era de sesenta dólares. Los servicios de citas en línea estaban en sus inicios. Nunca había oído hablar de uno católico hasta entonces.

Durante los siguientes días pensé en unirme. Sabía que si me inscribía, tendría que mantenerlo en secreto para mi familia, al menos al principio. No quería ni bromas ni un entusiasmo exagerado. Solo quería buscar tranquilamente a un posible esposo. Revisé el sitio web y me gustó lo que vi. Cada miembro creaba un perfil respondiendo a preguntas específicas como: ¿Cuál es tu devoción favorita? ¿Prefieres la misa en latín o en inglés? ¿Cuál es tu himno favorito? ¿Con qué palabra describirías tu personalidad?

Me sentía avergonzada, pero me apunté.

Pasé una tarde entera escribiendo y reescribiendo las respuestas de las preguntas del perfil. Devoción favorita: la coronilla de la Divina Misericordia. Lenguaje para la liturgia: inglés. Himno favorito: *Let All Mortal Flesh Keep Silence*. Personalidad: leal.

Entonces mi perfil pasó a estar disponible.

Decidí no hacer nada más durante dos semanas. Si ningún hombre católico contactaba conmigo a través de mi bandeja de entrada de SCOL, me pondría en contacto con algunos de ellos. Mientras esperaba, ojeé los perfiles de los hombres de mi rango de edad. Revisé doscientos, tomando notas de los que me parecían más interesantes.

Como temía, al final de esas dos semanas nadie había contactado conmigo. Así que elegí a los dos hombres cuyos perfiles más me habían intrigado y les envié a ambos un mensaje. Uno era un actor a tiempo parcial en Nueva York. El otro era un estudiante de filosofía en Washington, D. C. llamado Dan.

Más tarde Dan me dijo que acababa de releer mi perfil de SCOL la noche antes de que me pusiera en contacto con él. Le gustó mucho lo que leyó. Pero dudó en ponerse en contacto conmigo porque yo decía que era tímida. Él había tenido una experiencia negativa en el pasado con una cita tímida.

Dan y yo rara vez teníamos problemas para mantener una conversación. Nuestra primera cita, dos meses después de conocernos por Internet, duró siete horas. Once meses después nos casamos.

Desde que cumplí dieciocho años, había orado regularmente para que Dios desarrollara en mi futuro esposo las cualidades que yo necesitaba y deseaba, y desarrollara en mí las cualidades que él necesitaba y deseaba en una esposa. Después de pensar que tendría que transigir en algo para no permanecer soltera toda mi vida, me alegré al ver que mis oraciones habían sido respondidas. Descubrí que Eagan, Minnesota, era el lugar natal de Dan. Sus padres vivían —y siguen haciéndolo hoy— solo a diez minutos de los míos. Dios no me permitió ser pasiva en mi búsqueda de un marido. Me exigió que hiciera más que aquello que me resultaba cómodo. Tuve que dar el primer paso y contactar con Dan. Dios me utilizó para responder a mis oraciones.

Eligiendo la oración, no la superstición

Los amuletos de la buena suerte buscan manipular a Dios, a los espíritus, a la naturaleza o a otras personas. Una «camisa de la suerte» usada en un partido de fútbol puede parecer inofensiva. Los horóscopos y las cartas del tarot no lo son.

> Sin embargo, la actitud cristiana justa consiste en entregarse con confianza en las manos de la providencia en lo que se refiere al futuro y en abandonar toda curiosidad malsana al respecto.

> Todas las formas de *adivinación* deben rechazarse [...]. La consulta de horóscopos, la astrología, la quiromancia, la interpretación de presagios y de suertes, los fenómenos de visión, el recurso a «mediums» encierran una voluntad de poder sobre el tiempo, la historia y, finalmente, los hombres, a la vez que un deseo de granjearse la protección de poderes ocultos. Están en contradicción con el honor y el respeto, mezclados de temor amoroso, que debemos solamente a Dios.

> Todas las prácticas de *magia* o de *hechicería* [...] son grave-
> mente contrarias a la virtud de la religión. [...] Llevar amu-
> letos es también reprensible[92].

A veces podemos incluso hacer mal uso de la oración y de otras prácticas espirituales, convirtiéndolas en una forma de magia. La oración no es una manera de obligar a Dios a hacer lo que queremos. Ni siquiera se trata principalmente de pedir. El Catecismo enumera cuatro tipos de oración además de la petición: bendición y adoración, intercesión, acción de gracias y alabanza. La bendición y la adoración están en primer lugar. Reconocen que Dios es nuestro Creador omnipotente y amoroso. La oración desarrolla una relación profunda con Dios[93].

En el capítulo anterior, hablábamos de cómo las devociones buenas pueden llegar a ser dañinas si nos enorgullecemos de ellas o juzgamos a los demás según si las practican o no. Una tercera forma de uso incorrecto de las devociones es tratarlas como si fueran mágicas.

En este sentido, algunas personas hacen un mal uso del escapulario marrón. Hace siglos la Virgen María prometió la salvación a los carmelitas que llevaran el escapulario marrón que era parte de su hábito. Se entendía que ellos debían ser fieles a la Regla de Vida carmelita. La devoción finalmente se extendió a los católicos externos a la Orden Carmelita. El pequeño escapulario marrón era un signo de su compromiso con la espiritualidad carmelita, y especialmente con la devoción carmelita a María.

Desafortunadamente, algunas personas lo han usado incorrectamente como un seguro contra el infierno. Un antiguo compañero de

---

92 CIC 2115-17.
93 Cf. CIC 2623-42.

trabajo mío vivía una vida de comportamiento altamente inmoral. No sé si alguna vez fue a la iglesia. Pero llevaba con orgullo el escapulario marrón bajo la camisa.

No puedo juzgar lo que pasaba en su alma. Tal vez la devoción a María vivía en su corazón desde su infancia. Tal vez usaba el escapulario como una súplica de ayuda: «No te olvides de mí, aunque sea indigno». Pero *parecía* llevarlo como un amuleto de buena suerte, una esperanza de salvación sin ningún intento o deseo de arrepentimiento.

Ningún objeto, ni siquiera el Cuerpo ni la Sangre de Cristo en la eucaristía, pueden hacernos ganar la salvación sin nuestra cooperación. Una vez más, Dios ha elegido hacernos una parte real de su plan para la creación. Debemos participar, abriendo nuestros corazones a él.

Jesús dijo que debemos apartarnos de todo lo que sea causa de pecado, incluso —de forma metafórica— de nuestras manos y nuestros ojos[94]. Si he confiado en devociones, los sacramentos, o cualquier otra práctica religiosa como si fueran mágicas, necesito arrepentirme y cambiar de actitud.

Nuestra confianza debe estar solo en Dios.

El P. Delatroette cambia de opinión

Aunque el viaje de Teresa a Roma no terminó como ella esperaba, Dios estaba llevando a cabo su plan. Los Martin regresaron a su casa en Lisieux, sin saber nada de Mons. Hugonin sobre su encuentro con el P. Delatroette.

---

[94] Cf. Mt 5, 29-30.

La hermana Inés aconsejó a Teresa que escribiera al obispo para recordarle su promesa, en caso de que la hubiera olvidado. Teresa envió la carta justo antes de Navidad. En la misa del gallo experimentó una gran desilusión. Había planeado celebrar la Navidad en el Carmelo.

El día de Año Nuevo, la madre María de Gonzaga informó a Teresa de que había recibido una carta del obispo el 28 de diciembre, en la que daba permiso a Teresa para entrar en el Carmelo antes de tiempo. Pero esta vez fue la priora misma quien decidió retrasarlo. Abriría la puerta del claustro a Teresita solo después de la Cuaresma.

Para Teresa, los tres meses adicionales de espera le parecieron los peores de todos. Pero al menos sabía que al final de ellos alcanzaría su deseo.

No sabemos qué es lo que hizo que el P. Delatroette cambiara de opinión. Presumiblemente, el obispo le convenció. Para que no pensemos que fue demasiado duro al resistirse a la petición de Teresita, Gorres conjetura que todo el pueblo habría sabido del intento fallido de Leonia de hacerse religiosa. Ella volvió a casa por segunda vez cuando Teresa estaba esperando para entrar en el Carmelo, dejando el convento de la Visitación ese enero, después de solo siete meses. ¿Debería la superiora del Carmelo dar a su hermana, la reputada niña mimada de la familia, un permiso especial para entrar a las carmelitas antes de tiempo?[95]

Incluso después de dejar entrar a Teresita, el P. Delatroette seguía sin estar convencido de que ella debiera estar allí. La enfermedad de Luis retrasó su toma de hábito. Después, el P. Delatroette pospuso su profesión ocho meses. Pero, finalmente, vio que valía la pena. Teresa

---

95 HF, p. 146.

mostró una fuerza física impresionante y buen juicio en el cuidado de las otras hermanas cuando una devastadora epidemia de gripe golpeó el convento. «Es una gran esperanza para esta comunidad», dijo[96]. Esto fue en 1891. Teresa ya llevaba siendo carmelita más de cuatro años. Trabajó fielmente para probar su vocación, y por fin Dios coronó sus esfuerzos.

---

96 AETL, p. 142.

Cuestiones para la reflexión

1. ¿Espero que Dios haga todo el trabajo en mi vida espiritual? ¿Intento hacer todo el trabajo yo solo? ¿O veo la vida espiritual como una colaboración entre Dios y yo?

2. ¿He usado magia, amuletos para la buena suerte, o sacramentales y devociones como medios para manipular a Dios, a otros, o a la creación?

Sugerencias prácticas

* Si estás esperando que se cumpla la voluntad de Dios, haz una lista de los pasos que has dado para ayudar a hacerla realidad. Ahora haz una tormenta de ideas sobre qué más puedes hacer. Pon al menos una de estas ideas en tu calendario o lista de cosas por hacer.

* Examina los motivos por los que Dios puede estar haciéndote esperar. ¿Está enseñándote humildad y confianza? ¿Estás preparado física, psicológica, espiritualmente, y de cualquier otra manera para que se cumplan tus deseos? Reza sobre las formas en las que puedes madurar mientras esperas.

Ira, enfado y otras emociones negativas

Que toda persona sea pronta para escuchar, lenta para hablar y lenta a la ira, pues la ira del hombre no produce la justicia que Dios quiere.

St 1, 19-20

Teresa no se engañaba acerca de la severidad de la vida carmelita cuando entró en el Carmelo de Lisieux el nueve de abril de 1888. Sin embargo, puede que no estuviera preparada para las pruebas a las que las otras monjas la sometieron. ¡Algunas hermanas estaban lejos de ser santas!

Las mujeres católicas en la Francia del siglo XIX tenían dos opciones: matrimonio o vida religiosa. Los padres prácticamente concertaban los matrimonios para sus hijas. Sin duda, algunas de las monjas no tenían verdadera vocación religiosa. Algunas la dejaban con el tiempo. Una hermana particularmente problemática terminó su vida en una institución mental.

Cuando Teresa entró en el Carmelo a los quince años, María Martin, cuyo nombre pasó a ser sor María del Sagrado Corazón, era todavía una novicia. María esperaba seguir teniendo su lugar privilegiado como mentora y guía en la vida de Teresa. Después de todo, además de ser la figura materna más reciente de Teresita, María era su madrina. Muchas de las monjas asumieron que las hermanas Martin mayores continuarían cuidando a Teresita.

Pero Teresa las sorprendió insistiendo en permanecer independiente para seguir la voluntad de Dios. María se opuso a la entrada anticipada de Teresa en el Carmelo. Sin estar en absoluto resentida por esto, Teresita vio que la voluntad de María para con ella no se correspondía necesariamente con la de Dios. Ella había madurado desde que María se fue de casa. Si era lo bastante madura como para ser carmelita, no necesitaba que la mimaran. Se mantenía en la gracia y dirección de Dios. Teresa vino al Carmelo por Jesús, no para estar con sus hermanas. El Carmelo no era Les Buissonnets.

De forma similar, durante su noviciado Teresa trabajó con sor Inés en el refectorio. Las monjas normalmente guardaban silencio fuera de los momentos de recreo y de oración comunitaria. Pero tenían permiso para hablar, utilizando el menor número de palabras posible, para cumplir con su deber. La madre María de Gonzaga fue laxa a la hora de hacer cumplir esta norma. Así que la Hna. Inés trataba de usar su tiempo con Teresita para renovar sus viejas confidencias. Teresa la rechazaba con suavidad. Esta hermana también malinterpretó el estado del alma de Teresa.

Otras monjas presentaron mayores desafíos. «Ciertamente, en el Carmelo no hay enemigos», escribió más tarde Teresa, «pero, al fin, hay simpatías. Una hermana os atrae, mientras que otra os hace dar un largo rodeo para evitar su encuentro»[97]. ¿Cómo puede una persona controlar estas inclinaciones naturales, siendo caritativa con todos? Teresa luchaba esta batalla diariamente.

---

[97] AETL, p. 108.

Como priora y más tarde maestra de novicias durante los años de Teresa en el Carmelo, la madre María de Gonzaga fue un caso especial. Conocía a Teresa desde la entrada de Paulina. Desde el principio animó a Teresa en su vocación y la llamó «Teresita», en honor a la joven sobrina de santa Teresa de Jesús. Trabajó para la entrada temprana de Teresa en el Carmelo. Pero entonces retrasó esa entrada durante tres meses después de que el P. Delatroette la autorizara, quizá de mutuo acuerdo con él. El mejor adjetivo que podemos usar para ella puede ser *cambiante*. Gorres la define como una «personalidad alternativamente radiante y oscura»[98].

Poco después de la entrada de Teresa, la madre María de Gonzaga escribió una carta a la tía de Teresa, Celina Guerin. Elogió a Teresita como «perfecta»[99]. Por su parte, a Teresa le gustaba tanto la priora que a veces, al pasar por su habitación, tenía que sujetarse a la barandilla para no llamar a su puerta.

Esta relación amenazaba con impedir el camino hacia la confianza. Teresa necesitaba depender solo de Dios para alcanzar su alegría. La Regla del Carmelo prohibía a las monjas tener «amistades particulares», afecto por otras monjas que pudiera causar favoritismo y división. También en este campo la priora relajó la Regla. Muchas de las monjas tenían un cariño por la madre María de Gonzaga que iba más allá del respeto debido a una superiora. Detrás de las paredes del convento existía una facción de la madre María. Teresa se negó a aferrarse demasiado a cualquier ser humano.

Más tarde, se desarrolló una rivalidad entre la madre María de Gonzaga y la Hna. Inés, después de que esta última fuera elegida priora. Teresa las consideraba a ambas como sus madres de

---

[98] HF, p. 202.
[99] AETL, p. 106.

diferentes maneras. Se alegró de que nunca se hubiera puesto de parte de nadie.

Providencialmente para Teresa, la vida bajo la autoridad de la madre María de Gonzaga no siempre fue agradable. La priora puso a prueba su vocación. La maestra de novicias asignó a Teresita escardar el jardín a diario. La madre María, ignorante de la tarea, criticó a Teresita por dar siempre un paseo por la tarde. Teresa no corrigió el malentendido. Ni tampoco albergaba resentimientos. La priora también ordenó a Teresita que besara el suelo como signo de humildad casi cada vez que se reunían.

La madre María era solo una de las muchas hermanas difíciles del convento. Una hermana laica anciana, sor San Vicente de Paúl, llamaba a Teresa «la gran dama». Tal vez la altura de Teresita y su caminar majestuoso le ganaron ese título, pues ella ciertamente no era ni rica, ni orgullosa, ni apta para gobernar sobre los demás. San Vicente ridiculizaba también la habilidad de Teresita con el bordado y el trabajo manual (algo que probablemente era justo, pero que aún así era difícil de escuchar con humildad). Teresa respondía sonriéndole. Y cuando la hermana comentaba que Teresa nunca haría nada útil para el convento, Teresa mostraba su acuerdo silenciosa y pacíficamente[100].

Incapaz de hacer bien las tareas domésticas, e inadecuada para grandes obras espirituales, Teresita buscó oportunidades para realizar pequeños actos de caridad. Todas las noches una monja tenía que ayudar a la anciana y débil sor San Pedro a caminar desde la capilla hasta el refectorio para la cena. Teresa se ofreció como voluntaria para la tarea, aunque sabía que esta hermana era difícil de soportar.

---

[100] Ibíd., p. 109.

Diez minutos antes de que las monjas terminaran de hacer oración mental, San Pedro agitaba su reloj de arena con impaciencia. Era hora de irse. Teresa, que se sentaba justo detrás de ella, se levantaba de inmediato. Si hubiera seguido sus sentimientos, no se habría movido en absoluto. Sabía que le esperaban quejas y críticas. Pero se obligaba a actuar como si la monja fuera el mismo Jesús. Retiraba el banco de la hermana, sintiendo que sus ojos desaprobaban sus torpes movimientos.

Entonces San Pedro comenzaba a caminar, con Teresita agarrada a la cuerda que rodeaba la cintura de la otra monja. San Pedro tropezaba ligeramente. «¡Vais demasiado aprisa!», estallaba ella. «¡Me voy a estrellar!». Teresa, obediente, iba más despacio. «No siento vuestra mano», era la siguiente queja. «Me habéis soltado, me voy a caer. ¡Ah, ya decía yo que erais demasiado joven para conducirme!»[101]. De alguna manera llegaban al refectorio con las extremidades, si no los nervios, intactas.

Teresa colocaba a San Pedro en una silla. Con cuidado le daba la vuelta a las mangas de la monja de la forma que siempre exigía.

Después era libre de irse. En su interior, deseaba retirarse lo antes posible. Dudando un momento, sin embargo, vio como las nudosas y doloridas manos de la vieja monja intentaban cortar su pan y cómo se le caía el cuchillo. Teresa recogió en silencio el utensilio y cortó el pan para ella. San Pedro levantó la vista con sorpresa. Teresa le sonreía.

Realizó este servicio durante siete años.[102]

En otro momento de su vida en el Carmelo, Teresita experimentó una prueba diferente durante la oración mental. Todos los días,

---

[101] OC, HA, p. 286.
[102] HF, p. 243.

mientras se arrodillaba para meditar sobre la vida de Cristo, la hermana que estaba detrás de ella hacía un ruido constante y bajo, posiblemente con las cuentas de su rosario. Distraía por completo a Teresa, que tenía oídos sensibles. Una y otra vez luchaba para llevar su mente de vuelta a Jesús. Cuanto más intentaba ignorar el ruido, más fuerte parecía sonar. Saturaba su mente. Teresa frunció el ceño y miró de lado a lado. Las otras hermanas estaban con los ojos cerrados en oración o con libros de meditación en las manos. El ruido solo le molestaba a ella.

Teresa quería darse la vuelta y mirar fijamente a la monja que le molestaba. Entonces al menos se daría cuenta del problema. Pero Teresa se contuvo. No quería pecar contra la caridad. ¿Qué podía hacer ella? Esta preciosa hora de hablar con su Señor se deslizaba en medio de la frustración. El sudor perlaba su frente y corría por su espalda.

Entonces, tuvo una idea. Como no podía ignorar el sonido, lo convertiría en su oración. Lo ofrecería al Señor. «Niño Jesús», oró en su interior, «yo sé que a los niños les gusta la música. Aquí tienes una pequeña sinfonía para ti, una sinfonía de una esposa de Cristo en oración. Escuchémosla juntos». Este truco transformó el ruido en una obra de arte.

Sor María de san José era otra monja que fue un desafío para Teresa. Sufría de ira y depresión. Todas la evitaban tanto como podían. En la lavandería salpicaba repetidamente a Teresita con agua sucia mientras lavaban su ropa a la antigua usanza. Teresa se obligó a no retroceder ni mirarla molesta. Decidió ver el agua como una bendición, como el agua bendita que el sacerdote rociaba sobre la gente durante el tiempo de Pascua. Las salpicaduras se convirtieron en tesoros que ella podía ofrecer a Dios.

Teresa no fue la única que recibió los bautismos de María de San José. Pidió a sus compañeras monjas que se apiadaran de esta hermana, que sufría tantas pruebas y no podía evitar su temperamento[103]. Teresa se ofreció como voluntaria para ayudarla a remendar la ropa. Trabajaron hombro a hombro durante catorce meses, hasta que la salud de Teresa le obligó a dejarlo. Pocas semanas después escribía en su autobiografía: «Este año Dios me dio la gracia de entender lo que es el amor»[104]. Muchos entendidos creen que estaba hablando de María de San José. Esta pobre monja tuvo que dejar el convento para siempre en 1909 cuando su depresión fue a peor.

Tal vez la relación más asombrosa en la vida de Teresita fue con la hermana Teresa de San Agustín. Todas las monjas consideraban que era desagradable y difícil de soportar. Criticaba abiertamente a las demás. Gorres la llama «aguda, estúpida y engreída»[105]. Teresa la buscaba en la recreación y le ofrecía sus más bellas sonrisas. Todas, incluida la propia Teresa de San Agustín, pensaban que eran las mejores amigas. María del Sagrado Corazón estaba celosa. ¿Cómo podía Teresa amar a otra monja más que a las hermanas que la habían criado?

Sin que nadie lo supiera, Teresa de San Agustín probó la paciencia de Teresita tanto como lo hacía con la de las demás. Teresita rezaba por su compañera cada vez que se encontraban, y vencía su aversión y molestia recordándole a Dios todas las virtudes de la monja. Sin embargo, a veces se marchaba cuando la tentación de responder indebidamente era demasiado fuerte.

---

[103] Ibíd., p. 241.
[104] TL, p. 281.
[105] HF, p. 243.

Sus hermanas se sorprendieron al leer en *Historia de un alma* cuánto esfuerzo le costó esta relación. Teresa no reveló el nombre de la monja que le causó tantas dificultades, pero todas entendieron quién era, excepto la misma Teresa de San Agustín. Ella testificó en la investigación de la vida de la santa que ella y Teresita del Niño Jesús eran particularmente cercanas. Años después de que *Historia de un alma* se publicara, todavía pensaba que el texto hablaba de otra persona. Seguía convencida de que Teresa se sentía especialmente atraída por ella.

¡Imagínate ver las molestias de cada día no como afrentas personales, sino como regalos que podemos dar a Jesús con amor! ¡O viéndolas como dones de él, dados con cuidado en el lugar y momento justo para aumentar nuestra confianza en su providencia! Imagínate derramar un afecto especial sobre aquellos a los que más nos cuesta soportar. ¿Es esto posible?

Teresa nos dejó dos ayudas que ella no tuvo: su ejemplo para animarnos y sus oraciones desde el cielo para ayudarnos. Podemos triunfar como ella lo hizo si pedimos su intercesión. Pero esto no puede suceder a menos que estemos dispuestos. ¿Estamos preparados para conquistarnos a cada paso, evitando la pereza y las excusas?

La confianza y las emociones negativas

¿Qué tiene que ver todo esto con la confianza en Dios? A lo largo de sus años como monja, Teresa fue refinando su espiritualidad en lo que ahora conocemos como el caminito. Seis semanas antes de su muerte, lo resumió de esta manera:

> Es reconocer uno su propia nada, esperarlo todo de Dios, como un niñito lo espera todo de su padre; es no preocuparse de nada, no ganar dinero. [...]Por último, es no

desanimarse por las propias faltas, porque los niños caen a menudo, pero son demasiado pequeños para hacerse mucho daño[106].

Ya hemos hablado de reconocer que nuestras virtudes vienen de Dios. Nuestro siguiente capítulo habla de no desanimarse por nuestras faltas. En este capítulo consideraremos otro aspecto del caminito: «no estar preocupados por nada». Examinaremos la relación de la ira con la confianza y el papel que ha jugado en mi vida. Veremos cómo el caminito proporciona un atajo en el camino al cielo.

Miriam-Webster.com lista lo siguiente entre sus sinónimos de preocupar: agitar, alarmar, molestar, afectar, estropear, incomodar, consternar, angustiar, fatigar, quejarse, perturbar, inquietar, amargar e intranquilizar. ¿Con qué frecuencia nuestras circunstancias nos afectan de estas maneras? Estar preocupado demuestra una falta de confianza.

Teresita se hace eco de la enseñanza de su santa patrona, Teresa de Jesús, que escribió en un marcapáginas que guardaba en su breviario: «*Nada* te turbe...» (énfasis mío).

Para hacer más concreta esta enseñanza, podríamos decir: si los proabortistas y los opositores al verdadero matrimonio se apoderan de todos los ayuntamientos del país, no nos preocuparemos. Si perdemos nuestros trabajos, no nos enfadaremos. Si se nos diagnostica cáncer, eso no nos inquietará. Si nuestro ordenador se bloquea a mitad de una entrada importante del blog, eso no nos hará perder los nervios. Si una tormenta violenta se acerca a nuestra ciudad, no nos alarmaremos. Si pasamos todo el día castigando a niños desobedientes, no estaremos agitados. Si un autor que escribe sobre la confianza

---

[106] OC, UC, CA 6.8.8, p. 936.

deja de lado nuestras preocupaciones legítimas como si no fueran nada, ¡no nos frustraremos!

No estoy hablando de los primeros movimientos de la emoción. Ni Teresita ni Teresa lo hacían. Dios construyó las emociones humanas en nuestras mentes y cuerpos. Nos mueven para protegernos a nosotros mismos y a nuestros seres queridos, o para ayudar a aquellos que están sufriendo. Jesús mismo se enfureció y sabemos que nunca pecó. Entonces, ¿qué es lo que realmente significa no estar preocupado?

Aquí está la enseñanza de la Iglesia acerca de las pasiones:

> Ejemplos eminentes de pasiones son el amor y el odio, el deseo y el temor, la alegría, la tristeza y la ira. En las pasiones, en cuanto impulsos de la sensibilidad, no hay ni bien ni mal moral. Pero según dependan o no de la razón y de la voluntad, hay en ellas bien o mal moral[107].

Examinemos eso más de cerca. De las pasiones de las que habla, el odio, el miedo, la tristeza y la ira pueden inquietarnos especialmente. Si queremos seguir el caminito de la confianza en Dios, tendremos que ser particularmente cuidadosos en estas áreas. Las pasiones o emociones pueden ser usadas para el bien o para el mal. Debemos elegir cómo responder a ellas.

En un capítulo posterior hablaremos con más detalle del miedo y de la tristeza. Aquí nos centraremos en cómo la ira puede apartarnos de la confianza en Dios.

Con frecuencia nos sentimos impacientes cuando las cosas no van como queremos. Casi de inmediato debemos decidir qué hacer con ese sentimiento. ¿Hay un buen acto que debemos ejecutar? ¿Un mal acto que debemos evitar?

---

[107] CIC 1772-73.

Por ejemplo, si entro en la sala de estar y veo que uno de los niños ha dejado un juguete en el suelo saltándose nuestras normas familiares, podría reaccionar de diferentes maneras. Inicialmente, mi razón podría reaccionar de forma negativa a que la habitación esté desordenada. Mi voluntad podría disgustarse por ello. Este es el primer movimiento de la ira. Podría elegir ignorar el sentimiento, decidiendo que mi hijo pequeño fue probablemente el culpable y que es una infracción lo bastante pequeña como para dejarla pasar. En ese caso, permitiría que mi ira se fuera sin más.

O podría averiguar que uno de mis hijos mayores tuvo la culpa y dejar que mi enfado me llevara a castigarlo. Podría hacer que limpiara toda la habitación como castigo. En este caso, uso mi ira para modificar su comportamiento. Es mi responsabilidad como su madre hacerlo. Mi enfado entonces me ayuda a lograr algo bueno.

En ese momento, debo reconocer que mi enfado ha servido a su propósito y dejarlo ir. Si sigo pensando en el incidente, me arriesgo a alimentar la ira. Aferrarse intencionadamente a ella sería un error. ¿Cuál sería el propósito?

También podría elegir en un primer momento gritarle a mi hijo. Si bien gritar puede no ser pecaminoso en sí mismo, se acerca terriblemente. Puede alimentar el fuego de mis emociones, de modo que me encuentro criticando el carácter de mi hijo, o lamentando el hecho de que él «nunca» me obedezca. Paso de tratar objetivamente un problema a sentirme personalmente ofendido u ofendiéndole a él. Mi ira se está empezando a descontrolar. De nuevo, por mi culpa.

Las otras pasiones funcionan de una manera similar.

San Pablo escribe: «Si os indignáis, no lleguéis a pecar; que el sol no se ponga sobre vuestra ira» (Ef 4, 26). Él reconoce que la ira no es siempre pecaminosa. Pero es difícil para nosotros, seres humanos caídos, controlar nuestras pasiones.

El pecado original nos afecta, incluso después de nuestro bautismo. Nuestras pasiones pueden sobrepasar nuestra razón. Los santos aconsejan evitar completamente el enfadarse, porque no podemos controlarlo con facilidad.

Jesús no tenía mancha alguna de pecado original. Cuando se enfadó con los cambistas en el Templo[108], su ira fue justa y bajo el control total de su razón. Como Dios, él era el juez legítimo de aquellos que estaban profanando la casa de Dios.

Cuando cedemos a la ira, a menudo estamos asumiendo el papel de Dios. Buscamos castigar a los que nos han hecho daño, o al menos bajarles los humos. Ahora bien, por supuesto, algunas personas merecen y requieren un castigo temporal. Los gobiernos deben castigar a los criminales para preservar nuestra seguridad. Los padres deben castigar a sus hijos para enseñarlos que las acciones tienen consecuencias. Pero ni los funcionarios del gobierno ni los padres deben actuar por ira o venganza. En la medida de lo posible, deben ser objetivos y disciplinar o castigar por el bien del delincuente y de la familia o de la sociedad. Sus emociones pueden llevarlos a castigar, pero deben ser guiadas por la razón para que el castigo sea justo. Y aquellos de nosotros que no estamos en posición de autoridad deberíamos dejar el castigo a aquellos que lo están y a Dios.

Si verdaderamente confiamos en Dios, no intentaremos ocupar su lugar. No nos ofenderemos personalmente por el mal comportamiento de los demás. San Pablo dice: «No os toméis la venganza por

---

[108] Cf. Mt 21, 12-13.

vuestra cuenta, queridos: dejad más bien lugar a la justicia, pues está escrito: *Mía es la venganza, yo daré lo merecido*» (Rom 12, 19).

Luchando contra la ira

Siempre he tenido problemas para controlar mi temperamento. Crecí pensando que la ira en sí misma —no solo algunas expresiones de ella— era pecaminosa. Este es un malentendido común de la enseñanza católica. Sabemos que la ira es uno de los siete pecados capitales, pero no siempre oímos que se trata de la ira *voluntaria*, no del primer movimiento de la pasión, la que a menudo es pecaminosa.

De niña, sufría violentos estallidos de mal genio, atacando a los hermanos más cercanos a mí en edad. Pero a medida que fui creciendo, trabajé para controlar mi ira. Había experimentado una ira agresiva e hiriente desde ambos lados, pero había visto pocos ejemplos de ira manejada apropiadamente. Así que solo vi dos alternativas. Podía estar furiosa, que era pecado. O podía rechazar la ira justamente. Pero no siempre podemos evitar sentir las pasiones. Cuando trataba de hacerlo, en realidad estaba reprimiendo mi ira.

Llegué a acostumbrarme tanto a reprimirla que ni siquiera sabía cuándo estaba furiosa. Al final de mi adolescencia, pensé que mi problema de ira había pasado. Rara vez expresaba mi ira con mis compañeros. Incluso les dije a otros que Dios me había sanado de mi ira. No podría haber estado más equivocada.

La maternidad sacó mi ira de maneras perturbadoras. Dan y yo tuvimos tres hijos en los primeros cinco años de nuestro matrimonio. Como había pasado tantos años cuidando de mis hermanos pequeños y de una hermana, pensé que entendía cómo sería ser madre. Sabía cómo cambiar pañales, preparar biberones y papillas, vestir a un bebé y acunarlo para que se durmiera. Pero cuidar a los niños está muy lejos de criarlos. Nunca había estado despierta toda la noche con un niño, nunca me había perdido una ducha por no tener tiempo para ello.

¡Tener a Dante fue un choque cultural! Dan y yo entramos en un terreno desconocido. Cada rutina diaria era diferente. En lugar de ser nosotros los que teníamos el control de nuestras vidas, nuestro bebé ocupó la silla del jefe.

Dante saludó al mundo con un grito. Entonces supe por qué lo sentí moverse en el útero tan pronto. Tenía una energía explosiva. Odiaba dormir. Desde el momento en que volvimos a casa del hospital hasta que tuvo casi dos años, sus únicas siestas fueron breves cabezadas después de comer. Si nos movíamos mientras lo sosteníamos o tratábamos de bajarlo, se despertaba instantáneamente.

Un día nos visitó una amiga de la familia cuyos hijos ya eran mayores. Hablando sobre Dante, preguntó: «¿No lo amas más de lo que nunca creíste posible?».

«Eh... sí», contesté avergonzada. Por supuesto le amaba, porque el amor es una cuestión de voluntad, no solo de sentimientos. Siempre le daré gracias a Dios por esa distinción. Estaba demasiado aturdida y privada de sueño en ese momento para sentir algo.

Dos hijos más tarde, apreciaba mucho más los primeros días de la vida de mis hijos. Ya no era una madre novata. Pero tampoco era una madre perfecta. Seguía esperando que la vida fuera más fácil, más tiempo para mí, más tranquilidad, más control de mis días, ¡o al menos dormir más!

El P. Groeschel dice que cuando una crisis nos golpea, la gente suele volver a sus hábitos de la infancia para reaccionar ante ella, sobre todo si tiene problemas sin resolver, como yo con la confianza[109]. Mientras me esforzaba por criar a mis hijos, me sorprendió y abatió ver que los malos hábitos de mi infancia volvían a aparecer. Por causas ajenas a su voluntad, mis hijos sacaron lo peor de mí. A menudo les gritaba o les impartía otro tipo de disciplina que no era en el amor. La paz abandonó nuestro hogar y mi corazón.

Mi falta de autocontrol me preocupaba. ¿Dónde estaba la santidad por la que estaba luchando?

Como soy una ávida lectora, compré algunos libros sobre el manejo de la ira. Mi lectura me enseñó que la frustración, la impaciencia, la irritabilidad y sentirse inútil eran manifestaciones de la ira. Me di cuenta de que estaba furiosa con otros adultos con frecuencia, pero que nunca había reconocido esa ira. Y vi que, como madre, ¡estaba enfadada casi todo el tiempo! Saber eso me desanimó.

Cómo se relacionan la desconfianza y la ira

Al igual que la desconfianza, la ira crónica con frecuencia tiene sus raíces en la infancia. No todas las causas de la ira se relacionan con la confianza, pero algunas definitivamente lo hacen. De acuerdo con el autor superventas Dr. Les Carter, la ira es casi siempre una respuesta a sentirse controlado. Las personas que abusan de su ira buscan recuperar el control de una situación difícil[110].

Algunas personas, incluyéndome a mí, ocultan su ira como una forma de recuperar el control. Pensamos que los demás no pueden tener poder sobre nosotros si desconocen nuestros sentimientos[111].

---

[109] SP, p. 41.
[110] *The Anger Trap* [*La trampa de la ira*], San Francisco: Jossey-Bass, 2003, 59.
[111] Ibíd., pp. 59-60.

Yo también oculto mi ira porque creo que los demás me condenarán si la expreso. Entonces, siento que los demás controlan cuándo y cómo puedo expresar mis emociones. Eso a su vez me lleva a una ira mayor. También me causa otros problemas. Aunque el punto principal de mi represión de cómo me siento es ocultar mi verdadero yo, a menudo me he quejado de que todo el mundo malinterpreta mi carácter. La gente no puede conocerme si me niego a permitírselo.

Si confiara en que los demás me aceptarían tal como soy, podría expresar mis emociones libremente. Si yo viera todo en mi vida como bajo el cuidado providencial de Dios, podría aprender a aceptar mis circunstancias. En cambio, vivo como si fuera una marioneta animada por otras personas y condiciones fuera de mí. Me siento impotente para controlar mi ira porque no puedo controlar los detalles de mi vida.

¡Pero nunca se esperó eso de mí!

No somos los dioses de nuestras vidas. Nunca controlaremos cada detalle. Las circunstancias fuera de nuestro control nos recuerdan que solo Dios mantiene nuestras vidas en sus manos. Estas circunstancias nos piden que nos rindamos a él.

Otras personas enfadadas se hacen con el control de diferentes maneras. Algunos muestran agresividad, forzando a sus oponentes a escucharlos. Otros se retiran o utilizan la manipulación.

Las personas crónicamente enojadas a menudo dependen de otros para fortalecer su autoestima. Esperan que otros los apoyen, animen y estén de acuerdo con ellos. Buscan seguridad en las criaturas más que en su Creador. Cuando los otros no están de acuerdo con ellos, se sienten amenazados. Ven el desacuerdo como una desaprobación, y se toman esa desaprobación muy en serio.

Nuestra autoestima viene solo de Dios. Él nos creó a su imagen y semejanza. Nos hizo para compartir su vida y su amor con nosotros. Jesús sufrió y murió para hacer esto posible. Necesitamos aceptar nuestro valor esencial que viene de Dios y dejar de preocuparnos por lo que los demás piensan de nosotros. Su juicio no puede afectar nuestro destino eterno.

Otro grupo de personas tiene una ira que proviene del orgullo. Poniendo su confianza en ellos mismos, menosprecian y se oponen a los demás en todo momento. No pueden soportar que se les contradiga, porque siempre tienen razón en todo. Necesitan aprender humildad. Necesitan reconocer que no hablan por Dios. Sin duda, yo también tengo algo de este tipo de ira.

Confiar en la bondad de Dios no es solo para las tragedias de la vida. Dios también nos llama a confiar en él en nuestras vocaciones y en las pequeñas frustraciones de cada día. También manifiesta ahí su providencia. «Dios está en los detalles», desde ser salpicada con agua sucia a cambiar pañales sucios. Desde la monja que perturba nuestra oración mental al compañero de trabajo que nos interrumpe mientras programamos.

Teresita buscaba lo bueno en la Hna. Teresa de San Agustín. ¿Podemos buscar lo bueno también en situaciones desagradables? ¿Podemos perseverar cuando el bien se enmascara? Como escribió san Juan de la Cruz, cuyas obras santa Teresa leyó devotamente: «Donde no hay amor, pon amor y sacarás amor»[112]. Si no podemos encontrar nada bueno en nuestra situación, *seamos* lo bueno en ella. Hacer pucheros o enfurecerse no servirá de nada.

---

[112] Carta a la M. María de la Encarnación, en *Vida*, BAC, Madrid 1950, p. 1322.

No podemos controlar cada faceta de nuestras vidas, pero podemos tomar posesión de ellas. Podemos aceptar nuestros enfados por amor a Dios, transformándolos en una escalera hacia el cielo.

Pero, ¿quién necesita una escalera cuando Teresita nos ofrece un ascensor?

Un ascensor hacia la santidad

Teresa le explicó su descubrimiento del caminito de la infancia espiritual a la madre Inés de esta manera:

> Pues bien, yo quisiera encontrar también un ascensor para elevarme hasta Jesús, ya que soy demasiado pequeña para subir la ruda escalera de la perfección.
>
> Entonces, busqué en los Libros Sagrados la indicación del ascensor, objeto de mi deseo, y hallé estar palabras salidas de la boca de la Sabiduría eterna: *Si alguno es PEQUEÑITO, que venga a mí.* [Prov 9,4].
>
> Me acerqué, por lo tanto, adivinando que había encontrado lo que buscaba. Y deseando saber lo que haríais, ¡oh, Dios mío!, con el *pequeñito* que respondiese a vuestra llamada, continué mis pesquisas, y he aquí lo que hallé: *¡Como una madre acaricia a su hijo, así os consolaré yo, os llevaré en mi regazo y os meceré sobre mis rodillas!* [Is 66, 12-13].
>
> [...] ¡El ascensor que ha de elevarme al cielo son vuestros brazos, oh, Jesús![113]

---

[113] OC, HA, p. 242, énfasis en el original.

Jesús es la escala o escalera hacia el cielo[114]. Es nuestro camino a la salvación. Como Dios y como hombre, él es el medio para la unión del hombre con Dios. Él es el medio y también es el fin.

Podemos pensar en la escalera hacia el cielo de dos maneras. Simboliza no solo nuestra salvación, la capacidad de entrar en el cielo, sino también nuestra justificación, el proceso de ser santificados. Una escalera desde los comienzos de la vida espiritual hasta la santidad podría llevar eones subirla. Sin una ayuda extraordinaria, pocas personas llegarían a la cima.

¿Qué hay de la gente común y corriente? ¿Cómo podríamos cumplir con nuestro destino, porque Dios nos hizo a todos santos?

Teresa escribió: «¡Oh, Jesús, cómo se alegra tu *pajarillo* de ser *débil y pequeño!* ¿Qué sería de él, si fuera grande?»[115]. La debilidad no la disuadió, la hizo más confiada. Dijo que «Dios no podría inspirar deseos irrealizables»[116]. Así que si Dios la inspiraba para llegar a convertirse en santa, él construiría el camino. Si ella no tuviera méritos que la ayudasen a subir a las alturas de la santidad, Dios haría todo el trabajo. Él sería su ascensor. Todo lo que tenía que hacer era confiarse totalmente a él.

«Siento que si, por un imposible, encontrases a un alma más débil, más pequeña que la mía, te complacerías en colmarla de favores mayores todavía, con tal que ella se abandonara con entera confianza a tu misericordia infinita»[117].

¿Somos más débiles que Teresa por naturaleza? Solo Dios puede responder a esa pregunta. En las fases tempranas del seguimiento de

---

[114] Cf. Gn 28 y Jn 1, 50-51.
[115] OC, HA, p. 235, énfasis en el original.
[116] Ibíd., p. 242.
[117] Ibíd., p. 236.

Dios, es difícil para nosotros entender lo débiles que somos. Pensamos que podemos hacer cualquier cosa, ahora que hemos decidido seguirle. No entendemos por qué la gente que nos rodea sigue luchando con el pecado. Nos impacientamos con ellos. Los juzgamos por sus personalidades ásperas o sus hábitos molestos. ¡Nos imaginamos que somos tan fuertes!

Pero no nos haremos santos así. Necesitamos reconocer nuestra debilidad y pequeñez y verlas como ventajas, no como inconvenientes, para la santidad. Cuanto más pequeños somos, más fácil es que Jesús nos levante y nos lleve.

Ya sea que luchemos con la ira, el miedo, la tristeza o la preocupación, cada una nos da la oportunidad de ser dueños de nuestra necesidad de Dios. Cada vez que somos tentados por pensamientos poco caritativos sobre alguien, o deseamos poder evitarlos por completo, tenemos la oportunidad de crecer en humildad y confianza.

Aceptemos las pruebas de nuestra vida diaria, pero no para ganar méritos para el cielo, o con la mirada puesta en la grandeza. Aceptémoslas porque son parte del plan providencial de Dios para nosotros. Podemos abandonarnos a ese plan. Podemos confiar en que, como Jesús prometió, nada puede hacernos daño, siempre y cuando nos pongamos en sus brazos[118].

---

[118] Cf. Lc 10, 19.

Cuestiones para la reflexión

1. ¿Qué hábitos pecaminosos en mi vida muestran una falta de confianza? ¿Estoy ansioso, enojado, deprimido o angustiado? ¿Estoy demasiado preocupado por mis debilidades?

2. ¿Qué acontecimientos normales tienden a destruir mi paz mental? ¿Estoy dispuesto a aceptarlos si Dios permite que sucedan? ¿Puedo al menos intentar verlos como regalos?

3. ¿Quedo atrapado en un ciclo de fracaso, culpa y desesperación?

Sugerencias prácticas

* Si tu cónyuge, tus padres, tu jefe u otras personas en tu vida te están cargando con expectativas poco realistas, encuentra una manera de hablar con ellos sobre eso. Ora primero pidiendo paz y sabiduría. Habla con ellos cuando ninguno de los dos estéis sensibles. Estate preparado con sugerencias para metas más realistas. Habla honestamente, pero con respeto, y escucha atentamente su respuesta.

* Pide la gracia de estar abierto a la voluntad de Dios en todo momento.

* Al final de cada día, da gracias a Dios por las muchas bendiciones que te ha enviado, incluso si fue un día de lucha. Agradécele en especial los momentos en los que has superado la tentación y las veces en las que has confiado en él en lugar de en ti mismo.

Un camino para el débil
y el pecador

Os digo que así también habrá más alegría en el cielo por un solo pecador que se convierta que por noventa y nueve justos que no necesitan convertirse.

Lc 15, 7

Teresa nunca tuvo un director espiritual fijo. Al principio anhelaba uno. Cuando sufrió de escrúpulos en su adolescencia, un director podría haberle tranquilizado sobre su estado espiritual. El plan de Dios para ella excluía ese consuelo.

María y Celina se habían sometido durante mucho tiempo a la dirección del P. Pichon, un jesuita amigo de la familia. Poco después de que Teresa entrara en el Carmelo, el P. Pichon vino a presenciar la profesión de votos de María. La noche anterior a la ceremonia se unió a las monjas para la oración mental. Se dio cuenta de la manera pacífica en que Teresa hacía su oración. Sonrió para sí mismo. *Una chica joven e idealista,* pensó. *¡Qué hermosa es la vida espiritual de los jóvenes, antes de que el alma tenga problemas reales!*

Teresa trabajó duro para mantener la paz en su expresión en la oración. Estaba luchando contra otro arranque de escrúpulos. Sus primeros tres meses en el Carmelo habían sido de los más felices de su vida. Pero ahora empezaba a cuestionarse a sí misma. Hizo una confesión general, hablando al P. Pichon sobre su temprana vocación, sus escrúpulos, su conversión en Navidad y su actitud desde que entró en el convento.

Su profundidad y sus luchas sorprendieron al P. Pichon. Él también había superado los escrúpulos. Rechazando el jansenismo de muchos de sus compañeros sacerdotes, trajo consuelo y aliento a los pecadores a través de su predicación y dirección.

Mientras Teresita ponía su vida y espiritualidad ante el sacerdote, Dios le concedió un regalo que nunca olvidaría. El P. Pichon juró solemnemente que ella nunca había cometido un pecado mortal. También le recordó que la gracia de Dios la había protegido. «Agradeced a Dios lo que hace por vos», dijo, «pues si os abandonase, en lugar de ser un pequeño ángel, llegaríais a ser un pequeño demonio»[119]. El espíritu de Teresita se elevó. Él estaba confirmando todo lo que ella creía.

El P. Pichon dirigió a Teresa por poco tiempo. Embarcó para ir a Canadá de misión pocos meses después de su confesión general. Intercambió algunas cartas con ella a lo largo de los años, pero en su mayor parte su dirección había terminado. Sin embargo, la influencia en su espiritualidad perduró.

Teresa aprendió en sus años de continuos escrúpulos a no centrarse en sus méritos. Cuando el P. Pichon confirmó que ella nunca había pecado de gravedad, podría haber caído en el error opuesto y peor del orgullo. Podía haber tenido una tendencia natural hacia el tipo de orgullo que espera demasiado de sí mismo[120]. Pero ya sabía que debía confiar en la gracia de Dios para todo.

---

[119] OC, HA, p. 184.
[120] Cf. HF, p. 57.

El caminito es conveniente para los pecadores

A la gente le encanta decir lo normal que era Teresita. Ella no experimentó muchos fenómenos sobrenaturales. Nos muestra que no son necesarios para la santidad. Nos da la esperanza de que cualquiera puede ser santo.

Pero de una manera significativa, Teresa definitivamente no era «normal». Pocos de nosotros podemos decir sinceramente que nunca hemos cometido un pecado mortal. Leyendo sobre la inocencia de Teresa, nos enfrentamos a una nueva tentación. Miramos todos nuestros pecados y nos preguntamos: *¿cómo puedo identificarme con una santa como esta?*

En este capítulo descubriremos cómo los pecadores pueden confiar plenamente en Dios, siguiendo el ejemplo de la mujer penitente de los Evangelios. Conoceremos el amor especial de Teresita por los penitentes. Compartiré cómo fracasé repetidamente en mi vida espiritual y cómo estos fracasos fueron en realidad una bendición.

Nos equivocamos si pensamos que Teresa nunca luchó contra el pecado. Debió de haberse mordido la lengua mil veces en su relación con las otras monjas. Ella sabía lo que significaba la autoconquista. Más tarde soportaría unas dudas y una oscuridad que apenas podemos imaginar. Podemos aplicarle este pasaje bíblico sobre Jesús a ella también: «Pues, por el hecho de haber padecido sufriendo la tentación, puede auxiliar a los que son tentados» (Heb 2, 18).

Teresa siempre amó a los pecadores. Un hogar para exprostitutas dirigido por las Hermanas de Nuestra Señora de la Misericordia en Lisieux captó su imaginación cuando era adolescente. Doscientas mujeres jóvenes llenaban sus dormitorios. Las hermanas las acogían durante todo el tiempo que quisieran quedarse, enseñándoles oficios y extendiéndoles la misericordia de Dios. Algunas discernieron su vocación y se unieron a la orden.

Luis Martin llevaba a menudo pescado al Refugio, como se le llamaba. Teresa a veces lo acompañaba. Soñaba despierta con esconderse entre las penitentes, sin que nadie supiera que no era una mujer caída y convertida. Después, reflexionó, podría unirse a la orden y atender a las otras penitentes.

Antes de abrazar la vocación del Carmelo de orar por los sacerdotes, mostró su amor por los pecadores de otra manera. Rezaba y ofrecía sacrificios por ellos.

La familia Martín enseñó a Teresita sobre la infinita misericordia de Dios no solo con palabras, sino con hechos. Cuando de niña desobedecía y era reprendida, se arrepentía de inmediato. Entonces experimentaba el perdón total. Nadie le recordaba sus faltas pasadas. Nadie se aferraba a la amargura o al resentimiento[121].

El Carmelo de Lisieux tenía una gruta en una esquina, un lugar solitario para rezar conocido como la Ermita de santa María Magdalena. Teresa habló y escribió de esta santa penitente una cantidad sorprendente de veces, dadas las diferencias en sus vidas. Su interés alcanzó el nivel de la devoción. Un año recibió una gracia especial mientras rezaba en la ermita. Se sintió cubierta durante días con el velo de la Virgen María y realizó sus tareas como si otro las estuviera realizando.

En otro momento escribió al P. Belliere, sacerdote misionero por el que rezaba y al que animaba:

> Cuando veo que [santa María] Magdalena se adelanta, en presencia de los numerosos invitados, para regar con sus

---

[121] Cf. HF, p. 52.

lágrimas los pies del Maestro adorado, a quien ella toca por primera vez, siento que *su corazón* ha comprendido los abismos de amor y de misericordia del *Corazón de Jesús*[122].

Teresita también escribió que en su vida espiritual ella corría a ponerse en el último puesto en la mesa del banquete de Jesús, imitando a María Magdalena en vez de al fariseo.

> Su asombrosa, o mejor, su amorosa audacia, que encanta al corazón de Jesús, seduce al mío. [...] Aunque tuviera sobre la conciencia todos los pecados que pueden cometerse, iría, con el corazón roto por el arrepentimiento, a arrojarme en los brazos de Jesús[123].

Y en cuanto a su inocencia, dijo que «las profundas palabras de nuestro Señor a Simón resuenan con gran dulzura en mi alma», cuando se dio cuenta de lo mucho que ella dependía de la gracia de Dios[124]. ¿Cuáles fueron estas palabras de consuelo? Esta es la historia:

> Un fariseo le rogaba que fuera a comer con él y, entrando en casa del fariseo, se recostó a la mesa. En esto, una mujer que había en la ciudad, una pecadora, al enterarse de que estaba comiendo en casa del fariseo, vino trayendo un frasco de alabastro lleno de perfume y, colocándose detrás junto a sus pies, llorando, se puso a regarle los pies con las lágrimas, se los enjugaba con los cabellos de su cabeza, los cubría de besos y se los ungía con el perfume. Al ver esto, el fariseo que lo había invitado se dijo: «Si este fuera profeta,

---

122 OC, Cartas 220, pp. 642-43, énfasis en el original.
123 OC, HA, p. 298.
124 Ibíd., p. 113.

sabría quién y qué clase de mujer es la que lo está tocando, pues es una pecadora» (Lc 7, 36-39).

A la mujer en este pasaje, aunque no se indica su nombre, tradicionalmente se la relaciona con María Magdalena y María de Betania. Yo simpatizo con la tradición y creo que la Biblia la respalda, pero muchos eruditos modernos son escépticos al respecto. Puesto que algunos discuten esta identificación, llamaré a la mujer de este pasaje la mujer penitente, mientras que Teresa la llama santa María Magdalena.

La historia continúa:

Jesús respondió y le dijo: «Simón, tengo algo que decirte». Él contestó: «Dímelo, Maestro». «Un prestamista tenía dos deudores: uno le debía quinientos denarios y el otro cincuenta. Como no tenían con qué pagar, los perdonó a los dos. ¿Cuál de ellos le mostrará más amor?». Respondió Simón y dijo: «Supongo que aquel a quien le perdonó más». Y él le dijo: «Has juzgado rectamente». Y, volviéndose a la mujer, dijo a Simón: «¿Ves a esta mujer? He entrado en tu casa y no me has dado agua para los pies; ella, en cambio, me ha regado los pies con sus lágrimas y me los ha enjugado con sus cabellos. Tú no me diste el beso de paz; ella, en cambio, desde que entré, no ha dejado de besarme los pies. Tú no me ungiste la cabeza con ungüento; ella, en cambio, me ha ungido los pies con perfume. Por eso te digo: sus muchos pecados han quedado perdonados, porque ha amado mucho, pero al que poco se le perdona, ama poco». Y a ella le dijo: «Han quedado perdonados tus pecados». Los demás convidados empezaron a decir entre ellos: «¿Quién es este, que

hasta perdona pecados?». Pero él dijo a la mujer: «Tu fe te
ha salvado, vete en paz» (Lc 7, 40-50).

¿Quién ama más a Dios?

La mujer penitente había cometido muchos pecados mortales que
eran conocidos públicamente. Dios le perdonó mucho. Teresa, por
otro lado, tenía pocos pecados para que Dios le perdonara. Podemos
asumir, después de leer esta historia, que la mujer penitente amaba
a Dios más que Teresa. Teresa no aceptaba este juicio.

Sí, Dios había perdonado mucho a la mujer penitente. Pero esa era
solo la mitad de la historia. «El quiere que yo le *ame*, porque me ha
perdonado, no mucho, sino TODO», escribió Teresa. «No ha esperado
a que le *ame mucho* como santa Magdalena, sino que ¡ha querido HA-
CERME SABER con qué amor de *inefable prevención* me ha amado él, a
fin de que yo ahora le ame con *locura*!»[125].

En 1850, el papa Pío IX definió el dogma de la Inmaculada Concepción. Teresa lo conocía bien. Dios aplicó los méritos de la muerte y
resurrección de Cristo a la Santísima Virgen María desde el momento
de su concepción para preservarla de todo pecado. De manera similar, aunque menor, Teresa creía que Dios la había protegido de caer
en pecado mortal. Dios actuó para preservar su inocencia antes de
que ella pudiera actuar para comprometerla.

Desde la infancia practicaba una estricta fidelidad a la verdad. Mirando hacia atrás, a su infancia, vio su naturaleza con la suficiente
claridad como para que, como dice Gorres, supiera que «la bondad es

---

[125] OC, HA, p. 114, énfasis en el original.

un don, es gracia, libremente conferida aparte de todo lo que lo merece, por la misericordia de Dios y por una elección insondable»[126].

Teresa tenía un maravilloso entendimiento del pasaje del Evangelio sobre la mujer penitente. La gente que siempre ha seguido a Jesús no necesariamente lo ama menos que los pecadores convertidos. ¿Dónde dejaría eso a su madre? ¿Amaba la Virgen María a Dios menos que nadie, ya que ni siquiera llevaba la mancha del pecado original? ¡Qué absurdo! Ella lo amaba más que nadie.

Entonces, ¿qué quería decir Jesús? Él estaba criticando a aquellos que confían en sí mismos para la justificación y se consideran buenos sin la gracia. Presumiblemente Simón el fariseo era ese tipo de persona. Su amor por Dios era pequeño comparado con el de aquellos que se dan cuenta de que son totalmente dependientes de la bondad de Dios. Era como el fariseo sin nombre del que hablábamos en el capítulo cinco, que se alababa a sí mismo ante Dios.

Muchos de nosotros comenzamos la vida en Cristo con una imagen inflada de nosotros mismos. Confiamos en nuestra fuerza en lugar de en la de Dios. Cuando finalmente reconocemos nuestra indignidad, somos tentados hacia la desesperación. Nuestras faltas parecen mayores que nuestras virtudes. Pero esto no tiene por qué preocuparnos.

Ni siquiera aquellos de nosotros con un pasado particularmente pecaminoso tienen razones para desesperar del amor de Dios. La mujer penitente es el modelo para los pecadores.

Como Teresa, la mujer penitente no se hacía ilusiones sobre sí misma. Nadie tuvo que decirle que había arruinado su vida. Nadie tuvo que decirle que no podría ir al cielo por sus méritos. Cuando

---

[126] HF, p. 59.

descubrió cuán amoroso, misericordioso y comprensivo era Dios, derramó no solo su perfume, sino toda su vida por Jesús. Ella abrió su corazón para recibir su amor y su perdón.

Teresa necesitaba a Dios tanto como la mujer penitente. No había hecho nada para merecer las gracias que él le había dado y ella aceptaba este hecho. ¿Qué mérito había en no caer en pecados que nunca le habían tentado? Su único mérito era estar abierta a la gracia de Dios, el mismo mérito que mostró la mujer penitente. Ambas siguieron los impulsos del Espíritu Santo en sus corazones. Ambas confiaron totalmente en Jesús.

Aquí podría plantear la misma pregunta retórica que John C. H. Wu hace en su libro, *The Science of Love: a Study in the Teachings of Therese of Lisieux* [*La ciencia del amor: un estudio de las enseñanzas de Teresa de Lisieux*]. «¿Pero por qué me he obsesionado tanto tiempo con María Magdalena?». Yo también respondería como él hizo. «Porque es el prototipo de Teresa de Lisieux. Ella conocía el arte del amor. Habiéndolo dado todo, se siente como si no hubiera dado nada»[127].

Tanto los pecadores como los que han sido santos desde la infancia deben seguir el mismo camino general hacia Dios. Todos viajamos por el mismo camino estrecho. Ni el pasado pecaminoso de la mujer penitente ni el pasado inocente de Teresita determinarían lo grande que sería cada una de las santas, sino solo su absoluta confianza en Dios. Aquí volvemos a las palabras de Teresita que citábamos al principio. «Es la confianza, y nada más que la confianza, lo que nos debe llevar al Amor».

Los pecadores no tienen nada que temer de Dios, siempre y cuando se arrepientan. Es siempre misericordioso, «lento a la ira y rico en

---

[127] http://www.ewtn.com/library/spirit/sci-love.txt.

piedad, que perdona la culpa y el delito» (Núm 14,18). El Señor no quiere castigar a los pecadores, sino redimirlos. Nuestro Salvador vino a la tierra para este propósito. Él reserva sus duras palabras para los engreídos. E incluso si hemos sido engreídos en el pasado, todavía podemos arrepentirnos y encontrar misericordia.

Podemos aprender a confiar en Dios como la mujer penitente. Podemos aprender a confiar en Dios como Teresa.

¿Cómo deberíamos reaccionar cuando pecamos?

Un pecador que se acerca a Dios arrepentido y entrega su vida a Cristo es algo hermoso. Pero ¿qué sucede después de nuestra conversión inicial? Inevitablemente caemos en el pecado. ¿Cómo debemos reaccionar como cristianos cuando pecamos? ¿No deberíamos angustiarnos por nuestras ofensas, cuando hemos fallado a un Señor tan amoroso?

¿Qué dice nuestra experta en confianza? En una carta a su hermana Celina después de que Teresa entrara en el Carmelo, escribe: «¡Oh, no, no soy siempre fiel! Pero no me desanimo nunca, me abandono en los brazos de Jesús»[128].

Al igual que la mujer penitente se arrojó a los pies de Nuestro Señor, Teresa se arrojaba a los brazos de Nuestro Señor siempre que pecaba. Su confianza no se veía afectada.

Todos los santos están de acuerdo en que cuando pecamos debemos mantener la calma. Esto va en contra de nuestra intuición. Cuando traté por primera vez de practicar el no estar ansiosa cuando pecaba, me sentí mal. Sentí como si estuviera restando importancia

---

[128] OC, Cartas 122, p. 506.

a mi pecado. Si no me enfadaba y me sentía mal conmigo misma, ¿hablaba en serio sobre seguir a Dios?

La ira contra nosotros mismos cuando pecamos revela que todavía estamos contando con nuestra propia justicia para salvarnos, en lugar de con la misericordia y la gracia de Dios. Dios quiere que nos arrepintamos pacíficamente y que continuemos con nuestras vidas.

Teresa lleva esta enseñanza común un paso más allá de lo que otros han hecho. Consideremos este pasaje de otra de sus cartas al P. Belliere:

> Quisiera haceros comprender, con una comparación muy sencilla, cómo ama Jesús a las almas, aun a las imperfectas, que confían en él.
>
> Supongamos que un padre tiene dos hijos revoltosos y desobedientes, y que al ir a castigarles, ve que uno de ellos tiembla y se aleja de él con terror, demostrando, por tanto, tener en el fondo del corazón el sentimiento de que merece ser castigado; mientras que su hermano, por el contrario, se arroja en los brazos de su padre, diciendo que lamenta haberle disgustado, que le ama, y que, para probárselo, será bueno en adelante. Si, además, este hijo pide a su padre *que le castigue* con un beso, no creo que el corazón de ese padre afortunado pueda resistir a la confianza filial de su hijo, cuya sinceridad y amor conoce. No ignora, sin embargo, que más de una vez su hijo volverá a caer en las mismas faltas, pero está dispuesto a perdonarle siempre, si siempre su hijo *le gana por el corazón*[129].

---

[129] OC, Cartas 229, pp. 652-653.

Teresa está diciendo que cuando pecamos, debemos confiar tanto en Dios que le pidamos que nos bendiga en lugar de que nos castigue.

Esta enseñanza me asombra. La naturaleza humana dice que cuando pecamos, debemos huir de Dios como hizo Adán. Esperamos que Dios nos rechace, o al menos que nos castigue severamente cuando acudimos a él arrepentidos. Aun después de haber practicado el permanecer en calma cuando pecamos, todavía pensamos que nuestros pecados nos han hecho retroceder. Los confesamos y hacemos nuestra penitencia o hacemos reparación de otra manera, pero tenemos un sentimiento persistente de que no estamos en sintonía con Dios.

Teresa era atrevida. Ella no se detuvo en aceptar su pecaminosidad como parte de la condición humana. Pedía un beso de Dios cada vez que pecaba.

Nosotros podemos hacer lo mismo.

Sí, es cierto, nuestros pecados son probablemente peores que los de ella. Igual que los de la mujer penitente. Pero si somos cristianos, nuestro Dios es exactamente el mismo que el suyo. Esta es la cuestión.

¿Esperamos ganar el cielo siendo buenos o ser recompensados con lo que no merecemos? Si nos desesperamos porque hemos pecado o pensamos que no hemos sido llamados a confiar en Dios tanto como Teresa, debemos recordar a la mujer penitente. Jesús no la rechazó. Su amor y confianza se ganaron su corazón. La defendió contra sus críticos.

A veces somos más duros con nosotros mismos de lo que Jesús lo fue con los pecadores arrepentidos. Nos decimos a nosotros mismos que, a diferencia de la mujer penitente, hace tiempo que nos llamamos cristianos. Hemos afirmado conocer a Dios, ser sus hijos. Hemos tenido a la Santísima Trinidad viviendo en nuestros corazones desde nuestro bautismo. Tenemos la gracia actual y la gracia de los sacramentos para mantenernos alejados del pecado. Así que no tenemos excusa.

No tenemos excusa para no confiar en Dios, sería la respuesta de Teresa, creo yo.

El orgullo es el pecado más antiguo. Es el peor de los pecados capitales. Como el diablo, que cometió el primer pecado de orgullo, es astuto. Se esconde bajo numerosos mantos de virtudes para hundirnos.

El orgullo es obvio cuando pensamos que nuestras virtudes nos ganan el favor de Dios. Pero también está en acción cuando tememos que los pecados por los que nos arrepentimos de verdad nos mantienen alejados de él. En ambos casos, nos centramos demasiado en nosotros mismos. Nuestro enfoque debería estar en Dios. Debemos mantener nuestros ojos en su fuerza y su bondad.

Confiamos en Dios no porque *nosotros* seamos buenos, sino porque *él* lo es. Cuanto más confiemos en él, más confiable se mostrará. Nuestros pecados no son demasiado grandes para Dios. Nuestra confianza es demasiado pequeña.

Por supuesto, no podemos ser presuntuosos, solo fingiendo que nos arrepentimos sin comprometernos a hacerlo mejor en el futuro. La presunción es un pecado. Si suponemos que Dios pasará por alto nuestros pecados mortales, o los perdonará sin la ayuda del sacramento de la reconciliación, entonces nuestra misma presunción es mortalmente pecaminosa. Nunca nos ganará un beso de Dios. Pero tampoco debemos desesperar, no importa lo que hayamos hecho, no importa cuántas veces hayamos caído. Nuestros pecados no cambian a Dios.

Dios obra por nuestro bien *en todas las cosas*, incluso en nuestros pecados. Podemos hacer esto realidad en nuestras vidas pidiendo a Dios que nos acerque a él cada vez que pecamos.

Mi fracaso persistente

Como dije al principio de este libro, hace varios años me quedé atascada en mi vida espiritual. Hubo muchas razones para ello. Una fue el orgullo. Otra, la falta de confianza.

Dios respondió a mis oraciones sobre hacerme más humilde cuando tuve hijos. El regreso de mi problema de ira —más exactamente, la revelación de que el problema nunca se había resuelto— me ayudó a verme de manera más realista.

Al despertarme una típica mañana, recé: «Dios, por favor, ayúdame a manejar hoy mi ira de una manera cristiana. Ayúdame a hacer algún progreso». Estaba decidida a contar con la gracia de Dios y a practicar las técnicas de control de la ira sobre las que había leído.

Las primeras horas del día fueron bien. *Tal vez esto se esté convirtiendo en un hábito*, pensé. *Voy a superar esto después de todo.* Uno de los chicos me respondió y sentí los primeros movimientos de la ira. *¿Por qué me enfurece esto?*, me pregunté como había aprendido. Reconocí que no me gustaba que me desafiaran porque amenazaba mi autoestima. Estaba basando mi propia imagen en el comportamiento de los que me rodeaban. Cuando mis hijos me cuestionaban, yo me cuestionaba a mí misma, no solo como madre, sino también como ser humano. *Mi autoestima viene de Dios*, repetía mentalmente. *Puedo dejar que esta ira se vaya.*

Pero a medida que pasaba el día, la razón y la resistencia disminuían. La hora de la comida fue la más difícil del día. Dan volvió a casa del trabajo para unirse a nosotros. Sentía la presión de tener que servirle de inmediato para que en media hora pudiera volver al trabajo. Al mismo tiempo, Michael, nuestro pequeño, pidió un trozo de queso, y Dante, entonces de tres años, derramó su zumo. Lo eché a perder. Les grité a ambos como si estuvieran actuando a propósito.

Al instante, la culpa y la frustración se apoderaron de mí. Había vuelto a fallar. ¿Qué clase de madre era yo? ¿Qué clase de cristiana? ¿Por qué no estaba mejorando en esto?

No podía frenar mi ira. La primera explosión me dejó retorcida por dentro, preparando el escenario para la segunda y la tercera. Los desencadenantes de la ira se sucedieron tan rápidamente que no tuve tiempo de trabajar en cada uno de ellos. Durante el resto del día, grité más a menudo de lo que hablé.

Concentrarme en superarlo requirió casi toda mi energía mental. Estaba esperando nuestro tercer hijo en ese momento, así que tenía poca energía de reserva. Me fui a la cama exhausta y deprimida.

Este patrón se repitió día tras día, mes tras mes, año tras año. Crear altos ideales. Intentar alcanzarlos. Fracasar. Parecía que no había forma de salir de este bucle.

Finalmente, pedí a mi hermano, monje carmelita, que rezara por mí. Decidí concentrarme en otros problemas, porque sencillamente no veía cómo podía ganar esta batalla.

El regalo del fracaso

Dios nos da la gracia de fracasar para enseñarnos a depender solo de él. Teresa experimentó esto con su naturaleza hipersensible. También tuvo otra experiencia de fracaso.

Cuando la Virgen de la Sonrisa la curó de su enfermedad en 1883, Teresa se decidió a mantener el milagro en secreto. Solo ella, Dios y la Santísima Virgen lo sabrían. Ella sentía que toda la alegría de la cura desaparecería con la revelación de la misma. Pero María adivinó que algo extraordinario había sucedido y Teresa se encontró a sí misma contándoselo. María, a su vez, se lo dijo a las monjas carmelitas en su siguiente visita para ver a la Hna. Inés. Las monjas preguntaron a Teresa al respecto, asumiendo que había tenido una visión como las que habían leído en las historias de los santos. Sus respuestas no se ajustaban a sus nociones preconcebidas de lo que sería una gracia de la Virgen. Su clara desilusión hizo que Teresa se preguntara si había mentido sobre el incidente. ¿Se lo acababa de inventar? ¡Ojalá hubiera permanecido en silencio!

Dios también permite que fracasemos para librarnos de nuestro orgullo. Podemos aprender a ver nuestros fracasos como una gracia, un medio de salvación.

San Pablo experimentó esto también:

> Por la grandeza de las revelaciones, y para que no me engría, se me ha dado una espina en la carne: un emisario de Satanás que me abofetea, para que no me engría. Por ello, tres veces le he pedido al Señor que lo apartase de mí y me ha respondido: «Te basta mi gracia: la fuerza se realiza en la debilidad». Así que muy a gusto me glorío de mis debilidades, para que resida en mí la fuerza de Cristo. Por eso vivo contento en medio de las debilidades, los insultos, las privaciones, las persecuciones y las dificultades sufridas por Cristo. Porque cuando soy débil, entonces soy fuerte (2 Cor 12, 7-10).

Antes de que podamos hacernos fuertes en Cristo, debemos reconocer nuestra debilidad. Dios nos permite, como cristianos, pecar, incluso pecar miserablemente a veces, para lograr un bien mayor.

Incluso el pecado de Adán ha sido llamado una «culpa feliz» (*felix culpa* en latín), porque el resultado de su pecado fue la venida de Cristo como hombre para nuestra salvación.

Esto no quiere decir que tratemos el pecado a la ligera o que dejemos de luchar contra la tentación. Al contrario, la combatimos más que nunca, pero lo hacemos pacíficamente. Y cuando fracasamos, como lo haremos en algún momento, mantenemos nuestra paz. Dios a menudo, si no siempre, nos lleva a un lugar de impotencia para que aprendamos a confiar en él en vez de en nosotros mismos. Él hizo eso por mí al permitirme establecer expectativas para mí misma que nunca podría cumplir. Tuve que fallar una y otra vez antes de que se me abrieran los ojos.

Educar a mis hijos mayores en casa mientras que el cuarto era un bebé fue especialmente difícil para mí. De nuevo mi ira salió a la luz. Fue el primer año que estuve educando en casa a tres niños a la vez. Tenía un niño de infantil, un niño de segundo grado y un niño de cuarto grado[130]. La última vez que tuve un bebé, Dante estaba en infantil y yo enseñaba alrededor de una hora al día. Eso era fácil de encajar en nuestra vida, en cortos períodos de tiempo. Ahora nuestro día escolar duraba de nueve a dos.

Los primeros meses tras el nacimiento de John Mark, fue el niño que mejor ha dormido de los que he tenido (que tampoco es decir mucho). Pero a los cuatro meses, de repente dejó de echarse la siesta, además de retroceder en sus hábitos de sueño nocturno. Interrumpía cada lección, con frecuencia varias veces. Íbamos constantemente atrasados. ¡Si alguno de mis hijos mayores me causaba problemas,

---

[130] 2° grado equivaldría actualmente a 2° EPO y 4° grado a 4° EPO. (N. del T.)

que se preparara! A veces me quedaba ronca de gritar. Después desarrollé problemas digestivos, al menos en parte debido al estrés.

Aunque estoy completamente comprometida a educar a mis hijos en el hogar hasta la graduación de la escuela secundaria si es posible, consideré llevarlos al colegio para mantener mi cordura. Finalmente, hice algunos cambios en la manera en que llevábamos adelante nuestro día escolar para que alguien siempre le diera a John Mark la atención que necesitaba. Afortunadamente, el siguiente año escolar fue más sencillo.

Pero aún así continuaba cayendo en el patrón de estrés e ira de vez en cuando. La lectura de The Way of Trust and Love [El camino de la confianza y el amor] del P. Jacques Philippe me abrió los ojos a la solución. Al encontrarme la cita de la carta de Teresa sobre pedirle un beso a Dios, me quedé estupefacta. ¡Qué diferente había sido siempre mi reacción al pecado! Decidí hacer lo que el hijo de la historia de Teresa había hecho. Empecé a pedirle a Dios un beso como castigo, un aumento en la gracia y cercanía a él cada vez que pecaba. Le pedí que me acercara aún más de lo que lo habría hecho si hubiera resistido a la tentación.

De repente, toda mi actitud hacia la vida cambió. Empecé a encontrar una paz que había estado perdida. Me sentí mucho más libre. Pedir un beso se convirtió en algo rutinario. Todavía tengo días malos de gritarle a mis hijos o de ser egoísta de otra manera, pero ya no me regaño por ello. Confío en que Dios se encargue de ello, e incluso me bendiga, no por mi pecado, sino por su bondad.

Me di cuenta de que durante años, en el confesionario había estado hablando con la boca pequeña de la misma realidad cuando decía: «Bendígame, padre, porque he pecado». No «bendígame porque mis pecados me merecen una bendición», sino «bendígame porque lo necesito, porque soy totalmente dependiente de Dios para tener fuerza».

Mi fe y mi esperanza también son más fuertes ahora. Reconocí que la angustia por la falta de progreso en mi vida espiritual me estaba llevando a dudar de la bondad de Dios. No veía que sus promesas se cumplieran en mí, así que empecé a dudar de esas promesas, en vez de confiar en él sin importar lo que las cosas pudieran parecer.

Concentrarse en la confianza no me causa los mismos problemas que me causaba concentrarme en la ira. Por un lado, estoy viendo la vida desde un ángulo positivo en lugar de negativo. Estoy tratando de aumentar mi confianza, en lugar de simplemente superar mi ira. Pero lo más importante es que he descubierto que casi todo en la vida puede ser visto desde el punto de vista de la confianza. Puedo aplicarla a cada tentación, a cada decepción, a cada miedo. No necesito analizar las causas de mi ira en cada situación. Yo solo le doy mi situación a Jesús con confianza, sin importar lo que sea. La confianza es una forma integral de avanzar en mi vida espiritual.

Cuando mi pequeño es travieso, a veces pone su cabeza rizada sobre mi hombro y dice: «Lo siento, mamá». Luego me mira con sus grandes ojos azules, añade: «Te quiero», y me besa toda la cara. ¿Cómo puedo castigarlo cuando hace eso? Me obligo a darle un tiempo muerto por su propio bien. Pero no puedo mantenerme enfadada con él o resistirme a besarlo. Tampoco puede Dios resistirse a darnos su amor y gracia cuando llegamos a él arrepentidos y llenos de confianza. Es nuestro Padre. No tiene ningún deseo de castigarnos, sino de derramar sobre nosotros regalos inmerecidos.

Pues no habéis recibido un espíritu de esclavitud, para recaer en el temor, sino que habéis recibido un Espíritu de hijos de adopción, en el que clamamos: «¡*Abba*, Padre!». Ese

mismo Espíritu da testimonio a nuestro espíritu de que somos hijos de Dios; y, si hijos, también herederos; herederos
de Dios y coherederos con Cristo; de modo que, si sufrimos
con él, seremos también glorificados con él (Rom 8, 15-17).

¿Nos atrevemos a vivir en el espíritu de la filiación? ¿Nos atrevemos a aceptar nuestra herencia como hijos de Dios?

Cuestiones para la reflexión

1. ¿Me relaciono con Dios por amor o por miedo? ¿Tengo demasiado miedo de desagradarle como para abrirme a él?

2. ¿Estoy en estado de gracia? ¿Tengo algún pecado mortal no confesado o algún pecado venial habitual que me mantenga alejado de Dios?

3. ¿Estoy atrapado en un ciclo de fracaso, culpa y desesperación?

Sugerencias prácticas

* Acude al sacramento de la reconciliación. Si ha pasado mucho tiempo desde la última vez que fuiste, acuerda una cita con tu párroco para que ninguno de los dos vaya con prisa. Además de confesar tus pecados, háblale de tu miedo y tu culpa. Hazle saber que buscas crecer en tu confianza y pídele consejo.

* Pídele a Dios un beso cada vez que vayas a él arrepentido después de pecar. Entonces confía en que te bendiga y sigue adelante. No pienses más en tu culpa, a menos que sea un pecado mortal. En ese caso, confiésalo lo antes posible (véase la sugerencia anterior).

Haciendo frente a nuestros mayores miedos

No hay temor en el amor, sino que el amor perfecto expulsa el temor.

1 Jn 4, 18

Desde la infancia, lo que más temía Teresa era perder a su padre. Él era el único adulto en su vida que había estado siempre a su lado. Era su rey, su imagen de Dios Padre. Cuando ella entró al convento, murió para el mundo. Sabía que eso significaba dejar atrás a los seres queridos. Había visitado a sus hermanas en el locutorio del convento durante años. Ahora era como una esposa que había entrado en la casa de su marido. Ya no dependía de su padre, nunca más estaría bajo su techo, nunca iría a pescar o a dar paseos por la ciudad. Sin embargo, esperaba que la visitara regularmente.

Dios planeaba un futuro diferente para la familia Martin. Menos de tres meses después de que Teresa entrara en el Carmelo, el 23 de junio de 1888, Luis Martin desapareció de su casa. La mayoría de las autoridades en la materia creen que sufría insuficiencia renal terminal, lo que puede resultar en pérdida de memoria, confusión y deterioro cognitivo. Junto a esto, probablemente sufría de un engrosamiento de las paredes de las arterias que llegaban a su cerebro, lo que explicaría su convulsión en 1887, así como su parálisis posterior[131].

Leonia todavía vivía en casa después de su segundo intento fallido de vida religiosa. Ella, Celina y una sirvienta registraron frenéticamente los terrenos de Les Buissonnets. Comprobaron si Luis había ido a la casa de los Guerin, pero Isidoro y su familia no habían visto a Luis. Al anochecer aún no se sabía nada de él.

Al día siguiente, Celina recibió una carta de Le Havre, una ciudad portuaria a más de cuarenta millas de distancia. Luis le pedía que le enviara dinero a la oficina de correos. No indicaba la dirección del remitente. Estaba actuando por el impulso de viajar a una tierra lejana donde pudiera hacerse ermitaño. En lugar de enviarle nada o responder a la carta, Celina Martin, Isidoro Guerin y el sobrino de Celina Guerin, Ernest Maudelonde, viajaron a Le Havre. Esperaron a que Luis volviera a la oficina de correos. Celina Guerin se quedó en Lisieux, pasando cartas y telegramas entre varios miembros de la familia cuando llegaban a ella. Leonia, mientras tanto, informó a las carmelitas de lo que estaba pasando.

Ese mismo día, una casa en el barrio de Les Buissonnets se quemó hasta los cimientos. El tejado de Les Buissonnets se incendió. Leonia tuvo que enfrentarse a esta situación sola. Afortunadamente, los bomberos extinguieron el fuego antes de que causara grandes daños a la casa de los Martin.

Luis finalmente regresó a la oficina de correos de Le Havre el 27 de junio. Su familia lo llevó a casa. Así comenzó la lenta degeneración que terminó con su muerte en 1894.

---

[131] TL, p. 146.

La ceremonia de toma de hábito de Teresa estaba programada para octubre. Se suponía que Luis la llevaría por el pasillo como una novia. En agosto sufrió otro ataque que hizo que la fecha fuera incierta. Finalmente, su toma de hábito fue reprogramada para el 10 de enero de 1889.

Teresa acababa de cumplir dieciséis años. Aún siendo una niña en muchos sentidos, había rezado para que nevara en su toma de hábito. El día amaneció cálido. Tratando de no ceder ante la decepción, Teresa se puso un hermoso vestido de cola de terciopelo blanco y el famoso encaje de Alençon. Su cabello dorado caía en cascada sobre sus hombros, coronado con lirios blancos, un regalo de la tía Celina. El pelo de las novicias se cortaba unos meses después de haber tomado el hábito.

Teresa salió del convento para la ceremonia, al final de la cual las monjas la volverían a recibir formalmente. Luis, padre de la novia de Cristo, se encontró con ella en la puerta. Sus ojos estaban arrasados en lágrimas. «¡Ah! ¡Aquí está mi reinecita!» exclamó[132]. La acompañó por el pasillo de la capilla. Las emociones de Teresita se amontonaban unas sobre otras. ¡Cuánto había cambiado desde su último paseo con su padre, por las calles de Lisieux! Luis se veía sereno, «guapo» y «digno»[133]. Él la guió hasta el altar, luego se unió a Celina y Leonia, que estaban sentadas en un banco con la familia Guerin. Más tarde, Teresita vio este paseo como su gloriosa entrada en Jerusalén, el Domingo de Ramos antes de su Pasión.

Teresa se arrodilló en un reclinatorio especial sosteniendo una vela encendida, mientras el obispo Hugonin dirigía a la congregación en Vísperas y pronunciaba un breve sermón. Al final de la ceremonia,

---

[132] OC, Notas, p. 1059, nota 22.
[133] OC, HA, p. 188, énfasis en el original.

cometió un error, cantando el *Te Deum*, cuando debería haber cantado el *Veni Creator*.

Entonces Teresa dio a su padre un último abrazo y se dirigió a la puerta del claustro, donde las monjas la esperaban. ¡Para su deleite, la nieve caía afuera!

Las monjas completaron la ceremonia tras las paredes del convento. En lugar de su atuendo de novia, Teresa se puso el hábito carmelita. La túnica marrón y el escapulario eran de lana sin tratar. Se puso una cofia blanca muy ajustada por debajo de la barbilla. También llevaba un manto blanco con un broche de madera y un velo blanco, signo de que aún no era miembro profesa de la orden.

Este día dejó para siempre de lado su antiguo yo y su antigua vida en Les Buissonnets. Pero no dejó de lado su preocupación y afecto por su amado padre. También añadió «de la Santa Faz» al final de su nombre religioso. Durante el curso de su enfermedad, Luis a veces escondía su cara bajo una toalla. Las hermanas Martín veían esto como el cumplimiento de la visión que Teresa había tenido de él con su rostro velado. Escondida la cara de su padre, Teresa miró «más que nunca al Santo Rostro de Jesús»[134].

Luis había enviado champán al convento para la celebración, junto con un melón artificial que se abrió como una piñata y derramó caramelos.

Diez días después tuvo una recaída de su enfermedad. Temiendo por su seguridad y la de las dos hijas que vivían con él, compró un revólver. El delirio pronto lo superó. Sus hijas lo llevaron a la cama. Alucinaba con tambores y disparos de cañones. De repente, se sentó en la cama y agarró su arma. Celina y Leonia no pudieron

---

[134] TL, p. 148.

convencerlo de que la dejara. Enviaron a buscar a su tío, que vino con un amigo tan rápido como pudo y lo desarmó.

El médico sugirió que la familia confinara a Luis en un hospital por el bien de todos. Poco tiempo después, Isidoro y un amigo invitaron a Luis a dar un paseo. Se detuvieron en el convento para darle a la Hna. Inés un regalo de pescado fresco. Sin embargo, este no era un paseo ordinario. Lo llevaron al hospital psiquiátrico Bon Sauveur de Caen sin que él supiera adónde iba. Caen estaba a casi cincuenta kilómetros de Lisieux. Leonia y Celina se mudaron a un alojamiento temporal cerca de él. Intercambiaron cartas con sus hermanas.

Cuando Luis desapareció, Teresa se esforzó en ser valiente. Incluso le dijo a otra monja que aún podía soportar más sufrimiento. No mucho más. Sentía que su taza de dolor se desbordaba. Teresa se refirió más tarde a estos días como «amarguras»[135].

Además de la humillación de tener a su padre en una institución para enfermos mentales y el dolor por su sufrimiento, las hermanas tuvieron que pasar por una nueva prueba. Los cotilleos locales las acusaban de causar el colapso de su padre. ¿No lo habían abandonado para entrar en la vida religiosa? ¿Había sido una coincidencia que su primer ataque grave fuera al poco de la profesión de María y el siguiente tras la toma de hábito de Teresa?

Luis fue humilde y sumiso en su confinamiento. Permaneció en Bon Sauveur tres años. El 12 de mayo de 1892, Isidoro lo llevó a visitar a sus hijas carmelitas. Se veía arrugado y enfermo para aquellos que no habían estado con él desde hacía mucho tiempo. Estaba lúcido, pero no pudo hablar hasta el final de la visita. Entonces levantó un

---

[135] OC, HA, p. 187.

dedo y dijo: «Al cielo». Las monjas no lo volverían a ver. Murió dos años después.

Dolor y aceptación

Este capítulo se centra en superar nuestra tristeza y nuestros temores a través de la confianza en Dios. Veremos cómo las primeras biografías de Teresita tergiversaban su lucha contra estas pasiones. Consideraremos las llamadas etapas del duelo. Compartiré cómo mi desconfianza no resuelta me hizo temer por el futuro de mis hijos, y los libros que me ayudaron a empezar a avanzar. Veremos cómo reaccionó Teresita cuando su mayor temor de la infancia se hizo realidad. Y exploraremos cómo Cristo conquistó el miedo a la aniquilación, que está en la raíz de todos los demás temores.

Me encanta leer sobre los santos. Pero a veces malinterpretamos la voluntad de Dios para nuestras vidas después de leer acerca de las suyas. Una lectura falsa de la vida o enseñanza de un santo puede crearnos problemas. Las biografías llenas de sentimentalismo pueden darnos una visión poco realista y excesivamente espiritualizada del sufrimiento.

En las primeras décadas después de la muerte de Teresa eran comunes las representaciones dulzonas de su vida. Las monjas carmelitas retocaron algunas fotos de Teresa para que encajaran con las historias engañosas sobre ella. Querían mostrarla siempre sonriendo. Cometieron una injusticia con Teresa y con todos nosotros. Cuando pasamos por alto las pruebas de los santos o les pegamos una sonrisa de cartón en la cara, hacemos que dejen de parecer humanos. Entonces podemos fácilmente descartarlos a ellos y a su mensaje considerándolos irrelevantes.

Durante décadas, los biógrafos han tratado de enderezar la historia de Teresita. Pero las versiones dulzonas originales de su vida no han desaparecido por completo. Repelen a muchas personas educadas y autodenominadas sofisticadas que podrían haber aprendido de su sencillez.

Los santos son humanos, magníficamente humanos. Viven la vida como Dios quiere que todos la vivamos. Sufren tanto como sufriríamos nosotros en su misma situación. Luchan contra el pecado. Responden a sus pruebas con virtudes heroicas.

No debemos confundir la aceptación del dolor con su negación. Así como yo solía pensar que los cristianos nunca debían enfadarse, también creía que la tristeza significaba una falta de confianza en Dios. Pensaba que aceptar el sufrimiento significaba no llorar, no sentirse herido, o solo, o perdido. Me sorprende cuando recuerdo lo recientemente que me di cuenta de que esto era erróneo. Y ni siquiera fue mi propio razonamiento, sino una conversación con Dan y mi hermano el monje la que me abrió los ojos.

Si un extraño entrara en una fiesta y fingiéramos que no está allí, ¿sería eso aceptarlo? ¡Por supuesto que no! Sería rechazarlo. Fingir que nuestra pena no existe no nos hará santos. Eso no es confianza. Es negarse a ser vulnerable, justo lo contrario de la confianza.

Debemos tener cuidado también con el error opuesto, es decir, ceder a la tristeza e instalarse en ella. Debemos esforzarnos por llegar a un punto de aceptación.

Probablemente todos hemos oído hablar de las llamadas cinco etapas del dolor: negación, ira, negociación, depresión y aceptación. Basadas en los escritos de la psicóloga de origen suizo Elisabeth Kübler-Ross, las cinco etapas se enseñan en la mayoría de las sesiones de asesoramiento de duelo y en los cursos de psicología de la universidad.

Pero la propia Kübler-Ross ha dicho que su trabajo fue malinterpretado. Nunca tuvo la intención de enseñar que todo el mundo debe pasar por cinco etapas de dolor en un orden determinado. Más bien, su trabajo detallaba las formas comunes en que sus pacientes con enfermedades terminales y sus familias lidiaban con el dolor.

Cada uno de nosotros experimenta el dolor de una manera única. Nunca deberíamos sentirnos culpables por no estar a la altura de nuestra noción de cómo un santo manejaría la pena. Ni tampoco deberíamos asumir que las expresiones de dolor que vemos en los demás nos cuentan toda la historia.

Inmediatamente después de la muerte de mi hermana Terri, Dios dio a mis padres la gracia de aceptarla. Recuerdo el funeral y la recepción en nuestra casa como un momento de aceptación tranquila e, incluso, alegría entre las lágrimas. Muchos amigos y familiares se conmovieron por la actitud de mamá y papá. El Espíritu Santo obraba poderosamente en sus vidas. Estaban emocionados por seguir a Dios de todo corazón. Le alabaron de inmediato, en medio de su sufrimiento. ¡Pero esto no significa que nunca les doliera!

Como adulta, he oído a mi madre dar consejos a un conocido que temía perder a su nieto pequeño. Después de que Terri murió, supe que mamá sufría ataques de pánico. A veces apenas podía respirar por la fuerza del dolor que pesaba sobre ella. Superaba estos ataques repitiendo el nombre de Jesús una y otra vez. Yo ignoraba este aspecto de su dolor cuando era niña. Solo veía la fuerza de mis padres.

Ahora, cuarenta años después de nuestro accidente automovilístico, no me avergüenza derramar algunas lágrimas cuando mamá y yo hablamos de ello. Ni ella tampoco. Sentiremos la pérdida de Terri hasta que la veamos de nuevo en el cielo. El dolor no desaparece por completo antes de eso. Pero hemos encontrado la paz.

Temores por mis seres queridos

La paz sobre mi futuro ha sido más difícil de conseguir que la paz sobre mi pasado. Durante gran parte de mi vida tuve una disposición esperanzada, aunque mi temperamento tiende a la seriedad. Animé a una amiga al borde de la desesperación debido a los problemas en su matrimonio irregular. Hablé con otro amigo sobre la tentación del suicidio. Creía firmemente en la bondad de Dios. Pero a medida que me hacía mayor, esa perspectiva comenzó a cambiar.

Cuanto mayor me hacía, más tragedias observaba en las vidas de los que me rodeaban. Mi sobrino contrajo leucemia. La hija de una amiga murió a los cuatro años. Uno de los amigos de secundaria de Dan falleció. La vida de repente era frágil. Parecía solo una cuestión de tiempo que la pena me golpeara de forma más directa.

Al mismo tiempo, estaba encontrando más pecado y debilidad en mí misma de lo que me había dado cuenta de que existía. Esforzándome por seguir las enseñanzas de los santos carmelitas, esperaba que pronto tuviera una conversión como la de Teresita. Esperaba que Dios viniera y se hiciera cargo del trabajo que yo no podía hacer. En cambio, vi poco progreso contra el pecado en mi vida. No podía entender por qué Dios no me aliviaba de mi problema de ira, por ejemplo.

Quedarme atascada en la vida espiritual me hizo hacer preguntas que antes nunca habría considerado. ¿Se habían equivocado los santos carmelitas? ¿Era la santidad solo para unos pocos, no para la mayoría? ¿Podría realmente confiar en Dios? ¿Podría estar segura siquiera de que existía?

Mientras luchaba con estas preguntas un conocido nuestro, a quien llamaré Steve, un esposo con tres hijos pequeños, se quitó la vida. Yo no estaba muy unida a esa familia, aunque su esposa Melissa (nombre ficticio) y sus hijos formaban parte del grupo de mamás con el que me reunía cada semana. Sin embargo, su muerte me afectó profundamente. Hacía poco se le había diagnosticado una enfermedad mental y estaba tratando desesperadamente de obtener ayuda.

Yo acababa de terminar de leer *Creo en el Amor: conferencias de un retiro basado en las enseñanzas de santa Teresita de Lisieux*, del P. Jean d'Elbée. Se lo recomendaba a cualquiera que quisiera escucharme. Entonces, deseando hacer algo por la afligida viuda, llevé mi copia al velatorio. Dan ya había ido a la capilla ardiente y regresado para cuidar de los niños. Me tocaba a mí visitar y rezar.

La capilla ardiente estaba concurrida, pero no llena. Tomé un recordatorio de una cesta que había en la entrada antes de pasar a la habitación interior. Melissa estaba sentada en una silla a mitad de camino entre la puerta y el ataúd abierto en el frente. Mientras hacía cola para hablar con ella, me impresionó la forma en que derramaba lágrimas abiertamente, pero a la vez parecía tener paz en su alma. Le entregué el libro, disculpándome porque estaba usado. Le pedí que confiara a Dios sus penas.

Luego apreté su mano y me moví para ver el cuerpo. Cuando vi que las niñas de la pareja habían escrito cartas finales a su padre para ser enterradas con él, la tristeza se apoderó de mí.

A la familia seguramente le vendrían bien mis oraciones. Pero era yo la que estaba luchando contra la desesperación. ¿Por qué Dios no protegía a los débiles? ¿Había ignorado todas las oraciones que Steve y su familia habían rezado?

¿Cómo podrían los supervivientes soportar su pérdida? Difícilmente podría imaginar un dolor mayor que saber que no has sido capaz de evitar el suicidio de un miembro de la familia. Sentí que el diablo había triunfado sobre Steve, a pesar de su fe católica. Eso me asustó. *¿Quién de nosotros*, pensé, *está a salvo? ¿Dios a veces fracasa?*

Durante meses luché contra estos sentimientos cada vez que pensaba en Steve y su familia. *¿Por qué, Dios? ¿Cómo? No lo entiendo*, recé docenas de veces. Lo fui pensando cada vez menos, pero no estaba en paz. Mis dudas me consumían.

Cuando las derrotas políticas en nuestro estado y nuestra nación marcaron el avance de la cultura de la muerte, me hice preguntas similares. ¿Cómo podrían mis hijos crecer en el nuevo mundo que estaba naciendo? ¿Se mantendrían fieles a Dios y a la Iglesia? Preveía sufrimiento y persecución para ellos si permanecían firmes, y peores tragedias si no lo hacían. *¿Por qué permitía Dios que estas cosas sucedieran?*

Varios años después (solo en 2013, de hecho), un lector de mi blog me pidió que reseñara su libro, *Diary of a Country Mother* [*Diario de una madre campesina*]. Cindy Montanaro escribió un diario que cubría el año después de que su hijo pequeño Tim perdiera su batalla contra una enfermedad mental. Una vez más, me sentí vulnerable. ¿Cómo podía confiar en que Dios cuidaría de nosotros? ¿Por qué debería proteger a la familia Rossini, cuando tantos otros han sufrido?

No podía entender la paz con la que Cindy escribía. Su peor pesadilla, aquello por lo que había trabajado y rezado durante años para que no ocurriera, había llegado a suceder. ¿Cómo podía soportarlo sin amargura?

Pero yo había prometido escribir una reseña. Eso significaba que tenía que procesar lo que había leído y compartirlo con mis lectores. En ese proceso, Dios empezó a iluminarme. Me di cuenta de que el diablo no tenía la última palabra en la vida de Tim Montanaro. El propio *Diario* decía otra palabra, a través de la cual Dios usó el sufrimiento del niño para iluminarme.

Dios tiene la última palabra, y esa palabra todavía no ha sido escrita, incluso para quienes ya han muerto. La batalla final de los siglos está por librarse. Y en la eternidad, Dios puede compensar con creces el sufrimiento temporal que soportamos.

Hacia el final de su vida, Teresa les dijo a sus compañeras: «Todo es gracia»[136]. Elegí creerla a ella en lugar de a mis miedos. Entregué el futuro a Dios.

Centrándose en el presente

Preocuparse por el futuro no tiene sentido. Solo podemos vivir en el presente. Jesús les dijo a sus discípulos: «Por tanto, no os agobiéis por el mañana, porque el mañana traerá su propio agobio. A cada día le basta su desgracia» (Mt 6, 34).

La gracia de Dios existe en el presente. ¿Recuerdas cuando discutimos la pregunta *y si?* Preguntarse *¿y si?* nos distrae del plan de Dios. De manera similar, obsesionarse con el futuro nos paraliza. Nos impide hacer hoy la voluntad de Dios. Hoy tenemos trabajo que hacer. Tenemos niños que cuidar, trabajos que realizar, oraciones que ofrecer. Hoy podemos llevar la luz al prójimo en la oscuridad. Hoy podemos arrepentirnos y perdonar.

Dios nos ofrece la gracia de aguantar en el momento en que nos encontramos con dificultades, no antes. Una historia de la vida de Corrie Ten Boom lo ilustra maravillosamente. Corrie y su familia escondieron a judíos de los nazis durante la Segunda Guerra Mundial en su casa en los Países Bajos. Su libro *El refugio secreto* cuenta la

---

[136] OC, UC, CA 5.6.7, p. 864.

historia. También contiene recuerdos significativos de su infancia. Corrie recuerda haber visitado a una familia que acababa de perder un bebé con su madre y su hermana.

Nunca antes había sido testigo de los efectos de la muerte. La muerte le asustaba. No pudo comer el resto del día ni dormir esa noche. Finalmente, su hermana le dijo a su padre cuál era el problema. Corrie estaba aterrorizada de que algún día perdería a sus seres queridos, especialmente a su padre, a quien amaba particularmente. Ella escribe:

Papá se sentó en el borde de la estrecha cama:

—Corrie —dijo suavemente—, cuando tú y yo vamos a Ámsterdam, ¿cuándo te entrego tu billete? —inspiré un par de veces, reflexionando acerca de lo que me estaba preguntando.

—¿Por qué?, justo antes de subir al tren.

—Exactamente. De la misma forma, nuestro sabio Padre celestial sabe también cuándo vamos a necesitar determinadas herramientas. No adelantes acontecimientos, Corrie. Cuando llegue el momento en el que algunos de nosotros tengamos que morir, buscarás en tu corazón y encontrarás la fuerza que necesitas, justo a tiempo[137].

La vida de Corrie demostró que estas palabras eran ciertas. Su padre y su hermana murieron más tarde en campos de concentración, al igual que muchos de sus otros amigos y familiares. Corrie escapó de la muerte en la prisión de mujeres de Ravensbruck por un error

---

[137] Madrid: Palabra, 2015.

administrativo que ella consideró un milagro. Soportó períodos oscuros, pero al final se rindió completamente a Dios. Incluso perdonó a los guardias de la prisión que habían abusado de ella y de su hermana Betsy. Si hubiera sabido de antemano lo que tendría que sufrir, podría haberse desesperado. Pero cuando llegó el momento de sufrir, la gracia de soportar ese sufrimiento vino con él.

La muerte de Luis Martin

Finalmente, la salud de Luis Martin se deterioró lo suficiente como para que los Guerin pensaran que lo mejor para él era vivir con ellos. Un ataque el 27 de mayo de 1894 le paralizó un brazo. Un sacerdote le dio la unción de enfermos. Después, el 5 de junio, tuvo un ataque al corazón. Aun así, los Guerin decidieron no cancelar su viaje anual a la playa de La Musse en julio. Se llevaron a Luis y a Celina Martin con ellos. Leonia, con el apoyo de Teresita, había vuelto a entrar en el convento de la Visitación. Luis falleció pacíficamente en La Musse el 29 de julio con Celina a su lado.

Ahora, por fin, Celina sería libre de unirse a sus hermanas en el Carmelo. Entró el 14 de septiembre, después de que las monjas deliberaran sobre si era sensato aceptar a otra hermana Martin. Tomó el nombre de santa Genoveva de la Santa Faz.

Teresa no desperdició los años de la enfermedad de su padre. Escribió a Celina en 1890: «Ahora nada más tenemos que esperar en la tierra, nada más que el sufrimiento»[138]. Cuando llegamos a tal momento en la vida, tenemos dos opciones: desesperarnos o entregarnos completamente a Dios. Teresa eligió la segunda opción. «Jesús me quiere huérfana», escribió. Quería que se aferrara solo a él. Eso no

---

[138] HF, p. 181.

podía pasar hasta arrebatarle a su padre. Había estado dispuesta a dejar atrás a Luis y estar contenta con sus visitas al locutorio, pero Dios pedía un sacrificio mayor.

Teresa escribió más tarde que los años de sufrimiento de Luis llevaron un gran crecimiento espiritual a cada miembro de la familia. Consideraba esos años más beneficiosos que un éxtasis sobrenatural y bendecía a Dios por ellos.

Después de la muerte de Luis, Teresa escribió por separado a Celina y a Leonia, diciéndoles que la enfermedad de su padre parecía haber sido una muerte de cinco años de duración. Su muerte definitiva, que una vez había sido su mayor temor, le trajo alivio. Por fin Dios lo había liberado del dolor y de la humillación.

Teresa había estado separada de su padre durante años. En ese momento lo sentía otra vez junto a ella en espíritu. Desde el cielo, cuidaba de su reinecita. Creía que en la eternidad Dios restauraría el tiempo con su padre que entonces le quitaba. La alegría del reencuentro estaba por venir[139].

No tenía miedo de ser débil, ni siquiera en su dolor. No veía vergüenza en admitir que estaba de luto y sufriendo. «Teresa releyó lo que el padre Pichon había enseñado durante el retiro [antes de la profesión de María] en 1887. Para sufrir según el corazón de Dios, uno no necesita sufrir con valor como un héroe. Basta con sufrir como Jesús en Getsemaní»[140].

Temiendo la muerte y la aniquilación

El P. Groeschel señala que «el miedo a la pérdida eterna es universal y no debe ser descartado a la ligera. Es el más arraigado de los

---

[139] Ibíd.
[140] TL, p. 148.

miedos»[141]. Tememos a la muerte, porque tememos la aniquilación. Como cristianos creemos en la otra vida, pero a veces nuestra fe vacila.

Nuestra cultura, avanzada en medicina y normas de seguridad, ha llevado la muerte a los rincones más lejanos de la existencia. La muerte afecta nuestra vida diaria mucho menos de lo que afectaba la vida de nuestros antepasados. Las pérdidas de la familia Martin eran normales en su época.

Nuestra falta de familiaridad con la muerte, junto con la desaparición de la cultura cristiana, produce algunos vástagos patéticos, metafóricamente hablando. Gastamos treinta dólares por menos de treinta gramos de crema para arrugas, pensando que si nos mantenemos jóvenes podremos evitar la muerte. Nos aferramos a actitudes y comportamientos adolescentes. Si nunca crecemos, quizás podamos vivir para siempre. Promovemos el suicidio asistido con la falsa creencia de que si podemos controlar la forma de morir, encontraremos la paz. Sin embargo, la paz nos rehúye.

En el Jardín del Edén, Dios les dijo a Adán y Eva que morirían si comían el fruto prohibido. El diablo los convenció temporalmente de que no morirían. ¡Qué rápido se dieron cuenta de que había mentido! Se dieron cuenta de que estaban desnudos y vulnerables. La desnudez significaba exposición, posible enfermedad y muerte. Solo Dios tenía el remedio para la muerte. Adán y Eva se escondieron de él. Trataron de salvarse a sí mismos. Hicieron ropa con hojas de higuera para protegerse y esconderse. Pero la muerte vino de todos modos, a ellos y a todos sus descendientes. Jesús se hizo hombre para

---

[141] SP, p. 129.

aniquilar mediante la muerte al señor de la muerte, es decir, al diablo, y liberar a cuantos, por miedo a la muerte, pasaban la vida entera como esclavos (Heb 2, 14-15).

Jesús no fingió que fuera fácil ir a la cruz. Le rogó a Dios Padre que lo aliviara de su sufrimiento. Pero añadió: «No se haga mi voluntad, sino la tuya» (Lc 22,42). Él elevó la aceptación del sufrimiento y la muerte a un nivel sobrenatural. Su repugnancia natural hacia ellos le enseñó la sumisión perfecta a la voluntad del Padre[142]. Jesús en la cruz, desnudo y muerto, cura nuestro miedo. Porque sabemos que resucitó y prometió la vida eterna a los que le siguen. Ahora,

¿Quién nos separará del amor de Cristo?, ¿la tribulación?, ¿la angustia?, ¿la persecución?, ¿el hambre?, ¿la desnudez?, ¿el peligro?, ¿la espada? Pero en todo esto vencemos de sobra gracias a aquel que nos ha amado. Pues estoy convencido de que ni muerte, ni vida, ni ángeles, ni principados, ni presente, ni futuro, ni potencias, ni altura, ni profundidad, ni ninguna otra criatura podrá separarnos del amor de Dios manifestado en Cristo Jesús, nuestro Señor (Rom 8, 35.37-39).

Jesús se enfrentó al diablo, al pecado y a la muerte. Nos llama a imitarlo. «La confianza enseñada por Cristo no se basa en la negación de la realidad del sufrimiento o del mal»[143]. Al contrario, como dice el P. Groeschel, negar nuestros temores pone en peligro nuestro crecimiento espiritual[144]. No podemos huir del sufrimiento, a menos que

---

[142] Cf. Heb 5,7-10.
[143] SP, p. 130.
[144] Ibíd.

queramos huir de la cruz. No importa cuánto imaginemos que controlamos nuestras vidas, la muerte acabará llegando.

Cedamos el control a Dios. Aprendamos a decir con Dios Hijo: «Padre, hágase tu voluntad». Dios es un Padre cariñoso que nos lleva de la mano mientras «caminamos por cañadas oscuras» (Sal 23,4) y nos guía más allá de ellas a la vida eterna.

El duelo de Teresa por su padre era natural y sanador. No tenía que fingir ser fuerte. Solo tenía que aceptar la voluntad del Padre. Aprendió a apoyarse en la paternidad de Dios. Entró aún más en el camino de la infancia espiritual.

Cuestiones para la reflexión

1. ¿Cuáles son mis mayores miedos?

2. ¿Cuáles son mis pensamientos sobre el sufrimiento? ¿He sucumbido a la idea de que el dolor es impío en sí mismo?

3. ¿Tengo algún dolor no resuelto con el que tenga que lidiar?

Sugerencias prácticas

* Elige una cita para memorizar de debajo de alguno de los títulos de los capítulos de este libro. Asegúrate de que sea uno que hable de tus ansiedades y miedos particulares. Repítelo para ti mismo a lo largo del día cuando sea necesario.

* El papa Juan Pablo II comenzó su pontificado proclamando: «¡No tengáis miedo!». Lee una breve biografía suya. Medita sobre las muchas maneras en las que plantó cara al miedo: viajando por todo el mundo, perdonando a su casi asesino, enfrentándose al comunismo, enfrentándose a la enfermedad, etc. ¿Cómo puedes seguir su ejemplo?

A través de desiertos y tinieblas

Porque en el fuego se prueba el oro, y los que agradan a Dios en el horno de la humillación.

Eclo 2, 5

Mientras Luis moría lentamente, la oscuridad espiritual envolvía a Teresita. No recibió ningún consuelo durante sus muchos retiros espirituales, empezando por el que tuvo antes de su toma de hábito. De hecho, según el P. Bernard Bro, Teresa solo tuvo dos años sin tragedia ni oscuridad desde la muerte de su madre hasta su propia muerte, veinte años más tarde[145].

La mayor oscuridad llegaría durante su última enfermedad, mientras esperaba la muerte. Pero poco después de que Teresa hiciera su confesión general al P. Pichon, experimentó una prolongada sequedad en la oración. Jesús se escondía, como ella dijo[146].

Durante cinco días antes de su ceremonia de toma de hábito programada para enero de 1889, Teresa fue a un retiro privado como preparación. Pasaba de tres a cuatro horas cada día en oración. En vez de estar alegremente atenta como acostumbraba, se quedaba dormida. Parecía que Jesús también dormía.

---

[145] STL, p. 169.
[146] AETL, p. 114.

Como la Regla requería silencio, creció la tradición entre las monjas carmelitas de dejarse notas unas a otras cuando era necesario. La madre María de Gonzaga permitía que las monjas bajo su mando hicieran algo más que transmitir los mensajes necesarios. Dejaba que se escribieran cartas enteras entre ellas. Estas cartas no tenían que ser sobre el trabajo o la vida espiritual. Se convirtieron en un sustituto de la conversación. Incluso cuando las monjas iban a retiros en solitario antes de los días especiales, ella les permitía comunicarse de esta manera.

Teresita aprovechó esta laxitud para compartir su espiritualidad y sus luchas con sus hermanas, pero nunca para escribir sobre asuntos triviales. Escribió varias cartas a sus hermanas durante su primer retiro. Estas nos dan acceso al lugar en el que ella rezaba en solitario. Su gozo habitual en la oración se había desvanecido. «El pobre *corderito* no puede decir nada a Jesús y, sobre todo, Jesús no le dice absolutamente nada a él», escribe a sor María del Sagrado Corazón[147].

Teresa se esforzó por usar este recién descubierto silencio de Dios a su favor. Ella lo vio como una oportunidad para dejar ir todo, incluso las comodidades espirituales. En una carta a la Hna. Inés dejó clara su actitud:

> ¡Si supierais cuán indiferente quiero ser con las cosas de la tierra! ¿Qué me importan todas las bellezas creadas? ¡Sería muy desdichada poseyéndolas, estaría tan vacío mi corazón![148]

Y más tarde, escribió:

---

[147] OC, Cartas 52, p. 415, énfasis en el original.
[148] OC, Cartas 51, p. 414.

Sabe muy bien que si me diese solo una *sombra* de FELICI-DAD, me apegaría a ella con toda la energía, con toda la fuerza de mi corazón. ¡Me rehúsa esta sombra!... ¡Prefiere dejarme en las tinieblas a darme un falso resplandor que no sea *él*![149]

Cuando testificó ante el tribunal de la Iglesia sobre la santidad de su hermana, la Hna. Genoveva (Celina) declaró que Teresita escogió a las Carmelitas antes que a otra orden, porque deseaba sufrir todo lo que pudiera. Una maestra o alguien que cuida a los pobres o los enfermos ve los frutos de su trabajo a diario. Como monja de clausura que ora por los sacerdotes, a Teresita se le negaba este consuelo. Eligió «dedicarse a la más ardua de todas las labores, la de superar la propia naturaleza»[150]. Sabía que el desierto la esperaba, como a todas las carmelitas.

Durante los días siguientes a su conversación con el tío Isidoro sobre la entrada en el Carmelo, experimentó por primera vez una prolongada oscuridad. La realidad de esa oscuridad debió de conmocionarla. En todos sus demás sufrimientos corría a Jesús en busca de consuelo. En ese momento, él parecía rechazar sus intentos de llegar a él. Se sentía unida a José y María mientras buscaban al joven Jesús durante tres días antes de que pudieran encontrarlo[151].

La renovación de su oscuridad espiritual en el Carmelo no podría haberla sorprendido más. Se sentía sola. No solo su padre, sino también Jesús escondía su rostro. A diferencia del «martirio» de la enfermedad de su padre, este sufrimiento se intensificó con el tiempo. Dios se escondió por el resto de su vida.

---

[149] OC, Cartas 50, pp. 412-413, énfasis en el original.
[150] HF, p. 142.
[151] Ibíd., p. 223.

Las cartas de Teresita a sus hermanas revelaron la profundidad de sus sufrimientos. Aunque vivía en estrecha compañía con las otras monjas del convento, nadie más allá de sus hermanas de sangre sospechaba su oscuridad interior. Sus compañeras en el Carmelo se hicieron eco de la visión errónea que el P. Pichon tenía de ella. Ellas también la veían como una niña sin problemas. Como poco, pensaban que tenía una vida más fácil que la mayoría de ellas. Después de todo, tres hermanas biológicas y una prima vivían detrás de la reja con ella. No sabían cómo se distanciaba conscientemente de los miembros de su familia tanto como la caridad lo permitía. Teresa también se escondía de todos menos de Dios.

Las carmelitas la conocían por su sonrisa y su sentido del humor. La maestra de novicias, la madre María de Gonzaga, dijo de ella: «Capaz de haceros llorar de devoción y capaz igualmente de haceros desternillar de risa en los recreos»[152]. Teresa siempre había sido una imitadora. Siguió divirtiendo a sus hermanas y a las otras monjas de esta manera después de su profesión. Fotos de ella sin retocar muestran serenidad, a pesar de que a veces un observador atento percibe una pizca de su dolor.

¿Cómo debemos interpretar esta paz? ¿Es posible que el sufrimiento sea profundo cuando el rostro, las palabras y las acciones muestran pocas señales de él? La gente que nunca ha experimentado la oscuridad espiritual podría pensar que es más fácil de soportar que otros tipos de sufrimiento. Estarían muy equivocados.

---

[152] PT, p. 260.

Un bocado de oscuridad espiritual

En este capítulo discutiremos el significado y el propósito de la sequedad en la oración. Después veremos lo que los tres valientes jóvenes del libro de Daniel nos enseñan acerca de la presencia de Dios en nuestro sufrimiento. Pero primero compartiré una experiencia con la oscuridad espiritual de mis años de universidad. La mayoría de los nombres en esta historia han sido cambiados.

Durante la mayor parte de la escuela secundaria y todas mis vacaciones de la universidad, trabajé a tiempo completo en una tienda de comestibles Super Valu. Asistía a una universidad protestante fuera del estado. Aunque era una ardiente cristiana, infravaloraba mi fe católica en ese momento. Mal catequizada, consideraba dejar la Iglesia Católica.

En la universidad pertenecí a un grupo ecuménico de oración carismática. Nos reuníamos regularmente para orar y estudiar la Biblia. Nos apoyábamos unos a otros en contra de la cultura secular que nos rodeaba. Mis amigos se podían contar con dos dígitos. Pasaba parte del día con varios de ellos.

En contraste, tuve pocos amigos cercanos durante mis años de escuela secundaria. Al regresar a casa en verano después de mi segundo año de universidad, dejé atrás una vida social activa. Anhelaba la camaradería cristiana.

Volver a casa también presentó desafíos espirituales. La vida universitaria me dio independencia. Yo controlaba mi horario y tomaba decisiones para mi vida diaria. Interactuaba con mis compañeros cuando quería y me retiraba a mi dormitorio cuando necesitaba tranquilidad. Evitaba a la gente con la que luchaba por llevarme bien. Solo era responsable de mí misma. El buen comportamiento era relativamente fácil.

En casa, mis padres eran los dueños del coche, fijaban la hora de la cena y establecían las reglas. Tenía que interactuar con mis hermanos lo quisiera o no, incluso con aquellos cuyos temperamentos chocaban con el mío. Sentía como si el ruido, las discusiones y la rebelión se arremolinaran constantemente a mi alrededor.

Mi vida interior reflejaba el caos exterior. Discutía y me quejaba, y me condenaba por hacerlo. ¡Pensaba que estaba por encima de ese tipo de comportamiento! Recé, ayuné y leí la Biblia para crecer en virtud. Decidí comportarme mejor. Como estaba destinada a hacer en años posteriores, fracasé. ¿Por qué estaba tan desvalida? ¿Qué me había perdido? La desesperación por librarme de mi debilidad se apoderó de mí.

Una noche, dos amistosas jóvenes se acercaron a mi caja registradora en el trabajo. En cuanto a su aspecto, contrastaban la una con la otra: una con pelo oscuro y con la permanente, la otra con pelo largo y rubio y unos llamativos ojos verdes. Compraron pan y pescado. La morena explicó que estaban llevando a cabo un estudio bíblico para jóvenes en su apartamento, a pocas manzanas de allí. Estaban discutiendo la multiplicación de los panes y los peces.

Cuando expresé interés, me invitaron a comer el fin de semana en un Perkins cercano. La morena dijo que se llamaba Renee. La rubia, Ginny. *¡Dios está respondiendo a mi oración!* Me alegré. La compañía de otros cristianos de mi edad me sacaría de mi soledad y me fortalecería para superar mis defectos.

El sábado, en el Perkins, una tercera mujer se unió a nosotras. Su nombre era Sandy. Ginny explicó que tenían un estudio bíblico para la reflexión individual que les gustaría compartir conmigo, en lugar de invitarme a unirme a su grupo de los miércoles por la noche de inmediato. Me pareció un poco extraño, pero no me detuve a analizarlo demasiado. ¡Estaba tan agradecida de encontrar mujeres de mi edad que se esforzaban por servir a Dios más plenamente!

Sandy era un poco más reservada que las otras dos, pero la animaron a dirigir nuestras conversaciones. Me hizo varias preguntas sobre mi trasfondo y creencias religiosas. Con mucho gusto compartí algunas de las experiencias carismáticas de mi grupo de oración en la escuela. «No sé lo que piensas del bautismo en el Espíritu Santo», dije, «pero sé que es de Dios». No respondieron a mi pregunta implícita. Esto sucedió varias veces en el transcurso de nuestra conversación. Sandy me hizo una pregunta, respondí con mis creencias e insinué que me gustaría saber lo que pensaban, pero en ningún momento hablaron con franqueza. Cuando les pregunté a qué iglesia asistían, me dijeron que era no confesional. No dieron más detalles.

Esto habría preocupado a cualquier adulto razonable que estuviera en mi lugar. Me frustró, pero traté de pasarlo por alto. Evitaba las preguntas «groseras». Por una vez confié *demasiado* en alguien.

Durante las siguientes dos semanas, las cuatro nos reunimos unas cuantas veces: en unas ocasiones en restaurantes, en otras en el apartamento que Renee, Ginny y Sandy compartían con otra mujer de su iglesia. Recuerdo una sesión en la que discutimos Gálatas 5, 19-21:

> Las obras de la carne son conocidas: fornicación, impureza, libertinaje, idolatría, hechicería, enemistades, discordia, envidia, cólera, ambiciones, divisiones, disensiones, rivalidades, borracheras, orgías y cosas por el estilo. Y os prevengo, como ya os previne, que quienes hacen estas cosas no heredarán el reino de Dios.

Sandy se apoyó en la mesa del comedor y me preguntó después de leer este pasaje en voz alta. «¿Has caído en la inmoralidad sexual?

¿Has practicado magia? ¿Has sentido celos? ¿Has tenido ataques de rabia?». Reconocí mi problema de ira. Admití que a veces era egoísta o celosa. ¿Quién no ha cometido al menos uno de estos pecados? No sospechaba cómo mis respuestas serían usadas más tarde en mi contra.

Por fin terminamos los estudios bíblicos personales. Para «celebrarlo», las chicas me invitaron a una fiesta de pijamas el viernes siguiente. «Mi mamá y mi papá van a salir de la ciudad y yo voy a cuidar su casa», dijo Ginny. «Viven a pocas manzanas de aquí. ¿Por qué no venís todas y me hacéis compañía?».

—Tengo que trabajar hasta las once —dije, desilusionada porque sonaba divertido.

—No hay problema —respondió Renee—. Puedes venir a nuestro apartamento después e iremos juntas a casa de los padres de Ginny. ¿Te dará tiempo a cenar?

—No creo.

—Entonces pediremos pizza —dijo—. Podemos ver una película que tenemos sobre el libro de los Hechos.

El viernes llegué a su apartamento poco después de las once de la noche. Para mi sorpresa, Ginny ya estaba allí. Nadie mencionó nada sobre ir a la casa de sus padres. Ni nadie pidió pizza ni me ofreció nada para comer o beber. Mi estómago ya estaba gruñendo, a veces lo suficientemente fuerte para que todas lo oyeran, pero no quería ser descortés. Me resigné a ver una película y a ir a la cama por la noche. Eso tampoco sucedió.

En lugar de ver un vídeo, nos sentamos en la sala de estar para hablar. Unos minutos después sonó el timbre. Mis nuevas «amigas» me presentaron a Laura. Algo mayor que nosotras, Laura tenía un papel oficial en su iglesia (cuyo nombre aún no conocía). «Laura está aquí para animar las cosas», dijo Renee. Eso también era falso. Laura quería convencerme de que me uniera a su iglesia.

Laura se sentó a mi lado y comenzó a revisar lo que les había dicho a las demás en nuestras sesiones de estudio. Ingenuamente había asumido que mis palabras eran confidenciales. Ahora Laura dijo que los pecados que les había confesado mostraban que yo no estaba en el camino al cielo. ¿Ataques de rabia? Gálatas decía que eso me descalificaba. Ese fue solo un problema entre muchos otros. «Solía ser pagana, Connie», dijo Laura, «pero tú eres una farisea. Necesitas arrepentirte para poder ser salvada».

Abrí mi boca, sin habla. «No puedo aceptar eso», dije al fin. «Eso no es cierto en absoluto».

—Bueno, esa es la enseñanza de Pablo —contestó Laura—. La Biblia es la Palabra de Dios. Veamos algo más de la Escritura, y verás que es la verdad.

De un lado a otro, estuvimos así durante horas. No puedo recordar la mayoría de los pasajes bíblicos que consultamos. Cada vez que protestaba, Laura traía otro verso de su arsenal.

—Dios está disgustado contigo —dijo ella—. Si murieras, irías al infierno. —Miré a Renee, Ginny y Sandy. Asintieron con la cabeza, mostrando su acuerdo.

Insultada, degradada, herida, sentí lágrimas derramándose por mis mejillas. «No puedo aceptar esto ahora mismo», le dije. «Necesito algo de tiempo para pensar». Esperaba que Laura detuviera el ataque con estas palabras, pero ni siquiera hizo una pausa.

—Necesitas ser bautizada por inmersión —me dijo—. Entonces el Espíritu Santo te dará el poder para vencer todos tus pecados. No has sido una verdadera cristiana. El pecado no tiene poder sobre los cristianos. Pueden dejar de pecar instantáneamente en el momento en que sus pecados se les muestran. Nos has dicho que no puedes superar algunos de tus pecados. Eso significa que el Espíritu Santo no vive en ti. Estás viviendo de acuerdo a la naturaleza pecaminosa.

—Necesito algo de tiempo para pensar y rezar —dije. Aún así, no me dio tregua.

Esta intimidación religiosa duró la mayor parte de la noche. La cabeza me daba vueltas. Había leído la Biblia de principio a fin más de una vez, y memoricé el orden de los libros del Nuevo Testamento cuando era niña. Pero cuando Laura me dirigía a un versículo de la Biblia, ya no podía encontrar el libro correcto. Renee tuvo que encontrar los pasajes en mi Biblia para mí. Más de una vez, pedí irme a casa. Estaba atrapada allí sin coche propio, completamente a merced de mis anfitrionas. Ignoraron todas mis peticiones.

Finalmente, como un prisionero torturado que confiesa crímenes que nunca ha cometido, acepté unirme a su iglesia.

Renee me ofreció un vaso de agua. Entonces, Laura se fue. Me dejaron dormir en su sofá.

Demasiado temprano por la mañana, Laura regresó por más. Esta vez quería abordar el problema de mi espiritualidad carismática. Me negué a ceder en ese punto. Por fin me llevaron a casa.

Ese día y la noche siguiente fueron terribles. Tuve que trabajar en el turno de mediodía a ocho, el horario más temido de los sábados. Tenía un nudo en el estómago. Mis pensamientos se aceleraron. A veces rechazaba los puntos de vista religiosos de mis «amigas» y la paz me inundaba. Sabía que era cristiana de verdad. Sabía que Dios había obrado en mi vida. Pero unos minutos después, me pregunté: *¿y si tienen razón?* Entonces mi confusión y ansiedad regresaron. ¿Cómo podría estar segura? ¿Cómo podía ignorarlas y alejarme sin sentir que estaba fuera de la gracia de Dios por el resto de mi vida?

Di vueltas y vueltas casi toda la noche. No le dije a nadie más lo que estaba experimentando.

Lo más difícil de soportar fue mi supuesta separación de Dios. Toda mi vida había intentado servirle. Ahora se me acusaba de ser una fariseo y una hipócrita que necesitaba ser salvada. Oré en voz alta en mi habitación: «Señor, si tienen razón, no sé quién eres». El Dios que yo creía conocer no me condenaría por mi ignorancia, siempre que tuviera buenas intenciones. Laura decía que Dios solo oye las oraciones de los salvos, así que temí que estuviera sordo a mis gritos. Hablaba a un vacío que no me respondía. Me sentí completamente aislada de quien había sido mi compañero más cercano. La oscuridad me rodeaba.

El día siguiente era domingo. Me desperté con serias dudas sobre lo que Laura había dicho. Renee me llamó temprano y me preguntó cómo estaba. Traté de ser equilibrada y racional. «Creo que en parte tienes razón, pero creo que el movimiento carismático también tiene razón».

Renee me invitó a asistir a la iglesia con ellas ese día. «Si vienes a nuestra iglesia, lo sabrás», dijo. «Te sorprenderá todo el amor que encontrarás».

Por aquel entonces sabía que pertenecían a la Iglesia de Cristo de las Ciudades Gemelas, parte de las grandes Iglesias Internacionales de Cristo. El grupo, me enteré más tarde, había sido prohibido en docenas de campus universitarios debido a sus métodos de reclutamiento sectarios y su estructura autoritaria. Su filial *Twin Cities*[153] ya no existe, pero fue muy activa en las décadas de 1980 y 1990. La denominación en su totalidad (sí, la llamaré denominación, aunque no

---

[153] Ciudades Gemelas. (N. del T.)

les guste) ha sido reformada en la última década, así que algunos de los problemas que experimenté pueden haber sido corregidos.

Otras personas que conozco sufrieron engaños y manipulaciones similares. La hermana de un amigo se unió más tarde a una de sus iglesias en Nueva York. También dijo que su familia católica era «no salva». Una conocida mía, en contra de mi consejo, asistió a un servicio de la Iglesia de Cristo de las Ciudades Gemelas después de encontrar un folleto en el parabrisas de su coche. Cuando les preguntó sobre mi experiencia, expresaron sorpresa e indignación. Una mujer me acusó de inventarlo. Era una rubia de hermosos ojos verdes que se había presentado como Ginny.

Ese domingo de 1988, mis padres aceptaron a regañadientes dejarme ir a la iglesia con Renee y las demás esa mañana. Monté con Renee, Ginny y Sandy. En su sermón, el pastor repitió lo que Laura había dicho el viernes por la noche. Muchos otros visitantes estaban en una situación similar a la mía. Este domingo marcó el final de una semana de esfuerzos concertados de «evangelización». Todo en el servicio estaba dirigido a reforzar el mensaje que se nos había dado. Yo y muchos otros nos adelantamos para la «llamada al altar» (no había, por supuesto, ningún altar; de hecho, el servicio se celebraba en el gimnasio de una escuela sin ninguna apariencia de iglesia). Las lágrimas volvieron a correr por mi cara.

El amor no me había convencido. Había conocido el amor cristiano genuino toda mi vida. En cambio, mi estado de vulnerabilidad, la repetición de una doctrina basada en el miedo y el número de personas que se me oponían determinaron mi decisión. Tenía miedo de ser rechazada por Dios y buscaba el fin de mi angustia.

El siguiente paso era ser bautizada. Pero antes de eso, teníamos que «pagar el precio». Nos volvimos a encontrar como un grupo pequeño, en el parque que rodea el lago Nikomis, a pocas manzanas de mi casa. Renee me dijo que mis padres dirían que me había metido en una secta. Trató de persuadirme para que me bautizara antes de hablar con ellos, pero no pude hacerlo. Les debía más respeto a mis padres. Entonces Renee y los demás me contaron cómo sus seres queridos habían tratado de disuadirlos de sus creencias. «¿Qué dirás si tus padres te preguntan por qué no puedes seguir yendo a su iglesia? ¿Y si dicen que no necesitas ser bautizada de nuevo? ¿Y si dicen que te han lavado el cerebro?».

Plantearon todas las objeciones previsibles y me hicieron ensayar mis respuestas. Cuando por fin mis contestaciones les satisficieron me llevaron a casa. Esperaron afuera en el coche mientras yo entraba a hablar con mamá y papá.

Mi pobre mamá trató de ayudarme mayormente por su cuenta, porque papá era demasiado tranquilo para interponerse en el camino de cualquier cosa que yo quisiera hacer. Ella supo enseguida que me habían lavado el cerebro. Pero, por supuesto, puse los ojos en blanco ante esa sugerencia. Me lo esperaba. *Mamá siempre está sacando las cosas de quicio*, pensé.

—No quiero que veas ni hables con esas chicas durante treinta días —me dijo—. Si sigues sintiendo lo mismo entonces, puedes unirte a su iglesia.

—No puedo hacer eso —dije. Ella no tenía ni idea de lo que había sufrido los últimos dos días. ¡No pensaba que pudiera sobrevivir un mes así! Además, ¿y si cambiara de opinión en ese tiempo? ¿Qué pasaría si perdiera mi oportunidad de salvación?

Finalmente, cuando mamá se dio cuenta de que mis «amigas» me estaban esperando en el coche, decidió actuar. Ella misma les dijo que no podían ponerse en contacto conmigo durante treinta días. Intenté pasar por delante de ella y salir corriendo. «Agárrala, Jack», le dijo a papá. «Sujétala mientras yo salgo y les digo que se vayan».

Así que papá me sujetó con firmeza por los brazos mientras mamá salía a hablar con ellas. Sabía que no debía luchar con papá. Nunca podría ganar.

Después de que el coche se alejara, la oscuridad y la confusión me abrumaron de nuevo. Luché contra ellas como un hombre que se ahoga lucha por el aire.

El lunes por la noche, después del trabajo, fui a visitar a Naomi, la madre de mi mejor amiga de la escuela secundaria. Era pentecostal. Quería saber lo que su iglesia enseñaba sobre el bautismo y la salvación. Cuando le dije que Laura y los demás habían dicho que yo no era cristiana, Naomi se rio. ¡Se rio! La risa era la única cosa para la que no estaba preparada. Nadie me había enseñado a refutar eso, al igual que me habían enseñado a refutar tantas otras reacciones a mi decisión. La risa de Naomi rompió mi niebla mental y me ayudó a ver la verdad. Le debo a esta mujer no católica mi regreso a la cordura y a la verdadera Iglesia.

Años más tarde compartí toda esta historia con una amiga mía. En medio de un tipo de prueba completamente diferente, ella no podía entender la profundidad de esta oscuridad espiritual. Después de todo, solo había durado unos pocos días. Pero cuando estas autoproclamadas discípulas me quitaron a Jesús, se lo llevaron todo. Me dejaron en la miseria.

Durante esos días de confusión, no era capaz de bromear, parecer serena o sonreír sinceramente. Teresa no solo hizo estas cosas, sino que tenía una profunda paz en el centro de su alma incluso cuando la oscuridad inundaba el resto de su ser. Ojalá hubiera confiado en Dios como ella.

¿Por qué a veces la oración es seca?

La oscuridad espiritual toma muchas formas. Recuerdo a una amiga de la universidad lamentando una vez que había perdido el gozo que solía experimentar en la oración. Como cristiana no católica, ella creía que debía tener algún pecado oculto que mantenía a Dios distante. Aunque yo misma era una católica poco formada en ese momento, había aprendido en alguna parte que la sequedad en la oración no es necesariamente mala. La sequedad o aridez en la oración puede tener muchas causas. A veces es una señal de crecimiento espiritual.

La suposición de mi amiga de la universidad era errónea solo en parte. El pecado puede hacer que la oración resulte incómoda. Cuando nos sentimos distantes de Dios, lo primero que hay que considerar es si lo estamos. ¿Hemos cometido un pecado grave? ¿Hemos sido negligentes en evitar los pecados veniales? ¿Han pasado meses desde que acudimos por última vez al sacramento de la reconciliación?

No queremos ser escrupulosos. Si tratamos sinceramente de seguir a Dios, él nos mostrará nuestros fallos a su tiempo. Si sospechamos que algo anda mal en nuestra relación con él, pero no podemos identificar el problema, es posible que necesitemos consultar a un sacerdote, a un director espiritual o a un amigo sensato.

La sequedad en la oración también puede venir de los altibajos normales de nuestras emociones. Así como no siempre sentimos el amor que tenemos por nuestros cónyuges, hijos u otras personas importantes en nuestras vidas, no siempre sentimos nuestro amor por Dios. El amor puede existir sin sentimientos.

Nuestra salud también afecta a nuestra oración. La enfermedad, el estrés o la depresión pueden hacer que la oración se sienta vacía.

Pero nunca perdemos el tiempo cuando oramos sinceramente. Dios todavía está allí.

Algunos días, ser madre me agota tanto que apenas puedo pensar cuando me siento a rezar. Apenas puedo sentir. Solo puedo sentarme en silencio y permitir que Dios derrame su amor sobre mí durante todo mi tiempo de oración.

Finalmente, la sequedad en la oración a veces indica que Dios quiere llevarnos a una relación más cercana con él. Durante nuestra infancia espiritual, Dios nos trata como una madre trata a su bebé. Nos tiene cerca. Nos allana el camino. Los nuevos conversos o los que se comprometen de nuevo con Cristo rebosan de alegría. Dios derrama su amor sobre ellos de una manera casi tangible. Pero la infancia no debe durar toda la vida. Dios puede hacer más difícil la oración para fortalecer nuestro amor por él.

Podemos experimentar sequedad en la oración en cualquier momento del camino hacia Dios. Casi todo el mundo viaja a través de ciertos desiertos. Durante las transiciones entre las etapas principales de la vida espiritual, los vientos abrasadores del amor de Dios nos purgan de nuestra dependencia de cualquier cosa menos de él.

Dios usó la oración seca y vacía para separar a Teresita de las consolaciones espirituales.

San Juan de la Cruz llama a estos tramos secos de la vida espiritual que Dios inicia «noches oscuras». Las noches oscuras pueden ser cortas. O pueden durar años. Algunas personas las experimentan de vez en cuando durante décadas, con los períodos oscuros creciendo en frecuencia y duración.

Las noches oscuras presentan una oportunidad especial para crecer en confianza. ¿Recuerdas jugar de pequeño a vendarse los ojos y fiarte de tu pareja? Los jugadores se ponen por parejas. Uno se ata un pañuelo sobre sus ojos. El otro lo dirige con las palabras o con las manos. El participante «ciego» debe confiar en que su amigo no lo pondrá en peligro. Está prácticamente indefenso para protegerse.

Las noches oscuras funcionan de una forma similar. Ciegos a la acción de Dios en nuestras vidas o a la mínima señal de su presencia, aprendemos a confiar en que él está todavía ahí, dirigiendo nuestro camino. Le entregamos el control total de nuestras vidas espirituales, porque solo él puede ver el camino que tenemos ante nosotros.

Este tipo de sequedad en la oración señala la necesidad de un director espiritual, si todavía no tenemos uno. Puede que tengamos que luchar para mantener una actitud serena. Pero la paz y la libertad serán el resultado de las noches oscuras si las usamos adecuadamente.

Mi oscuridad espiritual no fue propiamente lo que san Juan de la Cruz llama la noche oscura del alma porque las circunstancias naturales la produjeron, en lugar de la obra secreta de Dios. Pero a nivel psicológico, el dolor que experimenté era en general del mismo tipo.

Mi interacción con los miembros de la Iglesia de Cristo de las Ciudades Gemelas me hizo sospechar más de los motivos de otras personas. Durante mucho tiempo después, también me acobardaba al pensar en el purgatorio. Sentía que ya lo había experimentado. Le rogaba a Dios que no me hiciera pasar por ese dolor de nuevo.

El horno ardiente

El libro de Daniel cuenta la conocida historia de los tres valientes jóvenes. Los recordamos por sus nombres babilónicos: Sidrac, Misac y Abdénago. Los babilonios habían capturado Jerusalén y habían llevado a muchos de los habitantes de Judá al exilio. El rey Nabucodonosor construyó un ídolo de sí mismo en su capital. Ordenó a la gente que se inclinara ante él cada vez que sus músicos tocaran ciertas notas. Sidrac, Misac y Abdénago se negaron a obedecer, así que Nabucodonosor los sentenció a muerte en un horno ardiente. Tras oír la sentencia, le dijeron al rey,

> Si nuestro Dios a quien veneramos puede librarnos del horno encendido, nos librará, oh rey, de tus manos. Y aunque no lo hicicera, que te conste, majestad, que no veneramos a tus dioses ni adoramos la estatua de oro que has erigido (Dn 3, 17-18).

Creían de antemano que Dios los rescataría milagrosamente, pero se comprometieron a cumplir su voluntad aunque no los rescatara, aunque los dejara enfrentarse a una muerte insoportable.

Los guardias ataron a los hombres de pies y manos. Calentaron el horno tanto que los que arrojaron a los tres hombres murieron por el calor. Pero Sidrac, Misac y Abdénago quedaron indemnes. El ángel del Señor, probablemente la misma Segunda Persona de la Trinidad, apareció en el horno con ellos. Juntos, los cuatro caminaban en las llamas, alabando a Dios.

Esta historia enseña una lección obvia. Cuando sufrimos mucho, Dios nos acompaña incluso cuando no podemos verlo, oírlo o sentirlo. Se acerca especialmente a los que se sienten abandonados por él, porque Jesús mismo se sintió abandonado por el Padre en la cruz. El Padre no abandonó, no pudo abandonar a su Hijo. No abandonó a Sidrac, Misac y Abdénago. Él estuvo con Teresita en su oscuridad espiritual. Él estuvo conmigo en la mía.

Jesús dijo: «Y sabed que yo estoy con vosotros todos los días, hasta el final de los tiempos» (Mt 28, 20). Podemos confiar en esas palabras, no importa lo que venga. Aunque estemos demasiado descorazonados para cantar como los tres jóvenes o para contar chistes como Teresa, todavía podemos tener paz interior.

Al acercarse a la muerte, Teresa meditó sobre esta historia de los tres jóvenes. Dijo: «Si voy al purgatorio, me sentiré muy contenta; haré como los tres hebreos en el horno, me pasearé por entre las llamas cantando el cántico del amor»[154].

«No sé si iré al purgatorio», dijo en otro momento, «eso no me preocupa en absoluto»[155]. Aceptaba fácilmente todo lo que viniera de la mano de Dios.

Todavía prefiero ir directa al cielo que pasar tiempo en el purgatorio. ¿Quién no lo haría? Pero Teresa me ha enseñado que podemos soportarlo todo cuando confiamos en Dios. Ya no temo a la oscuridad espiritual o al castigo temporal por mis pecados. Espero con ansia la purificación a la que me enfrentaré en esta vida o después, no porque me guste el sufrimiento, sino porque cada momento de purificación me acercará un poco a ver el rostro de Dios.

---

[154] OC, UC, CA 8.7.15, p. 885.
[155] OC, UC, CA 4.6.1, p. 861.

Cuestiones para la reflexión

1. ¿En algún momento me he sentido abandonado por Dios? Mirando atrás, ¿puedo ver ahora señales de su presencia conmigo?

2. ¿Mi oración está llena de consolaciones, es árida o está en algún punto intermedio?

Sugerencias prácticas

*   Si estás experimentando una prolongada sequedad en la oración sin entender el motivo, consulta a un director espiritual o a un sacerdote. Empieza llamando a tu parroquia. Si tu pastor o auxiliar no puede ayudarte, quizá pueda dirigirte a alguien que sí pueda. El libro *Fire Within* [*El fuego interior*] del P. Thomas Dubay también da ayuda práctica para discernir si estás experimentando en la oración una de las noches espirituales sobrenaturales.

*   Los salmos proporcionan oraciones maravillosas que podemos rezar cuando nuestros corazones están demasiado entumecidos como para expresarse. Jesús citó el salmo 22 en la cruz. Empieza con las palabras: «Dios mío, Dios mío, ¿por qué me has abandonado?». El salmo 37 habla de triunfar sobre los enemigos. El salmo 40 nos insta a confiar en Dios en medio del sufrimiento. El salmo 116 es la oración de un hombre agradecido por la liberación del sufrimiento. Interioriza alguno de estos pasajes de corazón para usarlos como apoyo en tiempos de oscuridad.

Aceptándonos a nosotros mismos y nuestras circunstancias de cada día

Estoy crucificado con Cristo; vivo pero no soy yo el que vive, es Cristo quien vive en mí.

Gál 2, 19-20

E l 20 de febrero de 1893, las monjas del Carmelo de Lisieux eligieron a la Hna. Inés como priora. La mujer que había actuado como madre de Teresa durante tantos años de su infancia se convirtió en su madre en la vida religiosa. Como uno de sus primeros actos oficiales, nombró a la madre María de Gonzaga como maestra de novicias. Esta era la costumbre de las antiguas prioras. La madre Inés también nombró a Teresita como ayudante de la madre María. Durante los siguientes años, Teresa dirigió eficazmente el noviciado sin el título.

Teresa dirigía al principio a dos novicias. Tímida y reservada, la Hna. María Magdalena se saltaba a menudo el encuentro diario con Teresita. Según su necrológica, sufrió un trauma no especificado mientras vivía como empleada doméstica en su adolescencia. Temía la intimidad. Teresa la soportaba con paciencia y amor. Incluso escribió un poema sobre María Magdalena llamándola reina, que reinaría cerca de Jesús mientras estaba en la tierra[156]. Teresa creía que la confianza en Jesús vencería sus temores.

Después de la muerte de Teresita, María Magdalena floreció repentinamente, asombrándose a sí misma con su profunda confianza en Dios.

Sor María de la Trinidad, la segunda novicia, también se benefició de la sabiduría de Teresita. Después de hablarlo en privado con Teresa, se apartó de un apego inapropiado a la madre María de Gonzaga.

Más o menos al mismo tiempo en que Teresa se hacía cargo del noviciado, la madre Inés la retiró del trabajo en la sacristía y la hizo asistente de la portera. La portera de las monjas, una monja amable pero excéntrica, refinó la caridad de Teresita mientras crecía en apreciación por su discreción. La madre Inés también designó a Teresita para que pintara cuadros devocionales y escribiera poesía religiosa para la comunidad.

Ese verano, Teresa pintó un fresco de ángeles en el oratorio de los inválidos. En el fresco, doce pequeños querubines rodean las puertas doradas del tabernáculo que está construido en la pared. Tres niños los acompañan. Uno sujeta un incensario, simbolizando nuestras oraciones subiendo al cielo. Otro sujeta uvas y trigo, simbolizando la eucaristía. El tercero sostiene un arpa y duerme, apoyado en el tabernáculo. Este niño representa a la propia Teresa.

Teresa con frecuencia se dormía durante la oración mental. Escribe:

Debiera causarme desolación el hecho de dormirme (después de siete años) durante la oración y la *acción de gracias*.

---

[156] OC, Poesía 14 «Historia de una pastora convertida en reina», p. 700.

Pues bien, no siento desolación... Pienso que los *niñitos* agradan a sus padres lo mismo dormidos que despiertos. Pienso que para hacer sus operaciones, los médicos duermen a sus enfermos. Pienso, en fin, que «el Señor conoce nuestra fragilidad, que se acuerda de que no somos más que polvo»[157].

Cuando Teresa dice *debería*, se refiere a la opinión popular sobre la santidad. La rigidez moral de la cultura católica francesa esperaba que todos fueran fuertes. Teresa no lo era.

Teresa entendía la naturaleza humana. Era realista, tanto con ella misma como con los demás. No esperaba una fuerza, sabiduría o bondad extraordinarias. No esperamos grandes cosas de los niños pequeños.

Por otro lado, regañaba a las novicias a su cargo por su falta de confianza en Dios. Señalaba sus más pequeños defectos y les mostraba los remedios. Ella les exigía que buscaran la santidad, pero no a través de su fuerza. Solo la entrega a Dios las santificaría.

Aparte de sus parientes y de las novicias a su cargo, las hermanas del convento sabían poco sobre la madura vida espiritual de Teresita. La vieron alejada de sus tareas físicas para que ni siquiera tuviera que ayudar con la lavandería. Algunas creían que la madre Inés la mimaba, que no traía ningún beneficio a la comunidad en general. Algunas incluso se preguntaban si había entrado en el Carmelo solo para «divertirse»[158].

Pero las novicias la veían con mayor claridad. Como «novicia mayor», como se la llamaba ahora, Teresa desarrolló los dones necesarios para la dirección espiritual. Su sabiduría y madurez brillaron en

---

[157] OC, HA, p. 197, énfasis en el original.
[158] AETL, p. 152.

esta nueva posición. Gorres señala que, aunque Teresa seguía el caminito ella misma, no intentó rehacer a sus novicias a su imagen. En
lugar de eso, se fijó en las cualidades y el temperamento de cada hermana y adaptó su dirección espiritual para que se adecuara a ellas.

> Vi desde el principio que todo el mundo tiene que pasar por
> la misma lucha, aunque desde otro punto de vista hay gran-
> des diferencias entre un alma y otra; y debido a que son tan
> diferentes, nunca podría tratarlas de la misma forma[159].

Sor María de la Trinidad era una novicia temperamental que, al
igual que Teresa en años anteriores, lloraba con frecuencia. Un día,
Teresa estaba de pie ante su caballete, pintando cuidadosamente una
vid de oro alrededor de un retrato del Niño Jesús apareciéndosele a
santa Teresa. Planeaba regalarle el cuadro a Celina en su vigésimo
quinto cumpleaños. María de la Trinidad se acercó, sus grandes y
profundos ojos llenos de lágrimas. Teresa había intentado todos los
métodos habituales para ayudar a esta hermana a superar su falta de
autocontrol, pero ni las penitencias, ni las resoluciones, ni las repri-
mendas funcionaron.

—¿Lágrimas otra vez, hermana? —preguntó—. Debemos curarte
de eso. —Teresa hizo una pausa, mirando al Niño Jesús en busca de
ayuda. Sus ojos barrieron la habitación—. ¡Ya lo tengo! —En una inspiración, tomó una concha de su mesa de pintura—. Aquí —dijo ella,
sosteniéndolo bajo uno de los ojos de su compañera—. Tus lágrimas
son demasiado preciosas para desperdiciarlas de esa manera. Las re-
cogeré en esta concha.

María de la Trinidad levantó sus manos para protestar, pero Teresa las agarró suavemente con su mano libre. «Nada de limpiarte

---

[159] HF, p. 322.

ahora», dijo Teresa. «No quiero perder ni una gota». María de la Trinidad se rio.

—Eso está mejor —dijo Teresa—. Creo que las tengo todas. —Presionó la concha en la mano de María—. Quiero que guardes esto. Cada vez que empieces a llorar, recoge tus lágrimas en la concha. Puedes llorar todo lo que quieras, siempre que recojas cada lágrima. Cuando la concha esté llena, ya está. Ninguna lágrima más ese día.

El humor de Teresa funcionó donde nada más lo había hecho. Desde ese día, María de la Trinidad empezó a controlar sus emociones. Tenía que mover la concha tan rápido de un párpado a otro para no perder ninguna lágrima que no podía pensar en lo que la entristecía. Sus lágrimas se secaron.

Más tarde, cuando Teresa estaba en su lecho de muerte, se dio cuenta de que María de la Trinidad había estado llorando ante el pensamiento de perderla. «¿Has usado tu concha?», preguntó Teresa.

María de la Trinidad agitó la cabeza.

—Debes prometerme que la usarás fielmente después de que yo muera. Es de primera importancia para tu alma.

María lo prometió, pero también pidió permiso para llorar más copiosamente en la muerte de Teresa.

—Te permitiré que llores más los primeros días —dijo Teresa—, porque me da pena tu debilidad. Pero después de eso, debes volver a usar la concha.[160]

Viéndonos como Dios nos ve

«Hay una diferencia mucho mayor entre las almas que entre los rostros», escribió Teresa[161]. Este capítulo discute las diferencias en nuestras fortalezas y debilidades naturales. Aprenderemos que Dios

---

[160] Cf. NPPO de sor María de la Trinidad.
[161] OC, HA, p. 277.

llama a todos a una relación profunda con él. Veremos por qué es peligroso compararnos con los demás. Finalmente, nos enteraremos de una petición poco común que Teresa hizo, de acuerdo con su caminito.

Cuando estudiamos fotografías de las monjas del Carmelo de Lisieux, lo primero que vemos es la similitud entre las monjas. Nos fijamos en las novicias, que se distinguen por sus velos blancos. Las monjas restantes esconden sus personalidades individuales hasta que observamos más de cerca. Bajo los velos oscuros y las cofias blancas, una variedad de rostros nos miran. Algunos están arrugados, otros frescos de juventud. Uno parece molesto, otro pensativo. La madre María de Gonzaga tiene ojos serios, pero una boca feliz. Vemos el parecido familiar en los rostros de las hermanas Martin. Pero más allá de eso, la cara de la madre Inés es larga y muestra las preocupaciones de su puesto. La de la Hna. María es redonda y plana. La de la Hna. Genoveva es abierta. Y Teresa tiene su mentón puntiagudo y su mirada de tranquila alegría.

Detrás de cada uno de estos rostros habita un alma única, creada por Dios para la intimidad eterna con él. Dios diseñó un plan distinto para cada una de ellas y para cada uno de nosotros.

¿Vemos a otros cristianos como nuestros hermanos o como nuestros rivales en gracia? ¿Nos desanima la alabanza a los demás?

Cuando una novicia expresó su envidia por no poseer las mismas gracias sociales que algunas de las monjas, Teresa la reprendió.

> Siempre que sientas esta tentación, ora de la siguiente manera: «Dios mío, me alegro de no tener sentimientos finos y delicados, y me alegro de encontrarlos en los demás». Eso

será más agradable a Dios que si fueras siempre irreprocha-
ble[162].

En otra ocasión, Teresa advirtió a la Hna. Genoveva de que su deseo de memorizar las Escrituras tan bien como Teresita era una locura y una distracción. No debía construir su confianza en los talentos naturales[163].

Dios nos ha amado a cada uno de nosotros desde el principio de
los tiempos.

Él nos eligió en Cristo antes de la fundación del mundo para
que fuésemos santos e intachables ante él por el amor. Él
nos ha destinado por medio de Jesucristo, según el beneplá-
cito de su voluntad, a ser sus hijos (Ef 1, 4-5).

Él nos dio a cada uno de nosotros talentos y virtudes humanas naturales, y permitió nuestros defectos naturales. El pecado tienta a
cada uno de diferentes maneras. Podemos luchar con algunos de los
mismos pecados, pero no exactamente de la misma manera. Cada uno
de nosotros también tiene características que pueden ser una ventaja
o una desventaja, dependiendo de la situación.

Al principio de mi existencia, Dios insufló vida en mí, creando mi
alma irrepetible. Mi alma lleva las heridas del pecado original, pero
conserva una bondad natural. Fui hecha a imagen y semejanza de
Dios, tal como lo fueron Adán y Eva. No solo mis padres, sino el mismo
Dios realizó un acto de amor para traerme a la existencia.

Al confiar en Dios necesito confiar en que él previó mis dones y
mis defectos. Los incorporó a su plan para mi vida. Necesito aceptar
mis limitaciones. No solo mis limitaciones espirituales, sino también

---

[162] HF, p. 330.
[163] Ibíd.

mis limitaciones físicas, mentales y psicológicas. Debo aceptar los desafíos de mi temperamento.

Dios puede usarnos y realizar su obra en nuestras vidas hoy. Puede usar nuestras virtudes y nuestros defectos para que nosotros y los que nos rodean nos acerquemos a él. No debemos preocuparnos demasiado por los rasgos de la personalidad, aunque comprenderlos puede ayudarnos a comprender la voluntad de Dios para nuestras vidas. Centrarse demasiado en ellos puede enfocar nuestra mirada en nosotros mismos en lugar de elevarla a Dios.

De niña, Teresa no dejó de lado su vida espiritual mientras intentaba superar su sensibilidad. Para cuando Dios mismo la liberó de este defecto, la santidad estaba a su alcance. A menudo los problemas de personalidad desaparecen a medida que el alma crece en intimidad con Cristo. Los que quedan pueden recordarnos nuestra pobreza y debilidad ante Dios.

También nosotros podemos ser santos

Teresa escribió más sobre las diferencias en las almas:

> Él ha querido crear santos grandes, que pueden compararse a las azucenas y a las rosas; pero ha creado también otros más pequeños, y éstos han de contentarse con ser margaritas o violetas, destinadas a recrearle los ojos a Dios cuando mira al suelo. La perfección consiste en hacer su voluntad, en ser lo que él quiere que seamos[164].

Cuando compramos nuestra primera casa en La Crosse, adquirimos un jardín de flores digno de aparecer en una revista. El antiguo propietario lo había cultivado durante más de veinte años, los

---

[164] OC, HA, p. 38-39.

últimos de ellos durante su jubilación. Busqué en Internet, en los catálogos de semillas y en mi nueva enciclopedia de jardinería para aprender los nombres y los requisitos de las diferentes flores. Narcisos, lirios tigre, salvia rusa y rudbeckias se turnaban para florecer en medio de hostas y lirios de día. Además de tener su propio tiempo y duración de floración, cada especie necesitaba que se le quitaran las flores marchitas o que se la podara a su manera. Algunas pedían más agua. Algunas necesitaban que se les pusiera un tutor o ser protegidas de las plagas. Otras prosperaban cuando se las dejaba en paz.

De todas las estaciones, siempre había preferido el otoño. Para nuestro segundo invierno largo en Wisconsin, observé con ansias el primer indicio de verde asomando en la tierra. Sabía lo que seguiría. En el transcurso de los siguientes seis meses, tonos de azul y rojo adornarían nuestro patio trasero, junto con naranjas, amarillos y blanco puro. Algunas flores, como las amapolas naranjas, florecían espectacularmente durante unos pocos días. Otras, como los geranios perennes, florecían durante muchas semanas, y luego dejaban montículos verdes cuando terminaban de florecer. La bergamota especiaba el aire, las rosas lo endulzaban.

Empezaba cada primavera trabajando diligentemente entre las plantas, atendiendo a cada una con amor. Pero para cuando el verano alcanzaba su apogeo, el jardín se me había adelantado. Había demasiadas plantas para que yo pudiera seguir su ritmo, cuando yo también tenía que seguir el ritmo de tres niños pequeños.

Dios, en cambio, cuida fielmente las plantas de su jardín, dándole a cada una el cuidado que necesita. No tiene prisa ni ansiedad. Es paciente y perseverante. Sabe lo que cada planta requiere. Se deleita en la variedad de su jardín.

¿Una violeta debería envidiar a los lirios? ¿Una margarita debería envidiar a las rosas?

La envidia espiritual nos tienta hacia la desesperación. Leemos acerca de las gracias que Dios le dio a Teresita y pensamos, *Eso no es justo. ¿Por qué no me dio esas gracias a mí? A mí también me gustaría ser una santa.*

Muchos teólogos católicos enseñan que Dios ama a algunas almas más que a otras. De lo contrario, argumentan, todos serían iguales en santidad. Esta noción siempre me ha molestado. Sospecho que mi incomodidad es en parte una incomodidad secreta conmigo misma. No quiero aceptar mis limitaciones. Quiero creer que soy tan fuerte, tan inteligente y con tanto talento —y no digamos tan santa— como la persona de al lado. En realidad, cada uno de nosotros es irreemplazable, diferente en cuanto a los dones, pero con el mismo inmenso valor, hecho a imagen de Dios.

Las preguntas acerca de los distintos planes de Dios para cada uno de nosotros no deberían molestarme demasiado. ¿Debería imponer a Dios mi limitada noción humana de justicia? ¿Espero entender todos sus caminos? ¿O confío lo suficiente en él como para creer que su camino es bueno y correcto aunque no pueda entenderlo?

Probablemente nunca sabremos en la tierra cuánto predetermina Dios nuestro último nivel de santidad, y cuánto depende de nuestra libre elección. Y no importa.

¿Divide Dios el mundo en dos partes, santos y el resto de nosotros? Esta es la pregunta que debería preocuparnos. Teresa responde con un firme *no*. Según su enseñanza, Dios creó a cada alma en su jardín para ser santa. Algunas son mayores, otras son menores.

El Concilio Vaticano II está de acuerdo:

Todos los fieles, cristianos, de cualquier condición y estado, fortalecidos con tantos y tan poderosos medios de salvación, son llamados por el Señor, cada uno por su camino, a la perfección de aquella santidad con la que es perfecto el mismo Padre[165].

Dios nos dio a cada uno de nosotros lo suficiente para convertirnos en santos. Si él dio a ciertas almas ayuda extra más allá de eso, ¿por qué debería preocuparnos a nosotros? Nos hizo a cada uno de nosotros como él desea, y eso debería bastar. Ya que él es todo bondad, todo poderoso, todo amoroso, todo justo, debo someterme a él. Debo aceptar mis debilidades en la medida en que no pueda cambiarlas.

San Pablo escribió:

Si el cuerpo entero fuera ojo, ¿dónde estaría el oído?; si fuera todo oído, ¿dónde estaría el olfato? Pues bien, Dios distribuyó cada uno de los miembros en el cuerpo como quiso. Si todos fueran un solo miembro, ¿dónde estaría el cuerpo?

Sin embargo, aunque es cierto que los miembros son muchos, el cuerpo es uno solo. El ojo no puede decir a la mano: «No te necesito»; y la cabeza no puede decir a los pies: «No os necesito». Sino todo lo contrario, los miembros que parecen más débiles son necesarios (1 Cor 12, 17-22).

¡Incluso si somos débiles somos indispensables para el plan de Dios para la Iglesia!

Dios nos hizo para ser santos, ya seamos tranquilos o agresivos, espontáneos o prácticos; ya sea que hagamos amigos fácilmente o que

---

[165] Lumen Gentium 11.

nos encontremos a menudo solos; ya sea que todos o nadie nos escuche; ya sea que tengamos éxito en la vida o aparentemente fracasemos; ya sea que nos llame a ser sacerdotes, religiosos, casados o solteros; ya sea que seamos viejos o jóvenes; ya sea que estemos sanos o que estemos postrados en cama; sin tener en cuenta nuestra apariencia física.

El Señor sabe lo que cada uno de nosotros necesita para ser santo. Él dirige nuestros caminos, adaptando nuestras circunstancias y las gracias que nos ofrece para nuestras almas individuales, que él conoce tan íntimamente. Cualquier alma que ceda a la gracia de Dios puede ser un recipiente de su amor[166].

No es justo

Kathy (nombre ficticio) era una amiga mía de la universidad y se estaba recuperando del alcoholismo. Creció en la zona rural de Wyoming, donde sus padres tenían un bar. Ella y su hermana aprendieron a beber y jugar al billar a temprana edad. Ambas tuvieron problemas con la bebida de adultas. Después de entregar sus vidas a Cristo, lucharon para mantenerse sobrias.

Cuando Kathy experimentaba estrés o celebraba un cumpleaños, la tentación de beber era especialmente fuerte. A veces otros amigos y yo recorríamos Sioux Falls, Dakota del Sur por las noches, buscando su coche en los aparcamientos de los bares de la ciudad. Cada vez que no sabíamos nada de ella durante unos días, nos preocupábamos. ¿Estaba escondida borracha en algún lugar?

Una primavera sentí que Dios me estaba llamando a dejar la lectura recreativa por un mes. Para el común de los mortales esto no

---

[166] HF, p. 341.

implica ningún sacrificio en absoluto. Pero siempre he leído cada vez que he podido. Solía bromear con que mi lápida diría: «Murió de una sobredosis de ficción». Luché para decir *sí* a Dios. No podía imaginarme la vida sin libros durante treinta días. Por fin, me di por vencida.

Cuando le conté a Kathy mi lucha, me miró con incredulidad. «No es justo», dijo ella. «Tengo que luchar para no emborracharme, ¿y a ti te preocupa leer demasiado? ¡Lo tienes tan fácil!».

Me sentí culpable. No fue fácil para mí dejar los libros, pero por supuesto prefería luchar contra demasiada Jane Austen a luchar contra demasiado Jack Daniels. Sabía que la vida de Kathy estaba llena de pruebas. Además de su temprano alcoholismo, también rebotaba por las casas de acogida. Un padre adoptivo abusó sexualmente de ella. No sabía cómo era una familia estable y cristiana. Aunque ella idealizaba cómo me criaron, estuve de acuerdo de todo corazón en que fue maravilloso comparado con cómo la criaron a ella.

Conozco a muchas personas que han tenido relaciones más difíciles, han soportado mayores tragedias y han sido tentados a cometer pecados más graves que yo. Ya debería ser santa, con todas las ventajas que Dios me ha dado. «Al que mucho se le dio, mucho se le reclamará» (Lc 12,48).

Un pasaje de la novela *Retorno a Brideshead*, de Evelyn Waugh, que siempre me ha afectado, presenta una extraña paradoja sobre un tema relacionado. Lady Marchmain está tratando de convertir a Charles Ryder al catolicismo. Ella le habla de sus antecedentes:

> Me convertí en una persona muy rica. Al principio me preocupaba, creía que no estaba bien tener tantas cosas hermosas mientras los otros no tenían nada. Ahora sé que los ricos también pueden pecar cuando desean los privilegios de los

228 • Connie Rossini

pobres. Los pobres siempre han sido los favoritos de Dios y de sus santos[167].

Nunca entendí este pasaje. Siempre he visto esto como un pobre intento por parte de Lady Marchmain para justificar su estilo de vida (o del autor para justificar el suyo). Últimamente he adoptado un punto de vista diferente. Ahora creo que es posible para los «justos» pecar codiciando los «privilegios» de los penitentes. El Evangelio favorece claramente a los pobres. También favorece a los caídos. Jesús dijo: «No he venido a llamar a los justos, sino a los pecadores a que se conviertan» (Lc 5,32).

Entre aquellos que han alcanzado el uso de razón, solo Jesús y María nunca pecaron. No necesitaron arrepentimiento. Sin embargo, a algunas personas les resulta más fácil vivir una vida moral que a otras. ¿Están los honestos excluidos de la salvación? ¿Vino Jesús por otros y no por ellos?

¡Absolutamente no! Porque mientras que los «pecadores» pueden tener que luchar contra la lujuria, los «justos» tienen que luchar contra el orgullo. Y el orgullo, aunque tradicionalmente más respetable, es el mayor pecado.

La mujer penitente sabía que necesitaba la gracia para ser buena. Simón el fariseo trató de ser bueno a través de su propio poder. ¿De quién deberíamos compadecernos más? ¿De la que encuentra fácil no confiar en sí misma, o del que ni siquiera se da cuenta de que necesita confiar en Dios? ¿Cuál de ellos tiene mayor motivo para decir: «¡No es justo!»? ¿No tienen ambos un buen argumento?

---

[167] Madrid: Tusquets, 2008, p. 156.

Nadie llega al cielo sin luchar contra el pecado. El caminito no deja de ser el camino estrecho. Todo el mundo se esfuerza. Uno es tentado a la presunción, mientras que otro es tentado a la desesperación.

Resolvamos dejar de compararnos con nuestros vecinos, ya sea para jactarnos de lo mucho mejores que somos que ellos, o para envidiar la facilidad con la que parecen pasar por la vida. Tales comparaciones son distracciones. Nos distraen de confiar en Dios, que nos da las gracias particulares que necesitamos para crecer unidos a él.

Haciendo actos de fe

Después de varias semanas de práctica, establecí el hábito de pedirle a Dios un beso cada vez que pecaba. Cuanto más lo practicaba, más paz interior disfrutaba. Mis hijos no hacían menos ruido ni eran menos desobedientes que antes. Ni yo les respondía de forma mucho más paciente. Pero era mucho más paciente conmigo misma. Sabía que mi día ya no se convertiría en una espiral fuera de control debido a una palabra furiosa. Sabía que no era necesario que todo el día fuera un fracaso, a menos que yo lo permitiera. Sabía que Dios no estaba conmocionado por mi pecado ni decepcionado conmigo.

Entonces decidí que era hora de llevar la confianza un paso más allá. La Cuaresma me brindó la oportunidad de añadir otra práctica a mis días. Traté de aceptar todo lo que sucedía durante el día como parte del plan de Dios para mi vida. Normalmente mi paz interior se vería perturbada por el timbre del teléfono durante las clases en casa, John Mark necesitando atención cuando yo estaba en medio de un castigo a sus hermanos, el mal funcionamiento del ordenador mientras yo escribía en el blog, los niños que se contagiaban de un virus en uno de nuestros pocos días de excursión, las quejas sobre la cena, las malas contestaciones, y la desobediencia. Me comprometí a aceptar estas cosas y todo lo demás que Dios permitía en mi vida.

Decidí susurrar: «Jesús, confío en ti» cada vez que las circunstancias me desafiaban. Me imaginé arrodillada a los pies de Jesús como la mujer penitente, abriendo mi corazón a su gracia.

Todavía fallaba —de hecho, con frecuencia—. Pero, poco a poco, estos actos de fe me transformaron. Poco a poco aprendí a reconocer la soberanía de Dios en cada momento del día. Poco a poco santificaba los detalles ordinarios de mi vida no haciendo más que confiar.

Intentar aceptar con paz lo que ocurriera en mi vida también me enseñó una lección inesperada: no siempre quiero hacer la voluntad de Dios. Como tantas otras cosas, las palabras *confío en ti* no son mágicas. Son una oración. Son un acto de fe. Me recuerdan que confíe en Dios y pida su ayuda. Pero no pueden hacerme confiar si yo no quiero. Tengo que abrir mi corazón. Tengo que trabajar junto a la gracia de Dios.

A veces le digo honestamente al Señor: «Jesús, confío en ti, más o menos». Como el hombre del Evangelio que decía: «Creo, pero ayuda mi falta de fe» (Mc 9,24), ruego: «Señor, confío en ti; ayúdame en mi falta de confianza. Confía en el Padre por mí. Confía en su plan en mí, cuando soy lenta para rendirme a él».

El difunto P. Thomas Dubay solía contar una historia sobre santo Tomás de Aquino y su hermana, que era monja. Un día, se acercó al santo para preguntarle qué debía hacer para ser santa. Santo Tomás respondió: «Quererlo».

Sabemos que Dios nos ofrece la gracia de hacer su voluntad. Pero su bondad va más allá. San Pablo escribió: «es Dios quien activa en vosotros *el querer y el obrar* para realizar su designio de amor» (Fil 2, 13, el énfasis es mío). En otras palabras, Dios también nos ofrece la gracia de *desear* su voluntad. Debemos abrir nuestros corazones para recibirla.

Puesto que nada más que el pecado puede separarnos del amor de Cristo, solo una cosa puede impedir que seamos santos: nuestra negativa a hacer la voluntad de Dios. Dios es todopoderoso, pero hay una criatura que puede impedir que me santifique: yo mismo. El amor no puede ser forzado. Debemos darlo voluntariamente.

Esto es parte de lo que significa confiar en Dios en el presente. Debemos confiar en él más que en nuestra terquedad, más que a lo que nos llevaría nuestra pereza. Debemos confiar en él cuando vaya en contra de nuestros instintos de conservación, cuando parezca que nuestra manera de tratar una situación es mejor que la suya. Él realmente sabe lo que es mejor para nosotros en todo momento. Sabe que los retos particulares a los que nos enfrentamos ahora mismo son justo lo que necesitamos para crecer en nuestra confianza y amor. Nos ofrece la fuerza para aceptarlos. Debemos estar dispuestos a recibir esa fuerza.

Es difícil, especialmente en los días en que las tentaciones nos atacan como flechas, una tras otra. Me gusta meditar este versículo: «Si un ejército acampa contra mí, mi corazón no tiembla; si me declaran la guerra, me siento tranquilo» (Sal 27,3). A eso es a lo que aspiro. Pero como primer paso, me conformaría con permanecer en paz cuando mis hijos están librando estridentes batallas entre ellos.

La santificación no es glamurosa. Debemos aceptar la voluntad de Dios justo donde estamos hoy. Justo cuando la vida es difícil o aburrida, cuando la gente nos malinterpreta o pasa por alto nuestras necesidades. Debemos luchar constantemente contra nosotros mismos. Pero podemos ganar esta batalla. Dios combate a nuestro lado.

232 • Connie Rossini

No podemos fracasar a menos que nos rindamos

A pesar de mi falta de voluntad a veces, esa Cuaresma fue una de las mejores en años. Poco tiempo antes había sentido que no podría lograrlo. Ahora sentía que no podía fracasar. ¡Qué revolución! Si no confiaba en Dios a la primera, él me ofrecía una segunda oportunidad. Si me enfadaba o me ponía ansiosa por la falta de confianza, podía confiar en que me perdonaría. Y si me negaba a arrepentirme de inmediato, me ofrecía otra oportunidad en el momento siguiente.

Lo que era cierto para la Cuaresma es cierto para el resto de mi vida. Puedo crecer en confianza, sin importar lo que suceda, a menos que me rinda, a menos que deje de intentarlo.

Dios conoce nuestras debilidades mejor que nosotros. También sabe lo sinceros que somos. Mientras lo intentemos, no nos ve como fracasados. Nos ve como santos en potencia. Y para llegar a ser esos santos, tenemos que confiar en él. En última instancia, él está a cargo de nuestras vidas espirituales. Nuestros dones naturales, nuestra práctica perfecta de la penitencia o nuestro triunfo perfecto sobre un pecado en particular no pueden ganarnos la unión con Dios. Eso es un regalo. Dios nos guiará por el camino específico que él ha pavimentado para llevarnos allí. No podemos fracasar, a menos que nos rindamos.

Novicia de por vida

Para enero de 1894, Teresa ya llevaba en el Carmelo cinco años. En el curso normal de los acontecimientos, dejaría el noviciado en otoño. Cuando llegó el momento, pidió y recibió permiso para permanecer allí permanentemente. Teresita eligió permanecer pequeña, en lugar de crecer para ser una monja de pleno derecho. Ocuparía su lugar para siempre entre los principiantes. Nunca podría ocupar un cargo oficial. Seguiría el horario especial de los que están en formación, e incluso viviría en un dormitorio especial.

Pero al año siguiente, cuando cumplió 21 años, pudo hacer una cosa que antes no se le había permitido hacer: ayunar. Sus superiores ya no la mimarían con la comida.

Hizo un trabajo inestimable con las novicias. La madre María de Gonzaga lo reconoció silenciosamente. Cuando la madre María fue elegida de nuevo priora, decidió no nombrar a una nueva maestra de novicias. Se reservó el título para sí misma, manteniendo a Teresa como su asistente.

La pequeñez de Teresita empezaba a afectar al convento de una manera nueva, a medida que las novicias aprendían de ella a abandonarse a la voluntad de Dios. Pero su vida pronto dio otro giro. Menos de dos semanas después de que María de Gonzaga la volviera a nombrar, la tuberculosis de Teresita se manifestó por la noche después de las oraciones del Viernes Santo.

Cuestiones para la reflexión

1. ¿Qué talentos naturales y dones espirituales me ha dado Dios? ¿Cómo puedo usarlos para su gloria?

2. ¿Envidio a otros? ¿Puedo alegrarme cuando alguien más tiene éxito en algo para lo que no tengo talento o cuando otros parecen tener caminos más fáciles que seguir, mientras el mío está lleno de baches?

Sugerencias prácticas

* Si estás frustrado con una debilidad natural, encuentra un santo que luchara con el mismo problema y rézale diariamente para que te dé inspiración y fortaleza. Además de los santos patrones para casi todo tipo de sufrimiento físico, hay santos que sufrieron de alcoholismo, problemas de personalidad, enfermedades mentales, etc.

* Si estás dotado de una buena imaginación, escoge una imagen bíblica para imaginar junto a, o en lugar de, un acto verbal de fe para recordar a lo largo del día. Me imagino a mí misma como la mujer penitente, poniendo mi mejilla sobre el pie de Jesús. Podrías tratar de imaginarte a ti mismo como san Juan Apóstol, apoyándote en el corazón de Jesús en la Última Cena, o como un niño siendo acunado en los brazos de Dios Padre. Escoge una imagen que comunique confianza en Dios.

Esperando contra toda esperanza

Pues sé muy bien lo que pienso hacer con vosotros: designios de paz y no de aflicción, daros un porvenir y una esperanza.

Jer 29, 11

Aunque Teresita experimentó oscuridad espiritual durante la mayor parte de su tiempo como carmelita, aprendió a estar en paz en medio de ella. Escribe que en 1896 «Me hacía estas reflexiones: Ciertamente no sufro grandes tribulaciones exteriores, y para sufrirlas interiores, Dios tendría que cambiar mi camino»[168].

La noche más oscura estaba por llegar. Temprano en la mañana del Viernes Santo, después de hacer su turno para orar «ante el Sepulcro», regresó arriba a su celda en el dormitorio de san Elías del noviciado.

Allí realizó el ritual prescrito para retirarse. Se quitó el velo y la ajustada cofia, los dobló cuidadosamente y los colocó en el banco junto a su cama. Se quitó el escapulario y se arrodilló para besarlo. Para ganar una indulgencia por los pecadores, susurró: «*O gloriosa Virginum, sublimis inter sidera...*» («Oh, Virgen gloriosa, entronizada por encima de las estrellas...»).

---

[168] OC, HA, p. 289.

Levantándose, dobló el escapulario y lo agregó al montón de ropa. En su lugar se puso el pequeño escapulario para la noche. Finalmente, sumergió su mano en agua bendita, roció su cama con ella y se arrodilló un momento más para encomendar su sueño a Dios. Entonces fue libre de apagar la lámpara y acostarse.

Apenas la cabeza de Teresa hubo tocado la almohada, un torrente de líquido salió de su boca. Lo detuvo con un pañuelo. ¿Era, como ella pensaba, sangre? ¿Era esta la primera señal segura de que estaba gravemente enferma?

No queriendo romper la Regla, se quedó en la cama y se convenció a sí misma para dormirse. Pero con la primera luz del amanecer se levantó y llevó el pañuelo a la ventana cerrada de su celda. ¡Sí, era sangre!

En aquellos días, la tuberculosis era una enfermedad incurable. Era una sentencia de muerte. La tos con sangre a veces se presentaba con otras enfermedades además de la tuberculosis. Pero Teresita sospechaba desde hacía meses que se estaba muriendo. Toser sangre solo confirmó sus sospechas. Se sonrió a sí misma y oró en silencio. ¡Pronto vería a su Esposo cara a cara!

A la noche siguiente tosió sangre de nuevo.

La alegría de Teresita en su enfermedad no duraría mucho. El domingo de Pascua, la oscuridad espiritual total la envolvió, durando hasta su muerte. Las dudas sobre el cielo la asaltaron.

Teresa siempre había creído más plenamente en la existencia de Dios que en la existencia de los ateos y los agnósticos. ¡La vida y Dios eran inseparables! ¿Cómo podía una persona tener una y no creer en el otro? Todo eso ahora cambió. Fue sumergida en el abismo espiritual de aquellos que no tenían ninguna esperanza en un Salvador. No sentía ninguna cercanía a Dios, no veía la luz. Como Jesús había comido con los pecadores, Teresa ahora se veía sentada a la mesa con ellos. Soportó el dolor de la desesperación.

Escribiendo a la madre María de Gonzaga, dijo que una voz interior se burlaba de ella:

> Sueñas con la luz, con una patria aromada de los más suaves perfumes. Sueñas con la posesión *eterna* del Creador de todas estas maravillas. Crees poder salir un día de las brumas que te rodean. ¡Adelante! ¡Adelante! Gózate de la muerte, que te dará, no lo que tú esperas, sino una noche más profunda todavía, la noche de la nada[169].

Teresa temía hablar o escribir mucho más que esto sobre su oscuridad. Temía blasfemar. Pero más de una vez la madre Inés registró en pedazos de papel que le preguntó a su hermana si aún estaba en la oscuridad. La respuesta siempre fue *sí*.

¿Cómo respondió Teresa a este asalto final contra la confianza? «Vuelvo la espalda a mi adversario sin dignarme siquiera mirarle a la cara», escribió. «Pero corro a mi Jesús, le digo que estoy dispuesta a derramar hasta la última gota de mi sangre por confesar que existe un *cielo*»[170]. Por fin pudo experimentar la alegría pura, una alegría que no tiene nada que ver con la paz interior, sino con una aceptación verdaderamente desinteresada de la voluntad de Dios.

Confiando en Dios como Abrahán

Este capítulo regresa a la historia de Abrahán y su aparentemente tonta esperanza. Discutiremos la oscuridad de las oraciones sin respuesta y la esperanza por la conversión de los pecadores. Compartiré

---

[169] Ibíd., p. 248, énfasis en el original.
[170] Ibíd., énfasis en el original.

cómo el hecho de cumplir cuarenta años intensificó mi angustia psicológica y los acontecimientos inesperados que siguieron. Veremos
cómo le fueron arrebatados los últimos consuelos a Teresita.

En esta oscuridad final, Teresita nuevamente confió en Dios según
el modelo de Abrahán. El Nuevo Testamento habla extensamente del
ejemplo de Abrahán en Romanos 4 y Hebreos 11.

Cuando Dios le prometió a Abrahán que Sara daría a luz un hijo,

> Todo lo contrario, ante la promesa divina no cedió a la in-
> credulidad, sino que se fortaleció en la fe, dando gloria a
> Dios, pues estaba persuadido de que Dios es capaz de hacer
> lo que promete (Rom 4, 20-21).

Sara dio a luz a un hijo y ella y Abrahán lo llamaron Isaac. Pero
Dios no había terminado de enseñar a Abrahán a confiar. Dios le habló de nuevo, diciendo:

> Toma a tu hijo único, al que amas, a Isaac, y vete a la tierra
> de Moria y ofrécemelo allí en holocausto en uno de los mon-
> tes que yo te indicaré (Gén 22,2).

Sorprendentemente, Abrahán no dudó, aunque debió de haberse
quedado conmocionado y con el corazón roto. Dios había dicho que
sus promesas se cumplirían a través de Isaac. ¿Cómo podría ser esto,
si Isaac iba a morir?

El Nuevo Testamento interpreta esta historia por nosotros. «Pero
Abrahán pensó que Dios tiene poder hasta para resucitar de entre los
muertos» (Heb 11, 19). Abrahán se negó a dudar de las promesas de
Dios, sin importar cuáles fueran. Si un milagro inaudito fuera necesario para cumplirlas, Dios lo haría. Esto fue siglos antes del profeta
Elías. ¡Hasta este punto en la historia de la salvación, nadie había sido
levantado de entre los muertos!

«Apoyado en la esperanza, creyó contra toda esperanza» (Rom 4, 18). A nivel humano, Abrahán esperaba ilógicamente, pero eso no lo detuvo. Hablaba con Dios como un hombre habla con su amigo, tal como lo hizo Moisés más tarde. Comió con Dios y sus ángeles, y negoció con él sobre el destino de Sodoma y Gomorra. Comprendió que Dios era fiel, y estaba convencido de que Dios nunca lo defraudaría.

En el momento en el que Abrahán tomó su cuchillo para matar a Isaac, un ángel lo detuvo. «No alargues la mano contra el muchacho ni le hagas nada. Ahora he comprobado que temes a Dios, porque no te has reservado a tu hijo, a tu único hijo» (Gén 22,12). Dios le devolvió a Isaac.

La promesa de Dios a Abrahán y a sus descendientes aún podía cumplirse a través del hijo que Sara había dado a luz milagrosamente. Abrahán no vivió para ver a sus descendientes heredar la tierra prometida. De hecho, el escritor de la carta a los hebreos dice que Dios finalmente cumplió esta promesa en Cristo, miles de años después. Pero Abrahán no tuvo que ver para creer. Nada hizo temblar su confianza.

Como Abrahán, Teresa esperaba contra toda esperanza. Aunque las dudas acerca de la realidad del cielo la acosaban, proclamó que moriría voluntariamente por creer en ella. Sabía que Dios cumpliría las promesas que le había hecho. No dejó que la oscuridad espiritual le robara su confianza. En cambio, su confianza se fortaleció.

Como la de Abrahán, la confianza de Teresita parecía ilógica. Nos maravillamos de ello. Pero Teresa —y Abrahán, que es, después de todo, nuestro padre— ¡quiere que la imitemos! San Pablo también escribe:

Nos gloriamos en la esperanza de la gloria de Dios. Más aún, nos gloriamos incluso en las tribulaciones, sabiendo que la tribulación produce paciencia, la paciencia, virtud probada, la virtud probada, esperanza, y la esperanza no defrauda, porque el amor de Dios ha sido derramado en nuestros corazones por el Espíritu Santo que se nos ha dado (Rom 5, 2-5).

La confianza comienza con el amor. El Espíritu Santo infunde amor en nuestros corazones en el bautismo, junto con la fe y la esperanza. Cuanto más nos acercamos a Dios en la oración, más nos infunde el amor y la fidelidad de Jesús.

Teresa deseaba amar a Dios con el propio amor de Dios, porque sabía que el mero amor humano era inadecuado. Por sí sola, ella nunca podría amar a Dios como él merecía ser amado. Nunca podría amarlo como él la amaba a ella. Pero usó el amor que tenía por él para entregarse completamente a él. Se confió a Dios de las pequeñas maneras en que pudo y él se mostró fiel. Esto aumentó su confianza en su amor y bondad y la acercó cada vez más a él. Dios llevó su confianza hasta el límite para que ella pudiera alcanzar los límites más altos del amor.

Cuando tus oraciones no obtienen respuesta

¿Qué debemos hacer cuando estamos en medio de una situación aparentemente desesperada? Muchos de nosotros hemos estado orando por la misma intención durante años sin una respuesta discernible. ¿Por qué Dios hace oídos sordos a nuestros gritos? ¿No le importa?

En nuestros días casi todo el mundo tiene un ser querido —o varios— que ha dejado la Iglesia o está viviendo en pecado mortal. Nuestro corazón sufre al pensar que esta persona podría estar eternamente perdida. El dolor es especialmente profundo cuando la persona perdida es un familiar cercano. Oramos y nos sacrificamos todos los días, pero él, por lo que sabemos, no se acerca a Dios.

¡No nos rindamos! Dios no nos fallará. Creo firmemente que Dios responderá a nuestras oraciones para que nuestros seres queridos se salven. Nunca podremos confiar demasiado en Dios. Si ponemos toda nuestra confianza en él, los milagros ocurrirán, como con Abrahán. Ofrezcamos a nuestros seres queridos a Dios. Creamos que él puede resucitarlos de la muerte del pecado, así como Abrahán creyó que Dios podía resucitar a Isaac.

Hablando de su trabajo con las novicias, Teresa dijo: «Debemos luchar incansablemente para ganar la batalla, aunque no tengamos esperanza»[171]. Dios cambia los corazones. Solo podemos perseverar. Si persistimos en hacer nuestra parte, ¿no podemos confiar en que Dios hará la suya?

La conversión de un asesino

Antes de que Teresa recibiera permiso para entrar en el Carmelo, cuando estaba aprendiendo a confiar en Dios, quería llevarle almas a través de sus oraciones. Se enteró de la existencia de un famoso asesino impenitente que iba a ser ejecutado en breve. Henri Pranzini mató a dos mujeres y a una niña de doce años en un supuesto robo. Todo el país hablaba del caso. Teresa lo tomó como su misión. Ella oraba y se sacrificaba por él diariamente y reclutó a Celina para que se uniera a ella.

No solo ofrecieron a Dios sus buenas obras por Pranzini. Ofrecieron los méritos de Jesús y todos los tesoros de la Iglesia a Dios Padre por él. Se celebró una misa por su conversión.

---

[171] HF, p. 325.

Alimentaba en el fondo de mi corazón la *certeza* de que nuestros deseos se verían satisfechos. Le dije a Dios que estaba segurísima de que perdonaría al pobre y desgraciado Pranzini, y que así lo creería aunque no se *confesase* ni diese *muestra alguna de arrepentimiento*, ¡tanta era la confianza que tenía en la misericordia infinita de Jesús! Pero que para animarme a seguir rogando por los pecadores, y simplemente para mi consuelo, le pedía sólo «*una señal*» de arrepentimiento[172].

Teresa leía el periódico para mantenerse al día con el caso, buscando la señal pública de que sus oraciones habían sido contestadas. Hasta el día de su ejecución, el prisionero se mantuvo inflexible. Se negó a confesarse. Luego, en el último momento, en el mismo cadalso, se dio la vuelta y besó tres veces un crucifijo que un sacerdote le ofreció. ¡Dios había escuchado sus oraciones!

El celo por la conversión de los pecadores llenaba el alma de Teresa. Jesús tenía sed de almas a las que otorgar su misericordia. Cuanto Teresa más saciaba su sed con sus sacrificios y oraciones, más deseaba ofrecerlas.

No conocemos los misteriosos planes de Dios. Tal vez nuestra lucha por la esperanza contra toda esperanza es el sacrificio que salvará el alma de nuestro ser querido.

¿Recuerdas cómo Teresa dijo que Dios no nos daría deseos que no tuviera intención de cumplir? Me aferro a esta verdad no solo para mí, sino para todos los que amo. ¿Dios nos daría esperanza para su salvación y no la cumpliría? Dios desea su conversión más que nosotros. «Por mi vida —oráculo del Señor Dios— que yo no me

---

[172] OC, HA, pp. 128-129, énfasis en el original.

complazco en la muerte del malvado, sino en que el malvado se convierta y viva» (Ez 33, 11).

Y el Apóstol dice: «El Señor no retrasa su promesa, como piensan algunos, sino que tiene paciencia con vosotros, porque no quiere que nadie se pierda sino que todos accedan a la conversión» (2 Pe 3,9). Como la gente del Antiguo Testamento, podemos morir sin ver los frutos de nuestras oraciones. Pero esa no es razón para perder la esperanza. ¡Piensa cuánto más eficaces serán nuestras oraciones en el cielo!

¿Qué hay del libre albedrío? Dios no obligará a nadie a acudir a él. ¿Significa eso que solo podemos cruzar los dedos, pero no tener verdadera esperanza? Creo que podemos ir más lejos. La Iglesia enseña que Dios a veces concede una gracia eficaz a sus hijos. La gracia eficaz siempre logra lo que Dios quiere que haga. Si él da la gracia eficaz de la conversión a un pecador, ese pecador necesariamente se arrepentirá y se volverá hacia él. No sabemos con certeza cómo la gracia eficaz actúa junto con el libre albedrío. Diferentes escuelas teológicas dan diferentes explicaciones. El libre albedrío seguirá siendo un misterio. Pero Dios *puede* lograr que un pecador se arrepienta sin anular el libre albedrío de la persona. Esto lo sabemos.

Dios quiere que confiemos en él. Será fiel. Se deleita en la audacia de los santos. Se deleitará en la nuestra. Nuestra fe en su bondad moverá montañas. Salvará almas.

¿Ha fallecido ya uno de nuestros seres queridos sin signos de arrepentimiento? No debemos desesperar. Solo Dios sabe lo que pasó en secreto en sus últimos momentos. Y el difunto puede necesitar nuestras oraciones en el purgatorio.

¿Y si nuestra oración es por una cura que nunca se realiza, una oferta de trabajo que nunca llega, o un niño perdido que nunca se encuentra? El silencio de Dios desafía nuestra fe. Sin embargo, nos esforzamos por creer que sus caminos *son* los mejores, que todo se arreglará.

Mientras tanto, sufrimos. Protestamos porque no queremos ser santificados a expensas de la salud o la vida de nuestros seres queridos. Le decimos a Dios que preferimos seguir como estamos y tener paz y amor en esta vida. Pero ¿realmente lo preferimos?

Dios conoce nuestros corazones mejor que nosotros. Él los moldeó. Él sabe lo que realmente nos satisfará. Este dicho de san Agustín se ha escuchado con tanta frecuencia que se ha convertido en un cliché, pero sigue siendo cierto: «Nos hiciste, Señor, para ti, y nuestro corazón está inquieto hasta que descanse en ti».

Más allá de la desesperanza

En medio de mis temores por mis hijos y el futuro de nuestro país, también estaba luchando con otros problemas. Mi cuadragésimo cumpleaños fue inesperadamente difícil. En mis años de juventud e inexperiencia, ponía los ojos en blanco cuando la gente hablaba de la crisis de la mediana edad o de las dificultades con el envejecimiento. *¿Cuál es el problema?* Pensaba. *¿Por qué la gente no puede aceptar su edad? Todos envejecemos constantemente.* No tenía planes de usar cremas antienvejecimiento ni de teñirme el cabello. Esperaba con ansia la vida eterna con Dios, así que, ¿por qué me molestaría el envejecimiento?

Cuando cumplí cuarenta años, estábamos en el segundo de dos años en los que muchos viejos amigos, conocidos o sus seres queridos fallecieron, incluyendo el suicidio sobre el que escribí antes. El día trajo la muerte aún más a la palestra. Aparecieron arrugas en las esquinas de mis ojos y mechones de pelo gris, aparentemente todos a

la vez. Me sentía como si no hubiera ido a ninguna parte espiritualmente en veinte años.

Al mismo tiempo, temía que mis años de maternidad hubieran terminado. Concebimos a nuestros tres primeros hijos casi a demanda.
Pero ahora Carlo tenía diecinueve meses. Durante meses intentamos
concebir de nuevo sin éxito. Mi cuerpo se estaba ralentizando. La
perspectiva de tener más hijos, que tanto Dan como yo deseábamos,
estaba disminuyendo. Hablamos de adoptar una hija, pero no teníamos idea de cómo podríamos permitírnoslo mientras Dan trabajaba
para la Iglesia.

Hasta entonces, siempre me habían encantado los cumpleaños.
Traté de ponerle una cara feliz a mi familia. Dan trajo comida china
para llevar a casa y pastel de queso para celebrarlo. Mientras él estaba en el trabajo, yo luchaba contra las lágrimas.

Siento que todas las cosas buenas de la vida han pasado, dije, mitad
para mí, mitad para Dios. *Matrimonio, tener hijos.... ¿Qué hay que esperar?*

Me sentí culpable de quejarme por no tener más que tres hijos,
cuando tantas parejas no podían concebir. Pero también sentía que
nuestra familia estaba incompleta. No esperaba pasar a una nueva
etapa de la vida tan pronto.

De alguna manera, sobreviví al día sin un colapso total.

Esta tristeza y angustia acecharon de fondo durante el año siguiente. Entonces Dan abordó un tema que habíamos discutido muchas veces antes: su búsqueda de un nuevo trabajo. Odiaba el trabajo
de mudarme y tener que empezar de nuevo a hacer amigos. Como
ambos éramos introvertidos, era difícil seguir echando raíces. Siempre pensé que estaríamos establecidos en un lugar mucho antes de
esta edad, como lo estaban nuestros padres.

Temía que si nos mudábamos y Dan continuaba trabajando para la Iglesia, tendríamos que vivir más lejos de nuestras familias. Cuando entramos en la mediana edad, nuestros padres entraban en sus setenta. Ambos queríamos que nuestros hijos conocieran a sus abuelos y esperábamos pasar tanto tiempo con nuestros padres como pudiéramos mientras ellos aún estuvieran entre nosotros.

Por otro lado, sabía que Dan estaba aburrido en el trabajo. Hizo muchos cambios en su oficina durante los seis años que habíamos vivido en La Crosse. Ahora sentía que no había nuevos desafíos ante él. Un problema aún más importante era nuestra situación financiera. Dan había pasado la mayor parte de su vida adulta en una escuela de postgrado o al servicio de una diócesis. Yo había sido una misionera extranjera y ahora me quedaba en casa a tiempo completo. Teníamos pocos ahorros para nuestra jubilación, que de repente se cernía sobre nosotros.

La felicidad de Dan es una de mis principales prioridades. Quizá mis propias luchas me ayudaron a ser más abierta de lo que era en el pasado. Esta vez, cuando sacó el tema, le dije: «Bueno, si es la voluntad de Dios, solo tenemos que hacerlo. Veamos qué trabajos hay disponibles».

Dan se sentó al ordenador en nuestra sala de estar y comenzó a visitar los tablones electrónicos con anuncios de trabajo católicos. Inmediatamente encontró un puesto vacante en New Ulm, Minnesota. New Ulm no solo estaba más de ochenta kilómetros más cerca de nuestras familias que La Crosse, sino que también era la ciudad natal de la madre de Dan. Dan recordaba haber visitado a su abuelo en New Ulm cuando era pequeño. Su familia extendida aún vivía allí.

También conocíamos al nuevo obispo, John LeVoir, por su reputación. Es coautor de un conocido libro sobre la teología del cuerpo.

También había sido párroco en la parroquia de la hermana de Dan antes de ser nombrado obispo.

Dan decidió solicitar el trabajo antes de seguir buscando. Poco tiempo después aceptó la oferta de trabajo y empezamos a hacer las maletas para regresar a Minnesota.

La vida con Dios es una aventura. Necesitamos seguir avanzando, buscando y haciendo su voluntad, en lugar de dejar que el miedo o la desesperación nos dejen paralizados. Nunca podremos saber de antemano todas las cosas buenas que Dios ha planeado para nosotros.

Después de comprar nuestra casa en New Ulm, nos enteramos de que nuestros vecinos de al lado educaban a sus hijos, cuyas edades son similares a las de los nuestros, en casa. Desde entonces, otra familia católica al final de la calle ha comenzado a educar a sus hijos en el hogar también. Tenemos un grupo de educación en familia mucho más activo que el que teníamos en Wisconsin, lo que es una gran diferencia para mí y para los niños.

Pero la mayor sorpresa que Dios tenía reservada fue el nacimiento de nuestro cuarto hijo dos años después de la mudanza. Hacía tiempo que habíamos perdido la esperanza de tener más niños antes de saber que John Mark estaba en camino. Dios puede traer nueva vida, tanto física como espiritualmente, a cada situación.

Podría haberme concentrado en mí misma y estar amargada, dejando a Dan infeliz también. Podría haber perdido la oportunidad de estar más cerca de nuestras familias y de hacer nuevos amigos maravillosos. Doy gracias a Dios por la gracia de ser abierta, a pesar de mí misma. La vida a los cuarenta y seis años no se parece en nada a lo que mi yo de cuarenta años se imaginaba.

Mirando hacia la eternidad

La desesperanza no solo proviene de situaciones trágicas. Cada etapa de la vida tiene sus tentaciones únicas de desesperación. Los adolescentes luchan por encajar y por no ser malinterpretados y rechazados. Los adultos jóvenes se preguntan si alguna vez encontrarán un trabajo satisfactorio o un cónyuge. Los adultos de mediana edad temen haber tomado las decisiones equivocadas en la vida y que sea demasiado tarde para cambiar. Los adultos mayores ven cómo mueren amigos y familiares y experimentan su propio deterioro de la salud.

La desesperación puede proceder de las pequeñas desilusiones de la vida diaria, así como de las tragedias de la vida. Cuando ponemos nuestra esperanza en Dios y vemos nuestras vidas desde una perspectiva eterna, cada momento tiene sentido. El aburrimiento puede santificarnos. Las tareas domésticas pueden purificar nuestro amor. Los problemas financieros pueden ayudarnos a ver a Dios como nuestro verdadero tesoro. El acto más pequeño adquiere significado eterno cuando se hace por amor a Dios. Cada momento está lleno de aventuras, porque esconde en sí mismo la semilla del bien triunfando sobre el mal. Debemos cooperar con Dios para que nazca esa semilla, aunque el trabajo nos haga llorar.

El camino de la confianza no termina hasta la muerte. La batalla dura hasta el final. Solo Dios será nuestra fuerza.

El cielo es eterno: ¡piensa en eso! Nuestros sufrimientos aquí, no importa lo grandes que sean, un día terminarán. Por eso san Pablo pudo escribir: «Pues considero que los sufrimientos de ahora no se pueden comparar con la gloria que un día se nos manifestará» (Rom 8, 18).

Dios nos ama a nosotros y a nuestros seres queridos con un amor infinito. Si creemos, veremos la gloria de Dios, como Marta hizo cuando Jesús resucitó a su hermano Lázaro de entre los muertos[173]. No permitamos que las circunstancias nos persuadan de pensar de forma diferente.

Si lo dejamos, Dios nos purificará de todo lo que nos aleja de él, incluso de las cosas que nos parecen buenas. Solo él conoce las profundidades de la purificación que necesitamos.

Confiar en Dios más que en sus promesas

Teresa se dio cuenta de que su deseo de ir al cielo era en parte natural, un deseo de vida eterna, en lugar de un anhelo de ver a Dios cara a cara. Ella creía que Dios había enviado esta oscuridad más profunda para completar su purificación. Ofrecería todo su sufrimiento por los pecadores.

> Lo que me dicen sobre la muerte ya no me llega dentro, resbala como sobre una baldosa. ¡Se acabó! ¡La esperanza de la muerte está gastada! Sin duda, Dios no quiere que piense en ello como antes de caer enferma. Entonces, ese pensamiento me era necesario y muy provechoso, estoy segura. Pero hoy es lo contrario. Dios quiere que me abandone como un niñito que no se preocupa de lo que harán con él[174].

Teresa recordó cómo su madre se había arrastrado a la misa diaria casi hasta el final de su vida. Solo había renunciado a sus obligaciones a regañadientes cuando ya no podía cumplirlas. Teresa deseaba no

---

[173] Cf. Jn 11, 1-43.
[174] OC, UC, CA 15.6.1, p. 870.

haberle hablado a nadie sobre el curso de su enfermedad, ni siquiera a la enfermera. Habría preferido seguir trabajando, seguir rezando con la comunidad. Pero una a una tuvo que dejar de hacer todas las actividades. A medida que su aliento se acortaba y su fuerza desaparecía, ya no podía ni siquiera recitar el oficio de difuntos.

Durante los últimos meses de su vida, Teresita recibió la Hostia Sagrada con dificultad. Muchas veces estaba obviamente demasiado enferma para recibir la comunión. Otras veces, sus hermanas le ofrecieron la posibilidad de la comunión y ella no quiso decir que no. En secreto deseaba que una de sus superioras le prohibiera recibirla. Ella misma dudó en sugerirlo. Sabía que la eucaristía la fortalecía espiritualmente, pero sus continuas toses sanguinolentas, sus vómitos y su lucha por respirar le hacían temer que cometería algún tipo de sacrilegio con la Hostia.

El 20 de agosto de 1897 llegó a no poder dejar de llorar por ello. Sus sollozos la ahogaban literalmente. Evitaba encontrarse con la mirada de sus hermanas. La madre Inés adivinó cuál era el problema y con delicadeza le preguntó al respecto. En el cuaderno amarillo en el que más tarde transcribió sus notas sobre los últimos meses de Teresita, escribe: «La consolé lo mejor que pude; ella parecía estar a punto de morir de dolor. Nunca la había visto sumida en semejantes angustias»[175].

Dios negó a Teresita este consuelo final. Sin embargo, su agonía no le impidió afirmar: «Sin duda, es una gracia muy grande recibir los sacramentos; pero cuando Dios no lo permite, también está bien, todo es gracia»[176].

---

[175] UC, II, Anexos, 20.8.10, p. 324.
[176] OC, UC, CA 5.6.4, p. 864.

Al final le fue imposible hacer ningún trabajo. Ya no podía ganar méritos para las almas a través de la oración o los sacrificios. Le pidió a Jesús que lo hiciera en su lugar. Solo podía sufrir con amor. Vivía de pura confianza y nada más.

Cuestiones para la reflexión

1. ¿Qué oraciones he estado esperando durante mucho tiempo a que Dios las respondiera? ¿Hay algún paso práctico que pueda dar para hacer que las cosas avancen?

2. ¿He perdido la esperanza en el futuro?

Sugerencias prácticas

* Si te sientes desesperado, busca a alguien de confianza que pueda apoyarte. ¿Puedes abrirte a tu cónyuge, a un padre, a un amigo íntimo o a un sacerdote?

* Haz una lista de todas las buenas sorpresas que Dios ha traído a tu vida a través de los años. Recuérdate que en realidad no sabes lo que te depara el futuro.

* Encuentra un lugar tranquilo donde puedas descargar tu alma ante Dios cada día. Orar ante el Santísimo Sacramento puede ayudar a aliviar tu carga.

* Si estás rezando por un ser querido alejado de la Iglesia, cultiva la devoción a santa Mónica. Ella oró por su hijo no cristiano durante años. Finalmente se convirtió y ahora lo conocemos como san Agustín.

La confianza y los Novísimos

Fijaos en las generaciones antiguas y ved: ¿Quién confió en el Señor y quedó defraudado?

Eclo 2, 10

El 3 de junio, la madre María de Gonzaga, por sugerencia de la madre Inés, le ordenó a Teresita que escribiera más sobre su caminito. Esto se convirtió en el manuscrito C de *Historia de un alma*. Teresa llevó el manuscrito a la enfermería el 8 de julio para continuar escribiendo todo lo que pudiera. Pronto se quedó demasiado débil como para sostener un bolígrafo. En lugar de dejarlo, pasó a usar un lápiz. Más tarde ese mismo mes, incluso eso era demasiado para ella. Su mano temblaba y, al final, el lápiz se salió de la página sin terminar la frase: «Dios, en su misericordia *preveniente*, ha preservado a mi alma del pecado mortal; pero no es eso lo que me eleva a él por la confianza y el amor»[177].

En la enfermería, Teresa continuó tosiendo sangre a diario. El 30 de julio, el Dr. de Corniere pensó que la muerte era inminente, como ya lo había hecho una vez. Además de una tos sanguinolenta casi constante, Teresa se asfixiaba. A la noche siguiente, vino el canónigo

---

[177] OC, HA, p. 298.

Maupas y por fin le dio los últimos sacramentos. Mientras tanto, las monjas se preparaban para su muerte y entierro.

En la habitación de al lado, los sacristanes recogieron velas, agua bendita y un colchón de paja para colocar su cuerpo después de la muerte. Dejaron la puerta abierta y Teresa vio lo que estaban haciendo. Incluso entonces, su humor permanecía. «Mirad ese cirio», dijo a sor Genoveva. «Cuando me lleve el ladrón, me lo pondrán en la mano. Pero tendrán que darme el candelero, es muy pasado»[178].

Durante varios días Teresita permaneció en este estado. El doctor pensó que podría morir en cualquier momento. Luego se estabilizó de nuevo el cinco de agosto. Todavía estaba terriblemente débil y dolorida, pero dejó de toser. Después de haber tenido problemas para asimilar cualquier alimento durante semanas, ahora anhelaba todo tipo de comida. Las monjas de la cocina trataban de suministrarle todo lo que ella les pedía, desde carne asada hasta pastelitos de chocolate.

El Dr. de Corniere no sabía qué hacer con esto. Asumiendo que su muerte iba a retrasarse después de todo, dejó la ciudad y aconsejó a los Guerin que ellos también podían viajar por el bien de la salud de Isidoro.

Una vez que su condición se estabilizó, Teresa volvió a pedir un lápiz. No deseaba volver a su manuscrito, pero quería escribir al P. Belliere por última vez. La primera vez que lo pidió, la madre Inés no le dio permiso. Pero el 25 de agosto, permitió que Teresa escribiera. Teresa dedicó una estampita al P. Belliere como «último recuerdo». La tarjeta tiene estas palabras: «No puedo tener miedo a un Dios que

---

[178] AETL, p. 240.

se ha hecho tan pequeño por mí... ¡Le amo!... ¡Pues él es sólo amor y misericordia!»[179].

Entonces los terribles sufrimientos de Teresita regresaron. Sus piernas se hincharon. La tuberculosis atacó a sus intestinos, causando un dolor insoportable. Otra vez se asfixiaba.

Tuvo un período más de calma antes de la crisis final, que duró del 13 al 30 de septiembre. El Dr. Francis La Neele, esposo de su prima Jeanne Guerin, examinó a Teresa en ausencia del Dr. de Corniere. Se maravilló de que siguiera viva. Su pulmón derecho había desaparecido por completo y solo quedaba una pequeña porción del pulmón izquierdo.

Manos vacías

Este capítulo nos lleva al final de nuestro estudio de la confianza. Se centra en los Novísimos: la muerte, el juicio, el cielo y el infierno. Volveremos al tema del mérito, mientras preguntamos por qué Dios alargó el sufrimiento de Teresita tanto tiempo. Examinaremos sus enseñanzas sobre el purgatorio. Discutiremos el Juicio Final desde la perspectiva de la confianza. Compartiré cómo tuve que dejar la Orden Carmelita. Y nos encontraremos con un peligro final y sorprendente en nuestro camino hacia la confianza en Dios.

Leemos acerca del sufrimiento que Teresa sufrió y podemos ser tentados de nuevo a preguntarnos «¿por qué?». ¿Por qué, cuando el Dr. de Corniere había pronosticado su muerte en junio, Dios mantuvo viva a Teresa aún durante más de tres meses? Sufría casi constantemente durante esos meses. ¿Por qué debe esperar y esperar, llegando

---

[179] OC2, Epistolario 266, p. 561.

a decirles a sus hermanas que si no fuera cristiana no habría dudado en suicidarse de tanto dolor que sufría?

¿Le estaba dando Dios la oportunidad de acumular méritos para el cielo, a fin de recibir allí más gloria? No. Teresa dejó a un lado sus cuentas de sacrificio mucho tiempo atrás. No solo dejó de contar sus méritos, sino que también dejó de hacer acopio de ellos.

El 9 de junio de 1895, Teresita escribió sus pensamientos sobre el Juicio Final. Se ofreció como víctima del amor de Dios, escribiendo su famoso Acto de Ofrenda al Amor Misericordioso:

> Después del destierro de la tierra espero ir a gozar de vos en la patria, pero no quiero amontonar méritos para el cielo; quiero trabajar *solo por vuestro amor*, con el único fin de complaceros, de consolar a vuestro Sagrado Corazón y de salvar almas que os amen eternamente.
>
> En la tarde de esta vida, compareceré delante de vos con las manos vacías, pues no os pido, Señor, que contéis mis obras. Todas nuestras justicias tienen manchas a vuestros ojos. Quiero, por eso, revestirme de vuestra propia *justicia* y recibir de vuestro *amor* la posesión eterna de *vos mismo*. No quiero otro *trono* ni otra *corona* que a *vos*, ¡oh, *Amado* mío![180]

Aprendemos tres cosas sobre la espiritualidad y la confianza de Teresita de esta ofrenda propia. Primero, realizó pequeños actos de amor no para ganar méritos para sí misma, sino para ofrecerlos a Dios y aplicarlos a los pecadores. Se había regocijado al hacer esto desde la primera oración por Pranzini cuando era adolescente. «No sé si iré al purgatorio o no, eso no me preocupa en absoluto», le dijo

---

[180] OC, Oraciones y otros escritos, p. 813, énfasis en el original.

a la madre Inés, «pero si voy, no me pesará el no haber hecho nada por evitarlo. No me arrepentiré nunca de haber trabajado únicamente por salvar almas»[181].

Cada dolor que soportaba, lo ofrecía por los demás. Su prolongada pasión fue la respuesta de Dios a su oración para salvar a los pecadores.

Segundo, Teresa no perdió ninguna oportunidad de hacer pequeños sacrificios. Lo hizo no por miedo, sino libremente, por amor. Sabía que personalmente no ganaba nada con sus esfuerzos.

Finalmente, repetía a menudo que no le importaría ir al purgatorio. Si fuera allí, seguiría el ejemplo de Sidrac, Misac y Abdénago, cantando himnos en las llamas. Esto también lo soportaría gustosamente por el bien de los demás[182].

Pero ella esperaba ir directamente al cielo, a pesar de su falta de mérito. Un día, la madre Inés se lamentaba de que ella misma no tenía buenas obras que ofrecer a Dios en el día del Juicio Final. Teresa respondió que estaba «en las mismas condiciones». Pero Teresa se regocijaba en esto. Como ella no podía dar nada a Dios, él lo suministraría todo[183].

> Los pequeños serán juzgados con extrema suavidad. [...] «Al fin del mundo, el Señor se levantará para salvar a todos los mansos y humildes de la tierra» No dice *juzgar*, sino *salvar*[184].

Confirmó lo que le había dicho a su prima María en julio. Aquellos que confían plenamente en Dios no pueden ir al purgatorio. Ya que

---

[181] OC, UC, CA 4.6.1, p. 861.
[182] OC, UC, CA 8.7.15, p. 885.
[183] OC, UC, CA 23.6, p. 872.
[184] OC, UC, CA 25.9.1, p. 990.

ellos confían solo en Dios para su salvación, él proveerá todo lo que les falta para llevarlos rápidamente hasta sí mismo.

Haciendo frente a nuestro Juicio sin miedo

¿Cómo podemos confiar en Dios con respecto al Día del Juicio como lo hizo Teresita? Tememos a la muerte. Tememos enfrentarnos a Dios y tener nuestros pecados y debilidades expuestos ante el mundo. Sabemos que nos quedamos cortos y sospechamos que nuestra pecaminosidad es mucho peor de lo que pensamos.

Incluso si hemos cometido pecados mortales en nuestra vida, solo tenemos que temer a Dios en una circunstancia: si morimos sin arrepentirnos, o sin la intención de confesar nuestro pecado tan pronto como sea posible.

Cuando empiezo a dudar de las profundidades de la misericordia de Dios, puedo mirar hacia atrás en mi relación con Dan como una guía para acercarme al Día del Juicio Final.

Después de que Dan y yo nos conocimos a través de Single Catholics Online, nos enviamos correos electrónicos durante unas semanas y luego hablábamos horas por teléfono. En poco tiempo decidimos que era hora de conocernos en persona.

Mientras me preparaba para nuestra primera cita, mis manos temblaban de nerviosismo. Tenía tan pocas experiencias de citas antes de esa, y ninguna de ellas me había parecido tan importante como aquel sábado por la noche en julio de 2000. No sabía si estaba lista para ver a Dan cara a cara. Su hermana menor iba a tener un bebé ese mes. El inminente nacimiento y bautizo le proporcionaron una excusa para volver a casa desde Washington, D.C. Pudo pasar unas pocas semanas en las Ciudades Gemelas y conocerme en persona sin que nadie más pensara demasiado en ello.

Para prepararme para nuestra cita, me corté el pelo en capas como en mi foto de perfil de Single Catholics Online, que tenía unos pocos años. Me puse una camiseta de terciopelo negro y pantalones marrones de fiesta, y me puse un colgante con una cruz de plata alrededor del cuello. Trataba de calmar mis nervios diciéndome a mí misma: «No hay nada de qué preocuparse. Solo es Dan».

Dan y yo habíamos disfrutado de nuestras conversaciones. Ya sabíamos mucho el uno del otro. Éramos amigos. Desde el principio fuimos completamente sinceros el uno con el otro en lugar de interpretar un papel. ¿Qué tenía que temer? Si el plan de Dios no incluía una profundización de nuestra relación, eso no sucedería. Sabía que Dan no me rechazaría como persona. La mayoría (lo admito, no todo) de mi nerviosismo desapareció con estos pensamientos.

Por supuesto, esa cita fue mejor de lo que me había imaginado, lo que finalmente llevó a nuestro matrimonio once meses después.

Dios me conoce mejor de lo que mi marido me conoce ahora, y no digamos al principio de nuestra relación. Dios ve dentro de mi corazón. «de lejos penetras mis pensamientos», escribió el salmista (Sal 139,2). Dios nunca me juzga mal. Me juzga con justicia y misericordia. Eso me reconforta y me da paz.

Teresa escribió: «Espero tanto de la justicia de Dios como de su misericordia. [...] no comprendo a las almas que tienen miedo de tan tierno Amigo»[185]. Y en otro lugar, «¡Qué alegría más dulce pensar que Dios es *justo*, es decir, que tiene en cuenta nuestras debilidades, que conoce perfectamente la fragilidad de nuestra naturaleza!»[186].

Cada vez que leo estas líneas pienso en estas palabras del personaje principal de *Ana la de Tejas Verdes*: «Aunque digo demasiadas

---

[185] OC, Cartas 225, pp. 627-628.
[186] OC, HA p. 213, énfasis en el original.

cosas, si solo supieras cuántas cosas quiero decir que no digo me lo tendrías en cuenta»[187].

Dios sabe cuántas cosas queremos decir y no lo hacemos por amor a él. Ve todas las tentaciones que vencemos, no solo aquellas a las que cedemos. Ve nuestros propósitos, nuestra debilidad, la enfermedad o la falta de sueño o el estrés o la tristeza que rompen nuestras defensas. Otros pueden juzgarnos con demasiada dureza: Dios, nunca. Su juicio incluye todo lo bueno en nuestras almas, así como todo lo malo. Él nos da el crédito por ellos. A menos que nosotros, como Teresa, elijamos desprendernos de ese crédito.

¿Entonces qué? Si nos desprendemos de todos nuestros méritos, ¿solo verá lo malo en nuestras almas en el Día del Juicio Final? La Hna. María de la Trinidad, que tenía un gran temor al purgatorio, le hizo esta pregunta a Teresita. Ella contestó:

> ¡No digas eso! Nuestro Señor es la justicia misma, y si no juzga nuestras buenas acciones, tampoco juzgará las malas. Me parece que para las Víctimas del Amor no habrá juicio. Dios más bien se apresurará a recompensar con deleites eternos Su propio Amor que Él contemplará ardiendo en sus corazones[188].

¿Es esperanza o presunción?

Una de las compañeras de Teresita en el noviciado fue la Hna. María Filomena, que tenía cuarenta y cinco años en el momento de la

---

[187] L. M. Montgomery, trad. Elena Casares Landauro, Córdoba: Toromítico, 2013, p. 240.
[188] *Counsels and Reminiscences* [*Consejos y recuerdos*], online en goodcatholicbooks.org/therese.html, traductor desconocido; puntuación en el original.

entrada de Teresita. Esta hermana había entrado en el Carmelo años antes, pero se había marchado porque sentía que era su deber atender a su madre, que se estaba muriendo inesperadamente. Después, María Filomena deseaba volver a entrar en el Carmelo, pero la madre Genoveva, la fundadora del Carmelo de Lisieux, no lo permitió. Finalmente, después de un lapso de nueve años, la madre María de Gonzaga pudo obtener el permiso para su reingreso.

Tal vez María Filomena tomó su idea del carácter de Dios de este severo tratamiento. También tenía un gran miedo al purgatorio. Teresa le dijo:

> No tienes suficiente confianza, tienes demasiado miedo del Buen Dios; te aseguro que está afligido por ello. No temas al purgatorio por el dolor que allí sufrirías, sino desea no ir para hacer feliz a Dios que impone esta expiación con tanto pesar. Por lo tanto, cuando buscas complacerlo en todo, si tienes una confianza inquebrantable en que él te está purificando a cada instante en su amor y no dejando ni rastro de pecado en ti; ten seguro que no irás al purgatorio[189]

Esta instrucción nos da la clave. Debemos «buscar agradar a Dios en todo». Teresa no deja espacio para los esfuerzos perezosos y poco entusiastas. Su trato con las novicias lo confirma. No podemos simplemente decir que nos vamos a saltar el purgatorio y dejarlo así. Desearlo no hará que se cumpla. Ese no es el caminito.

Recuerda las palabras del Catecismo: «En adelante, todo pecado [después del de Adán] será una desobediencia a Dios y una falta de

---

[189] NPPO de sor María Filomena.

confianza en su bondad»[190]. Cuando pecamos deliberadamente, manifestamos nuestra desconfianza.

Para ir directamente al cielo, debemos buscar incansablemente hacer la voluntad de Dios. Por otro lado, lo que importa es la *búsqueda*, no el *éxito*. Dios no espera que tengamos éxito en combatir el pecado por nuestra cuenta. Solo espera que luchemos contra la tentación. Algunos pecados son cometidos a través de la debilidad, no premeditados. Heridos y débiles, cada uno de nosotros puede tener un área donde continúe cayendo, aunque lo estemos intentando. Podemos continuar luchando durante años, incluso hasta nuestro último día en la tierra. Dios compensará nuestra falta de éxito en estas áreas si confiamos en él. De hecho, nuestros fracasos podrían ser necesarios en su plan para llevarnos a una mayor humildad y confianza.

Nuestra confianza debe ser «inquebrantable». ¿Podemos esperar contra toda esperanza, incluso en contra de la evidencia de nuestros ojos y nuestros corazones, incluso si todos a nuestro alrededor se oponen a nuestra confianza? No debemos, por supuesto, cerrar nuestros oídos a la precaución que viene de los directores espirituales y otros con autoridad sobre nosotros. Tal vez Dios los envió para señalar cuánto trabajo nos queda por hacer. Pero al final, solo el juicio de Dios importa. Él es el único cuyo juicio nunca se equivoca.

El amor purificador de Dios puede eliminar todo rastro de pecado en esta vida. Esto ya lo sabemos, pero pocos de nosotros hemos llegado tan lejos como Teresa, creyendo que nos sucederá a nosotros. Incluso después de aceptar la enseñanza de que nuestras obras no pueden hacernos ganar el cielo, nos aferramos a la creencia de que solo ellas pueden librarnos del purgatorio. Entonces vemos cuán

---

[190] CIC 397.

pobres son nuestras obras y vacilamos. Perdemos la esperanza de ir directamente al cielo. ¿Cómo podemos evitar todo pecado? ¿O ganar suficiente mérito para equilibrar el peso de nuestro pecado?

Pero ahora sabemos que «es la confianza», y no las grandes obras, «lo que nos debe llevar al Amor». Entonces, ¿por qué dudamos? ¿Pensamos en secreto que el camino de la confianza es demasiado difícil? ¿Seguimos, a pesar de nuestras protestas en contra, centrándonos en nosotros mismos?

Si podemos esperar contra toda esperanza por la salvación de nuestros seres queridos, sin ceder a la duda y a la desesperación incluso cuando mueren sin ningún signo público de arrepentimiento, también podemos esperar contra toda esperanza por nosotros mismos. En el último momento, mientras tomamos nuestro último aliento, Dios puede quitar la carga que nos ha agobiado durante tanto tiempo. Puede eliminar el castigo temporal debido a nuestro pecado al mismo tiempo. ¿Nos atrevemos a confiar en que lo hará? ¿Nos atrevemos a ser tan audaces como Teresa, esperando la vida donde solo vemos la muerte?

Teresa escribió al P. Roulland que, si las almas que confiaban perfectamente en Dios seguían apareciendo ante él sin ser perfectamente puras, la Santísima Virgen se ofrecería voluntaria para ayudarlas. Ella las concederá la gracia de hacer un acto perfecto de amor, que las purificará inmediatamente de todo. Entonces podrán entrar en el cielo de inmediato[191].

¡Todo el mundo puede lograr una confianza perfecta en Dios! Por lo tanto, todos pueden ir directamente al cielo. Todo el mundo puede ser santo. No, no es fácil confiar en todo momento, pero es posible. Y

---

[191] OC, Cartas 203, pp. 626-629.

así es como Dios quiso que fuera la vida cristiana. Cuando nos resignamos al purgatorio, apuntamos demasiado bajo. El purgatorio es la última misericordia para los que se aferran a sus obras y a las criaturas. Pero Dios no quiere que vayamos allí. Desea santificarnos completamente aquí y ahora.

Jesús oró: «Te doy gracias, Padre, Señor del cielo y de la tierra, porque has escondido estas cosas a los sabios y entendidos, y se las has revelado a los pequeños» (Mt 11,25). No tenemos que ser sabios para evitar el purgatorio. No necesitamos intelectos brillantes. Estas cosas pueden obstaculizarnos. Nuestras mentes no pueden perforar los cielos. Cuando se trata de los Novísimos (la muerte, el juicio, el cielo y el infierno) necesitamos convertirnos en bebés, que confían en su Padre para todo.

¿Irán todos directamente al cielo?

Probablemente todos hemos estado en funerales en los que el difunto es «canonizado» por el sacerdote o los panegiristas. «Sabemos que está con Dios, porque vivió una vida tan buena», dicen. Pero, ¿lo sabemos?

¿Qué dice la Iglesia?

> Los que mueren en la gracia y en la amistad de Dios, pero imperfectamente purificados, aunque están seguros de su eterna salvación, sufren después de su muerte una purificación, a fin de obtener la santidad necesaria para entrar en la alegría del cielo[192].

Todo el que no esté purificado perfectamente en esta tierra tendrá que ir al purgatorio para entrar en el cielo. Solo Dios puede

[192] CIC 1030.

determinar si alguien ha sido perfectamente purificado. Nuestras oraciones pueden ayudar a las almas del purgatorio a ser purificadas más rápido. No queremos privar a nuestros seres queridos de esta ayuda por una noción errónea del estado de sus almas.

¿Y si alguien confía verdaderamente en Dios de la manera en que lo hizo Teresita? ¿Estamos dudando de la bondad de Dios y perdiendo el tiempo con nuestras oraciones cuando rezamos por ellos? Respondiendo antes a la segunda pregunta, creemos que si un alma ya ha entrado en el cielo, Dios usará nuestras oraciones para ayudar a otra alma en el purgatorio por la cual nadie está rezando. Así que nuestras oraciones por los muertos nunca se desperdician, e incluso pueden ser un acto de caridad hacia un extraño. Ya que no podemos leer el alma de otra persona, debemos dejar la distribución de los beneficios de nuestras oraciones a Dios.

Desde los días de Teresa, algunos teólogos han cuestionado si Dios condena a alguien al infierno. Puesto que Dios es misericordioso, ¿«nos atrevemos a esperar» que ofrezca a todos la gracia eficaz de la conversión, incluso en el último momento?

El atrevido punto de vista de Teresa de evitar el purgatorio podría parecer apoyar tal esperanza. Pero no asumamos demasiado. Teresa nunca propuso que el purgatorio estuviera vacío, mucho menos el infierno. No se preocupaba por los principios universales, sino por las elecciones individuales. Ella creía que algunos cristianos, incluso algunos santos, pasaron tiempo en el purgatorio. Si no confiaron en Dios para todo, sus obras serían pesadas en la balanza, no determinando si finalmente entrarían en el cielo, por supuesto, sino determinando cuánta purificación necesitarían.

Sor Febronie sirvió como subpriora durante los primeros años de Teresa en el Carmelo. Reprochaba a Teresita que enseñaba a las novicias que podían ir directamente al cielo después de la muerte, llamando a esto presunción. «Hermana mía, si quieres la justicia de Dios, tendrás la justicia de Dios», le respondió Teresa. «El alma recibe exactamente lo que busca de Dios»[193].

Esta conversación tuvo lugar en 1891. El siguiente enero, Febronie estuvo entre las que murieron durante la epidemia de gripe. Se le apareció a Teresa en un sueño poco después. Teresa vio que Febronie estaba sufriendo. Parecía como si estuviera confirmando que Teresa tenía razón. Ella estaba en el purgatorio, porque esperaba recibir la justicia de Dios en vez de su misericordia.

Aquí vemos, una vez más, la importancia de nuestra participación en nuestra santificación. ¡Dios incluso nos permite elegir el método por el cual nos juzgará! Si creemos que nos enviará al purgatorio porque no hemos sido lo suficientemente buenos, entonces lo hará. Si confiamos en él para compensar nuestra falta de perfección, él lo hará por nosotros.

Dejando el Carmelo

Si deseamos confiar completamente en Dios y nada más, él nos separará de todo en lo que hemos confiado erróneamente. A veces, como he experimentado, nuestra confianza está en los medios para la santidad, en lugar de en el fin, Dios mismo.

En junio de 2002, me tambaleaba al frente de la iglesia de San Miguel en West St. Paul, Minnesota. Dan estaba en la parte de atrás de la iglesia, meciendo a Dante, de cinco días de edad, en su cochecito para evitar que llorara. Allí, ante una congregación formada por mis padres y muchos otros carmelitas seglares y sus familias, pronuncié

---

[193] NPPA de la Hermana María de los Ángeles; traducción de la autora.

estas palabras: «Inspirada por el Espíritu Santo y respondiendo a la llamada de Dios, yo, María Francisca de la Divina Misericordia, prometo sinceramente a los Superiores de la Orden del Carmelo Teresiano y a vosotros, hermanos y hermanas míos, tender hacia la perfección evangélica en el espíritu de los consejos evangélicos de castidad, pobreza y obediencia, y de las Bienaventuranzas, de acuerdo con la Regla de la Orden Seglar de los Carmelitas Descalzos, por el resto de mi vida...».

El viaje que había comenzado en 1993 cuando leí *How to Avoid Purgatory* [*Cómo evitar el purgatorio*] estaba alcanzando su cumplimiento.

Las Ciudades Gemelas habitualmente tenían un gran número de comunidades de la OCDS. Cuando Dan y yo nos mudamos a un apartamento en West St. Paul unos meses después de nuestra boda, nos unimos a una comunidad que se reunía en una parroquia cercana. Un año o dos después, esa comunidad se dividió en dos, con la mitad siguiendo al sacerdote que era el asistente espiritual de su nueva parroquia en otro suburbio. Nos mudamos a esta nueva comunidad, a pesar de que esto significaba un mayor tiempo de viaje a las reuniones.

A partir del otoño después de mi promesa definitiva, toda nuestra familia asistió a las reuniones mensuales de las carmelitas. Dan era un novicio, estudiando para hacer su primera promesa. Nos sentábamos en el cuarto de llanto durante Nona y Vísperas y la adoración eucarística. Yo cuidaba a Dante. Dan tomaba notas mientras el asistente espiritual de la comunidad enseñaba los escritos de Teresa de Jesús. Aunque la nuestra no era la manera ideal de orar o estudiar, lo hacíamos lo mejor que podíamos con un bebé.

La primavera siguiente nos mudamos a La Crosse. Estábamos a 274 kilómetros de nuestra comunidad carmelita. Todavía intentamos asistir a las reuniones durante el primer año y más. Los errores administrativos dejaron a Dan sin la oportunidad de hacer su primera promesa y decidió dejarlo correr en silencio, en lugar de armar un escándalo.

Mientras tanto, el presidente de nuestra nueva comunidad me llamó por teléfono para decirme que el grupo se había formado sin el permiso apropiado del delegado provincial a cargo de los miembros de la OCDS en nuestra área. El consejo estaba cerrando la comunidad y marchándose a otra parte. La comunidad que había permanecido en el West St. Paul se encontraba sin el necesario asistente espiritual. Trasladarse de vuelta a ella no era una buena opción.

Intenté trasladarme a una comunidad que estaba quince minutos más cerca de casa. Después de mi visita, algunos de los miembros que llevaban más tiempo se quejaron de que mi bebé lactante era demasiado ruidoso para sus ancianos oídos. Pero no podría asistir a las reuniones sin él. Otra comunidad limitaba el número de nuevos miembros a uno por año de formación. No quería ocupar el único lugar disponible, cuando no sabía si podría asistir a todas las reuniones mensuales.

Entonces recibí una llamada de otro miembro de nuestra comunidad, asegurándome que la última llamada había sido errónea. Nuestro grupo iba a seguir reuniéndose. Solo necesitábamos elegir un nuevo consejo. Cualquier problema existente entre la comunidad y la orden se estaba resolviendo. Como el resto de las comunidades de las Ciudades Gemelas estaban aún más lejos de nuestra casa, decidí quedarme y esperar lo mejor.

Con el tiempo, viajar a las Ciudades Gemelas para asistir a reuniones se volvió demasiado difícil para nuestra familia. No nos dejaba tiempo para visitar a nuestros padres y hermanos. Durante cuatro a seis meses del año, el clima también presentaba dificultades.

Estudiaba por correspondencia con mi clase de formación y hablaba por teléfono con el presidente o el director de formación de la comunidad varias veces al año.

Nuestra comunidad de la OCDS fue muy comprensiva mientras vivimos en La Crosse. Muchos miembros se sorprendieron de que incluso tratáramos de asistir a las reuniones. Pero cuando nos mudamos a New Ulm, esa actitud cambió. Aunque todavía vivíamos a más de una hora de las Ciudades Gemelas, el hecho de que nuestra dirección estuviera en Minnesota alteró las expectativas de otros carmelitas. Querían que volviera a las reuniones regularmente. Yo también esperaba que eso fuera posible.

Dan pensó que la carga de viajar, especialmente a través de campo abierto, era demasiado grande. Las consideraciones familiares también entraron en juego. Se había convertido en rutina quedarnos con los padres de Dan mientras estábamos en las Ciudades Gemelas, pero ahora estaban experimentando problemas de salud y dudábamos acerca de darles cargas. Si su casa no estaba abierta para nosotros, ¿qué haría Dan con tres niños pequeños mientras yo pasaba horas en las reuniones?

Busqué el consejo de una miembro de la OCDS que estaba activa a nivel provincial. Ella presentó mi caso al delegado provincial de los Carmelitas Seglares. Me concedió una exención temporal de asistir a las reuniones. Así que, durante otros dieciocho meses, envié por correo electrónico mi tarea de formación a nuestra comunidad.

Luego, en un correo electrónico inesperado, recibí una copia de una carta que el delegado provincial envió a nuestro presidente. Los frailes carmelitas descalzos habían decidido suprimir nuestra comunidad. Las reuniones se interrumpieron inmediatamente. A los miembros que deseaban permanecer en la orden se les decía que se transfirieran a otra comunidad en las Ciudades Gemelas. Como siempre, esas comunidades elegirían si aceptar o no cada posible transferencia. El delegado provincial exigió a las comunidades que retrasaran un año las decisiones de aceptación. Le preocupaba el nivel de formación que habíamos recibido. Durante ese tiempo, teníamos que asistir fielmente a las reuniones.

No me gustaba la idea de trasladarme a otra comunidad. Ya lo había intentado antes. John Mark estaba en camino y podía imaginarme que mi petición sería rechazada de nuevo debido a un bebé feliz y ruidoso. Además, ¿cómo podría comprometerme a asistir a todas las reuniones durante el próximo año cuando tuviera un recién nacido?

Envié un correo electrónico al delegado provincial en privado, recordándole la excepción que hizo conmigo en el pasado. Esperaba que la extendiera. Me contestó que en ese momento me encontraba sin comunidad, por lo que esa excepción ya no era válida. Tenía que seguir las mismas instrucciones que él había dado a todos los demás. Si eso no fuera posible para mí... Me dejó completar la frase.

Ya no podría ser fiel a mi promesa carmelita.

Imprimí su correo electrónico y me senté en el sofá de nuestra sala de estar, leyéndolo una y otra vez. Mentalmente, paseaba por el suelo con las manos en el pelo. ¿Debo pedir que me liberen de mi promesa? No la había hecho a la ligera. Me había sacrificado para llegar a la ceremonia de la profesión, solo dos días después de haber sido dada de alta del hospital después de mi difícil cesárea. También nos habíamos sacrificado para asistir a las reuniones todo el tiempo que pudimos. Tenía la intención de seguir siendo miembro de la OCDS de por vida.

¿Cómo iba a llegar a ser santa sin las gracias que me llegaran a través de la Orden Carmelita? Quería ser enterrada en el gran escapulario. Quería que la orden rezara y ofreciera misas por mí cuando muriera. Quería llevar el hábito carmelita en el cielo. Quería pensar en Teresa de Jesús como mi madre, en Juan de la Cruz como mi padre y en Teresita como mi hermana.

Poco a poco me di cuenta de que estaba poniendo demasiada esperanza en mi pertenencia a la Orden Carmelita y no la suficiente en Dios. Si Dios me llamaba a abandonar mi vocación en la OCDS, me concedería gracia para el camino espiritual que me esperara a través de mi obediencia y aceptación. Era hora de dejarse llevar otra vez.

Envié un segundo correo electrónico al delegado provincial diciéndole que, dado que no podía hacer excepciones por mí en cuanto al cumplimiento de los requisitos, la orden tendría que liberarme de mi promesa. No recibí respuesta.

En ese momento no tenía planes de escribir un blog sobre la espiritualidad carmelita ni de escribir libros sobre los santos carmelitas. No podía saber que en poco tiempo estaría más inmersa que nunca en los escritos carmelitas. Y no tenía ni idea de que podía evitar el purgatorio sin realizar todos los actos adicionales y meritorios sobre los que había leído una vez.

Tuve que dejar la Orden Carmelita antes de poder entender qué significaba realmente ser carmelita.

Ese es el lugar en el que me encuentro hoy, tres años después. Estoy comenzando mi vida espiritual de nuevo, fundándola solamente en la confianza en Dios.

Morir a la confianza en sí mismo

Hemos cubierto mucho territorio en nuestra exploración de la confianza en Dios. Hemos aprendido que podemos confiar en él con nuestro pasado. Él nos ayudará a superar las deficiencias de nuestros padres u otros cuidadores. En vez de culpar a los que nos han hecho daño, podemos perdonar. Sacará provecho de nuestras tragedias si se lo permitimos. Podemos llegar a ser lo bueno en situaciones trágicas cuando nos entregamos a él.

Cuando Dios nos hace esperar, como hizo esperar repetidamente a Teresita, podemos hacerlo pacíficamente. Trabajando tranquilamente y orando para alcanzar nuestra meta, podemos dejarle los resultados y el ritmo a él.

Los pecados y las debilidades nunca deben sacudir nuestra confianza. En cambio, pueden enseñarnos a confiar únicamente en su bondad. Cuando la ira, el miedo o la pena amenazan nuestra paz, podemos rezar: «Jesús, confío en ti». Abrazando nuestra oscuridad espiritual, podemos dejar ir la confianza en nuestras percepciones, sentimientos o dones.

Ahora sabemos que a Jesús se le puede confiar el futuro. Esperando contra toda esperanza, lo veremos sacar la vida de la muerte y llevar a la conversión a pecadores empedernidos. Podemos tener la esperanza de evitar el purgatorio no por nuestros méritos, sino por su deleite en cumplir los deseos que él pone en nuestros corazones.

Hemos llegado a cierta distancia en nuestra comprensión de la confianza. Hemos comenzado a practicarla. Ahora surge una nueva amenaza. Podríamos pensar que lo entendemos todo. ¡*Ah!*, nos decimos a nosotros mismos, *todo en la vida espiritual tiene que ver con la confianza. No hay problema. Yo puedo hacer eso.* Confiados en nuestra confianza, como el apóstol Pedro en el Evangelio, le pedimos a Jesús que nos ayude a caminar sobre el agua. Pero entonces quitamos los ojos de Jesús y miramos el viento y las olas. Comenzamos a hundirnos. «¡Socorro, Señor, me ahogo!», gritamos. Y todo el tiempo está justo a nuestro lado.

Hasta el final de su vida, Teresita tuvo confianza en Jesús, pero no en su propia confianza. No confiaba en su fidelidad al caminito.

> Me dicen que tendré miedo a la muerte. Puede ser. Nadie hay aquí que desconfíe más que yo de los propios sentimientos. Nunca me apoyo en mis propios juicios; conozco lo débil que soy[194].

Los pensamientos acerca de que podría vacilar no la perturbaban en absoluto. Confiaba en Dios para llenar lo que le faltaba de confianza. Ella bien podría ser infiel antes del final. Pero no temía que Dios le fuera a ser infiel.

> No temo en manera alguna ni los últimos combates ni los sufrimientos de la enfermedad, por grandes que sean. Dios me ha socorrido siempre, me ha ayudado y conducido de la mano desde mi más tierna infancia..., cuento con él. Estoy segura de que seguirá prestándome su auxilio hasta el final. Tal vez llegue a no poder más, pero nunca tendré demasiado, estoy segura[195].

Teresita se hizo eco de estas palabras de san Pablo: «Esta es nuestra confianza: que el que ha inaugurado entre vosotros esta buena obra, la llevará adelante hasta el Día de Cristo Jesús» (Flp 1,6).

---

194 OC, UC, CA 20.5.1, p. 852.
195 OC, UC, CA 27.5.2, p. 856.

Cuando la madre Inés expresó su temor de que Teresa sufriera insoportablemente antes de morir, Teresa respondió: «¿Por qué teméis por adelantado? Para sufrir, esperad, al menos, a que llegue eso»[196].

Las últimas horas de Teresita

El Ladrón, como las hermanas Martin se referían a nuestro Señor, se tomó su tiempo para venir a por Teresita, pero al fin llegó. El miércoles 29 de septiembre por la mañana, la garganta de Teresita comenzó a temblar, una señal común de que la muerte se acercaba. La madre María de Gonzaga reunió a todas las monjas alrededor de la cama de Teresa para recitar las oraciones por los moribundos. Luego las despidió.

Más tarde, el Dr. de Corniere vino para su última visita. Cuando se fue, Teresita le preguntó a la priora: «¿Es para hoy, madre mía?»[197].

—Sí, hijita mía —contestó la madre María de Gonzaga.

Una de las monjas presentes dijo que Dios estaba muy contento ese día, porque Teresita iría a él. «¡También yo!», respondió Teresa. «¡Qué dicha, si muriese ahora mismo!»[198].

Sor María de la Trinidad, la «novicia de la concha», vino a visitarla, pero Teresita la despidió. Se arrepintió casi inmediatamente, temiendo que debiera haber dejado que la otra monja se quedara. La madre Inés la tranquilizó.

El capellán del convento, el abate Youf, también estaba gravemente enfermo. Moriría poco después que Teresa. Así que el abate Faucon, el confesor extraordinario, vino en su lugar para escuchar la confesión final de Teresa.

---

[196] OC, UC, CA 16.7.1, p. 901.
[197] OC, UC, CA 29.9.4, p. 992.
[198] Ibíd.

Esa noche, contrariamente a la costumbre y a los deseos de Teresita, la madre María de Gonzaga ordenó a la Hna. María del Sagrado Corazón y a la Hna. Genoveva que permanecieran con Teresita toda la noche en la enfermería, haciendo turnos para dormir. Mientras tanto, la madre Inés se retiró a la celda de al lado de la de sor Genoveva e intentó dormir. Tenía un dolor de cabeza terrible por el esfuerzo de estar sentada con Teresa.

María le dio a Teresita un vaso de agua por la noche y se durmió antes de que Teresita pudiera devolvérselo. Se despertó y se dio cuenta de que su hermana seguía sosteniendo el vaso con una mano temblorosa, sin querer perturbar su sueño.

El día siguiente estuvo lleno de «verdaderos tormentos», según la madre Inés[199]. Teresa confirmó que estaba experimentando puro sufrimiento, sin consuelo. Le dijo a la madre María de Gonzaga: «¡Oh, Madre mía, os aseguro que el cáliz está lleno hasta los bordes!»[200]. Y sin embargo, más tarde dijo: «Todo lo que he escrito sobre mis deseos de sufrir, ¡oh, es, sin embargo, muy verdadero!». Y continuó después de haber recuperado el aliento que pudo, «Y no me arrepiento de haberme entregado al Amor»[201].

Eran casi las cinco de la tarde cuando la madre Inés, la única que estaba con ella en ese momento, notó un cambio en su rostro y supo que la agonía final había llegado. Se lo notificó a la comunidad, que se reunió alrededor de la cama una vez más. Teresa sostenía un crucifijo y lo miraba fijamente. Aún luchó durante dos horas, mientras su cara y sus extremidades se volvían azules y moradas a medida que

---

[199] OC, UC, CA 30.9, p. 994.
[200] OC, UC, CA 30.9, p. 995.
[201] Ibíd.

menos y menos oxígeno entraba en su cuerpo. El sudor empapaba su ropa y las sábanas bajo ella.

Finalmente, cayó sobre la almohada y la madre María de Gonzaga ordenó que se abrieran las puertas. Las monjas se arrodillaron alrededor de su cama. Entonces la cara de Teresa se volvió blanca de nuevo. Miraba un punto de la pared como si estuviera viendo visiones celestiales. Esto duró medio minuto. Entonces sonrió y exhaló su último aliento.

Teresa había declarado que quería pasar su cielo haciendo el bien a las almas que aún están en la tierra[202]. Una vez María del Sagrado Corazón exclamó lo tristes que se pondrían cuando Teresa muriera. Ella respondió: «¡Oh, no, ya lo veréis! ¡Será como una lluvia de rosas!»[203]. A menudo había esparcido pétalos de rosas ante un crucifijo como símbolo de sus ofrendas de amor a Jesús. En el cielo haría lo contrario. Situada al lado de Jesús, arrojaría pétalos de amor hacia sus hermanas que aún estaban en la tierra.

Su misión no terminó con su muerte. Comenzó en serio. Ella no descansará hasta que el último pecador haya puesto su confianza en Dios. Derrama rosas sobre todos los que buscamos confiar en él y amarlo. Siempre, todo para las almas. Nunca nada para sí misma, excepto Jesús. Él era y es su todo-en-todo.

Hasta la eternidad

Cuando mis padres eligieron una lápida para mi hermana Terri, decidieron el epitafio: «Nuestra flor florece en el cielo». Me gusta pensar que en el cielo Terri es amiga de su patrona santa Teresita. Juntas

---

[202] AETL, p. 239.
[203] OC, UC, CA 9.6.3, p. 868.

adoran a Dios con la sencillez de los niños. Juntas rezan por mí. Juntas me instan a confiar en Dios para que mi camino sea más fácil.

No sé lo que el futuro traerá para bien o para mal. Puede haber por delante tanto penas como alegrías inesperadas. Cualquiera que sea el rumbo que tome mi camino, sin importar cuántas veces me detenga o me estrelle, confío en que Dios me lleve finalmente, a su manera y a su tiempo, al cielo.

Cuestiones para la reflexión

1. ¿Me he estado conformando con un lugar en el purgatorio, en lugar de esperar ir directamente al cielo?

2. ¿Creo que Teresita estaba en lo cierto acerca del purgatorio o me parece demasiado presuntuosa?

3. ¿Temo ver a Dios cara a cara el Día del Juicio? ¿Puedo empezar a pensar en él como en un Padre amoroso más que en un Juez?

Sugerencias prácticas

* Escoge una de las citas de Teresita sobre el purgatorio o la misericordia de Dios para copiarla y ponerla en algún lugar donde la veas a diario. Léela a menudo para ti mismo.

* Repasa este libro y revisa las preguntas para la reflexión del final de cada capítulo. ¿Cómo ha cambiado tu actitud desde que empezaste a leerlo?

* Escoge una sugerencia práctica de cualquier parte de este libro que te hayas saltado en su primera lectura y practícala hoy.

Una breve línea temporal de la vida de santa Teresa

1873   Jueves, 2 de enero – Teresa nace en Alençon, Francia.
Martes, 11 de marzo – Rosa Taillé lleva a Teresa a su granja para su lactancia.

1874   Jueves, 2 de abril – Teresa vuelve a su casa de Alençon el Jueves Santo.

1877   Sábado, 24 de febrero – La tía de Teresa, la Hna. María Dositea, muere.
Martes, 28 de agosto – Zelie Martin muere de cáncer de mama.
Jueves, 15 de noviembre – La familia Martin se muda a Les Buissonnets, en Lisieux.

1882   Lunes, 2 de octubre – Paulina Martin ingresa en el convento carmelita de Lisieux. Más tarde tomó el nombre Inés de Jesús.

1883   Domingo, 13 de mayo – En este domingo de Pentecostés, una sonrisa de la estatua de Nuestra Señora de la Victoria marca la curación de Teresa de una grave enfermedad.

1884   Jueves, 8 de mayo – Primera comunión de Teresa y profesión de votos de la Hna. Inés.

1886   Febrero o marzo – Teresa deja la escuela Abbey y continua sus estudios con la tutora Madame Papinau.
Viernes, 15 de octubre – María Martin entra en el convento carmelita, tomando más tarde el nombre María del Sagrado Corazón.
Sábado, 25 de diciembre – Teresa experimenta su conversión de Navidad.

1887   Domingo, 1 de mayo – Luis Martin sufre su primer derrame cerebral.
Domingo, 29 de mayo – En Pentecostés, Luis Martin da permiso a

Teresa para entrar en el Carmelo.

Verano – Celina y Teresa rezan por la conversión de Pranzini.

Lunes, 31 de octubre – Luis y Teresa visitan a monseñor Hugonin, obispo de Bayeux, para pedirle permiso para ingresar antes de lo habitual en el Carmelo.

Viernes, 4 de noviembre, al viernes, 2 de diciembre – Luis, Celina y Teresa se unen a la peregrinación a Roma.

Domingo, 20 de noviembre – Teresa pide permiso al papa León XIII para entrar al Carmelo antes de lo establecido.

1888 Lunes, 9 de abril – En la fiesta de la Anunciación, Teresa entra en el Carmelo. Más tarde toma el nombre Teresa del Niño Jesús y la Santa Faz.

Martes, 22 de mayo – María hace sus votos.

Domingo, 28 de mayo –Teresa se confiesa con el P. Pichon.

Sábado, 23 de junio – Luis Martin huye a Le Havre.

1889 Jueves, 10 de enero – Teresa se convierte en novicia.

Martes, 12 de febrero – Luis Martin ingresa en el hospital psiquiátrico Bon Sauveur
de Caen.

1890 Lunes, 8 de septiembre – Teresa hace sus votos.

1892 Enero – La epidemia de gripe asola el Carmelo de Lisieux.

Martes, 10 de mayo – Luis Martin sale del hospital y va a vivir con la familia Guerin.

Jueves, 12 de mayo – Luis ve por última vez a sus hijas carmelitas.

1893 Lunes, 20 de febrero – La hermana Inés es elegida priora.

Septiembre – Teresa pide y recibe el permiso para mantenerse como novicia de por vida.

1894 Domingo, 29 de julio – Luis Martin muere en la playa con los Guerin y su hija Celina.

Martes, 14 de septiembre – Celina Martin entra en el convento, tomando más tarde el nombre Genoveva de la Santa Faz.

1895 Teresa escribe el Manuscrito A de *Historia de un alma* bajo la dirección de la madre Inés.

Domingo, 9 de junio – El domingo de la Trinidad, Teresa recibe la inspiración para hacer el Acto de Ofrenda al Amor Misericordioso. Ella y la Hna. Genoveva lo hacen dos días más tarde.

Jueves, 15 de agosto – María Guerin entra al convento, tomando más tarde el nombre María de la Eucaristía.

Jueves, 17 de octubre – El P. Belliere se convierte en el primer «hermano espiritual» de Teresa.

1896 Sábado, 21 de marzo – La madre María de Gonzaga es reelegida priora. Nombre a Teresa asistente de la maestra de novicias (ella misma).
Viernes, 3 de abril – Temprano el Viernes Santo Teresa tose sangre por primera vez.
Domingo, 5 de abril – En Pascua, invade a Teresa su última oscuridad espiritual.
Sábado, 30 de mayo – El P. Roulland se convierte en el segundo «hermano espiritual» de Teresa.
Martes, 8 de septiembre – Teresa escribe el Manuscrito B de *Historia de un alma* a petición de la hermana María del Sagrado Corazón.

1897 Martes, 6 de abril – La madre Inés empieza a registrar las palabras de Teresa en lo que será la primera parte de las *Últimas conversaciones*.
Junio a julio – Teresa escribe el Manuscrito C de *Historia de un alma* bajo la dirección de la madre María de Gonzaga.
Jueves, 8 de julio – Teresa ingresa en la enfermería.
Viernes, 30 de julio – Teresa recibe la unción de los enfermos.
Jueves, 30 de septiembre – Teresa muere por la tarde.

1925 Domingo, 17 de mayo – El papa Pío XI canoniza a Teresa.

1997 Domingo, 19 de octubre – El papa Juan Pablo II declara a Teresa doctora de la Iglesia.

Quién es quién en la vida de santa Teresa

Belliere, P. –Primer «hermano espiritual» de Teresa, un sacerdote misionero con el que se carteaba. También llamado canónigo Belliere.

de Corniere, Dr. Alexandre-Damase – El médico que atendió a Teresa en su última enfermedad.

Delatroette, P. – Superior del Carmelo de Lisieux en la época de la llegada de Teresa. Murió en 1895. También llamado canónigo Delatroette.

Domin, Abate – Capellán y confesor del internado benedictino en el que estudiaban las niñas Martin.

Ducellier, P. Alcide – Pastor de la Catedral de San Pedro de Lisieux. Escuchó la primera confesión de Teresa y dio el primer sermón que esta entendió.

Faucon, Abate – Confesor extraordinario de las monjas carmelitas. Escuchó la última confesión de Teresa.

Guerin, Celina – Esposa de Isidoro Guerin.
Isidoro – Tío y tutor de Teresa.
Jeanne – Hija mayor de Isidoro y Celina Guerin. Se casó con Francis La Neele.
María – La hija menor de Isidoro y Celina Guerin, adoptó como religiosa el nombre de Hna. María de la Eucaristía.
Marie-Azelie. *Ver* Martin, Zelie.
María Luisa– Tía de Teresa. Se hizo monja dominica, con el nombre de María Dositea.

Hugonin, Mons. – Obispo de Bayeux, Francia, la diócesis en la que estaba Lisieux durante la vida de Teresa.

La Neele, Dr. Francis – Marido de la prima de Teresa, Jeanne. Examinó a Teresa en su lecho de muerte mientras el Dr. de Corniere estaba fuera de la ciudad.

Jeanne. *Ver* Guerin, Jeanne.

León XIII – El Papa que le dijo a Teresa que entraría a edad temprana en el Carmelo «si Dios lo quería».

Leriche, Adolfo – Sobrino de Luis Martin, compró su negocio de joyería y relojería.

María – Esposa de Adolfo. Cuidó de las pequeñas Celina y Teresa cuando Zelie, su madre, estaba muriendo.

Martin, Celina – La cuarta de los hijos supervivientes de la familia Martin y la compañera más cercana de Teresa. En el Carmelo se la conocía como Hna. Genoveva de la Santa Faz.

Helena – Hermana de Teresa que murió de una enfermedad repentina a la edad de cinco años..

Leonia – La tercera hija de los Martin. Entró y salió de varias congregaciones hasta convertirse en una Hermana de la Visitación con el nombre de Hna. Francisca Teresa.

Luis – Padre de Teresa. Fue beatificado por el papa Benedicto XVI.

María – La hija mayor de Luis y Zelie. Crió a Teresa después de que Paulina entrara en el convento. En el Carmelo tomó el nombre de Hna. María del Sagrado Corazón.

Marie-Azelie – *Ver* Martin, Zelie.

María Francisca Teresa – *Ver* Martin, Teresa.

Marie-Joseph-Jean-Baptist – Un hijo de Luis y Zelie que murió cuando era un bebé.

Marie-Joseph-Louis – Un hijo de Luis y Zelie que murió cuando era un bebé.

Marie-Melanie-Therese – Una hija de Luis y Zelie que murió de desnutrición cuando era un bebé.

Paulina – La segunda de las hermanas de Teresa. Más tarde se convirtió en la madre Inés de Jesús.

Teresa – Bautizada como María Francisca Teresa, se convirtió en Teresa del Niño Jesús y la Santa Faz en el Carmelo, y se hizo una santa conocida por su caminito de la infancia espiritual.

Zelie – La madre de Teresa. Fue beatificada por el papa Benedicto XVI.

Maudelonde, Ernest – Un pariente de los Guerin que ayudó a Isidoro Guerin a buscar a Luis Martin cuando huyó a Le Havre.

Maupas, Canónigo – Sucedió al P. Delatroette como superior del

Carmelo de Lisieux.

Madre Inés de Jesús – *Ver* Martin, Paulina.
Genoveva de Santa Teresa – Fundadora del Carmelo de Lisieux.
María de Gonzaga – Priora durante la mayor parte de la vida de
Teresa en el Carmelo.

Notta, Dr. Alphonse-Henri – Atendió a Zelie Martin en su última enfermedad y a Teresa cuando enfermó a la edad de diez años.

Pichon, P. – Director espiritual de María Martin hasta que se fue a Canadá en 1888, escuchó la confesión general de Teresa y proclamó
la misericordia de Dios.

Pranzini, Henri – Un asesino convicto que besó un crucifijo en el patíbulo después de que Teresa y Celina rezaran y se sacrificaran por
su conversión.

Hermana Febronie – Subpriora desde el ingreso de Teresa hasta la
muerte de Febronie en la epidemia de gripe de 1892.
Francisca Teresa – *Ver* Martin, Leonia.
Genoveva de la Santa Faz – *Ver* Martin, Celina.
Margarita María – Una monja trabajadora, pero mentalmente enferma, que finalmente tuvo que dejar el convento.
María Dositea – *Ver* Guerin, María Luisa.
María Magdalena – Una novicia que evitaba abrirse a Teresa para la
dirección. Había sufrido un trauma en una etapa temprana de su
vida.
María de San José – La lavandera que salpicaba a Teresa, enseñándola así cómo amar a gente difícil. Más tarde tuvo que dejar el convento por una enfermedad mental.
María de los Ángeles – Maestra de novicias cuando teresa entró en
el Carmelo. También pasó tiempo como subpriora.
María de la Eucaristía – *Ver* Guerin, María.
María del Sagrado Corazón – *Ver* Martin, María.
María de la Trinidad – Una novicia bajo la dirección de Teresa. No
podía controlar sus lágrimas hasta que Teresa la dijo que llorara en
una concha.
María Filomena – Una monja que dejó el convento mientras era
postulante para cuidar a su madre enferma y tuvo que esperar
nueve años para obtener permiso para volver a entrar.
San Pedro – La hermana anciana a la que Teresa ayudó a ir desde
el coro hasta el refectorio cada día durante siete años.
San Estanislao – La enfermera durante los años de Teresa en el

Carmelo.

San Vicente de Paúl – Una monja que llamaba a Teresa «la gran dama» y criticaba sus bordados. Es bien sabido que se preguntaba qué podría escribir el convento en la circular de Teresa después de su muerte.

Teresa del Niño Jesús y de la Santa Faz – *Ver* Martin, Teresa.

Teresa de San Agustín – Una monja con temperamento difícil que estaba convencida de ser la mejor amiga de Teresa.

Reverony, Mons. – Vicario general de la diócesis de Bayeux, Francia, que dirigió la peregrinación a Roma de 1887.

Roulland, P. – Segundo «hermano espiritual» de Teresa, un sacerdote misionero con el que empezó a mantener correspondencia poco antes de su muerte.

Taillé, Rosa – Nodriza de Teresa. También conocida como Rosalía Taillé.

Youf, Abate – Confesor titular del Carmelo de Lisieux en la época en la que Teresa estuvo

Agradecimientos

Dios bendiga a todos aquellos que me han ayudado con su trabajo, oraciones y consejos para escribir y publicar este libro. Me gustaría dar las gracias a varias personas en particular: a mi marido, Dan Rossini, por su paciencia y experiencia en la edición; a las monjas carmelitas de Lisieux, por todo el material de sus archivos que han hecho disponible a través de su sitio web y por responder generosamente a mis preguntas sobre los textos; a Gary Zimak, Donna-Marie Cooper O'Boyle, Sarah Reinhard, y Devin Rose, por su apoyo; a los miembros de mi grupo de crítica de no ficción, especialmente Nancy Ward; a mis lectores beta, Mary Nicewarner, Michael Incorvia, Mallory Hoffman y Melanie Jean Juneau; a los miembros de mi comunidad de Google+, Indie Catholic Authors, y al Catholic Writers Guild. Este libro es un tributo a vuestro apoyo, oraciones y trabajo duro a mi favor.

Acerca de la autora

Connie Rossini vive con su marido Dan en Omaha, Nebraska, donde educa en casa a sus cuatro hijos. Publica en el *The Catholic Voice* de la diócesis de Omaha su columna sobre la oración *Conversation with God*. Es autora de *The Q & A Guide to Mental Prayer*, la serie *A Spiritual Growth Plan for Your Children* e *Is Centering Prayer Catholic?* También ha coescrito *The Contemplative Rosary* con Dan Burke. Tiene un blog sobre espiritualidad carmelita y educar a los niños en la oración en Contemplative Homeschool, y es columnista en SpiritualDirection.com. Además, administra el grupo de Facebook Authentic Contemplative Prayer.

Suscríbete al blog de Connie contemplativehomeschool.com para conseguir capítulos gratuitos de sus otros libros, informarte de sus nuevos proyectos y leer sus entradas sobre espiritualidad y educación.

Acerca del traductor

Jorge Sáez Criado es autor de más de cuarenta artículos de opinión religiosa y una serie de libros sobre el Santo Rosario que lleva por título *Meditando el Santo Rosario*. Como escritor de ficción, ha escrito dos novelas de suspense sobrenatural (*Llorando sangre* y *Apocalipsis: el día del Señor*) en las que trata algunos de los temas más cautivadores de la fe católica a través de una prosa profundamente espiritual, un libro de relatos de fantasía (*Magia, heroísmo y esperanza*), y está escribiendo una saga de ciencia ficción ciberpunk titulada *Memorias del ocaso*. Todas sus obras de ficción tienen como denominador común una visión positiva de la vida y la exploración de la verdad.

Traducir es para él el complemento perfecto a su labor como autor. Lo que más le atrae del mundo de la traducción es poder llevar a su idioma, el español, buenos libros en inglés. Libros que alimentan el alma y la mente, libros que transportan al lector a mundos diferentes para hablarnos del nuestro, libros que hablan al corazón.

Puede conocer más su obra y contactar con él en su web: https://jorgesaezcriado.es.

www.ingramcontent.com/pod-product-compliance
Lightning Source LLC
Chambersburg PA
CBHW032036080426
42733CB00006B/102